डॉ. जोसेफ़ मर्फ़ी

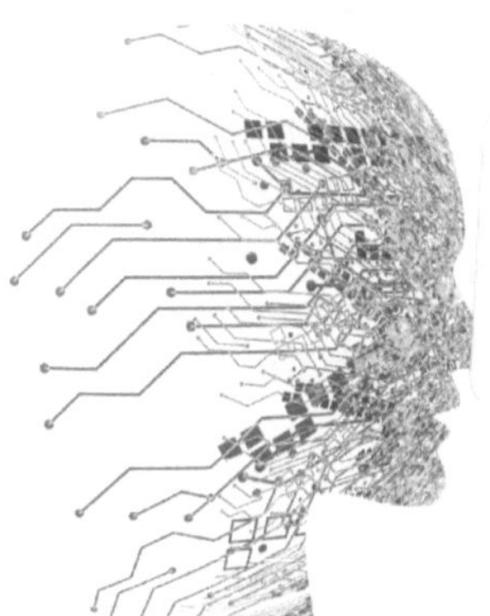

आपके अवचेतन मन की शक्ति

हिंदी अनुवाद : साक्षी पटेल

Sanage Publishing House LLP
Mumbai, India

sanagepublishing@gmail.com

डॉ. जोसेफ मर्फी का जन्म 20 मई, 1898 को आयरलैंड में हुआ था। डॉ.जोसेफ मर्फी अंतरराष्ट्रीय ख्याति प्राप्त लेखक, शिक्षक, वक्ता और नव विचारों के पादरी थे। संसार के धर्मों के शोध के बाद उन्हें विश्वास हो गया कि हममें से प्रत्येक के भीतर एक विराट् शक्ति - हमारे अवचेतन मन कि शक्ति है, जो हमारे जीवन का कायाकल्प कर सकती है I उन्होंने 30 से ज़्यादा बेहतरीन सेल्फ़-हेल्प पुस्तकें लिखी हैं, जिनमें टेलीसाकिक्स, टेकनीक्स इन प्रेयर थेरेपी और साइकिक परसेप्शन शामिल हैं।

अनुक्रम

यह किताब कैसे आपकी जिंदगी को बदल सकती है

मैंने दुनियाभर में महिलाओं और पुरुषों की जिंदगी के अलग-अलग पहलुओं में कई चमत्कार होते देखे हैं। आपके जीवन में भी ऐसे चमत्कार हो सकते हैं यदि आप भी अपने अवचेतन मन की जादुई शक्तियों का इस्तेमाल करना शुरू कर देते हैं। यही तो यह किताब आपको सिखाती है कि आपकी आदतन सोच और कल्पना आपकी किस्मत को बनाने, उसमें अनुकूल बदलाव करने और उसे सकारात्मक दिशा में ले जाने का कार्य करती है; क्योंकि एक व्यक्ति अवचेतन मन में जैसे विचार रखता है, वैसा ही वह बनते जाता है।

क्या आपको इन प्रश्नों के उत्तर पता है?

क्यों एक व्यक्ति उदास और दूसरा खुश होता है? क्यों एक व्यक्ति खुशहाल, समृद्ध और दूसरा गरीब, दुखी बना रहता है? क्यों एक व्यक्ति भयभीत,परेशान और दूसरा आशा, आत्मविश्वास से भरा होता है? क्यों एक व्यक्ति के पास सुंदर, शानदार घर है वहीं दूसरा झोपड़ी में मूलभूत जरूरतों को ही पूरा करते हुए जी पा रहा है? क्यों एक व्यक्ति बेहद सफल है और दूसरा पूरी तरह से विफल है? क्यों एक व्यक्ति शानदार, लोकप्रिय वक्ता है और दूसरा अलोकप्रिय, औसतदर्जे का है?

क्यों एक व्यक्ति अपने काम या व्यवसाय का विशेषज्ञ है और दूसरा दिन-रात के परिश्रम के बावजूद भी औसत दर्जे का है? क्यों एक व्यक्ति किसी लाइलाज बीमारी से भी ठीक हो जाता है, परंतु दूसरा नहीं? ऐसा क्यों है कि अच्छे, धार्मिक प्रवृत्ति के लोगों को कई शारीरिक तथा मानसिक परेशानियों का सामना करना पड़ता है?

ऐसा क्यों है कि अनैतिक और अधार्मिक लोग जीवन में सफल एवं समृद्ध होते हैं, साथ ही अच्छा स्वास्थ्य पाते हैं? ऐसा क्यों है कि एक महिला को तो खुशहाल वैवाहिक जीवन मिलता है, जबकि उसी की बहन को बहुत ही दुख और हताशा? क्या आपके चेतन और अवचेतन मन में इन प्रश्नों के उत्तर हैं?

हां, निश्चित रूप से है।

यह किताब लिखने का कारण

ऐसे प्रश्नों के उत्तर तलाशना और उन्हें सब तक पहुंचाने की अभिलाषा ही यह पुस्तक लेखन की मेरी अभिप्रेरणा बनी है। इस कार्य में मैंने मन की मूलभूत सच्चाईयों को बड़ी ही आसान भाषा में समझाने का प्रयास किया है। मेरा मानना है कि जीवन और मन के बुनियादी, मूलभूत और मौलिक नियमों को दैनिक रूप से प्रयोग होने वाली भाषा में समझा पाना पूरी तरह से संभव है।

आप पाएंगे कि इस किताब की भाषा वैसी ही है जैसी कि आप प्रतिदिन के अखबार, सम-सामायिक पत्रिकाओं, दफ्तर, घर और दैनिक जीवन में प्रयोग होते देखते हैं।

मैं आपसे आग्रह करता हूं कि आप इस किताब को गौर से पढ़ें और इसमें बताए गए तरीकों को स्वयं करके देखें; जैसे ही आप ये करेंगे, मुझे पूरा विश्वास है कि इससे आप अपने भीतर चमत्कारिक शक्ति का अनुभव करेंगे, जो आपको भ्रम, दुख, उदासी और असफलता के मायाजाल से ऊपर उठाएगी, आपको योग्य स्थान तक पहुंचाने में मार्गदर्शित करेगी, आपकी समस्याओं का समाधान देगी, आपको भावनात्मक और शारीरिक बंधनों से मुक्त करेगी, आपको स्वतंत्रता, खुशी, मन की शांति की ओर जाने वाले यशस्वी मार्ग की ओर ले जाएगी।

अवचेतन मन की यह चमत्कारिक शक्ति आपको रोगों से ठीक करेगी और आपके भीतर मजबूती लाएगी। इसलिये आपको अपनी अंदरूनी शक्तियों के इस्तेमाल को सीखने के लिए भय के जेलनुमा दरवाजे खोलने होंगे ताकि उस जीवन में प्रवेश कर सकें, जहां परमेश्वर के पुत्र पूरी तरह मंगलमय और स्वतंत्र हैं।

भीतरी जादुई शक्ति को इस तरह जगाएं

व्यक्तिगत उपचार हमारी अवचेतन शक्तियों पर भरोसा करने में सबसे ठोस सबूत का कार्य कर सकता है। करीब बयालिस वर्ष पूर्व मैंने अवचेतन मन की उपचारात्मक शक्ति की मदद से एक घातक बीमारी को ठीक किया था, जिसे चिकित्सकीय शब्दावली में 'सरकोमा' कहते हैं। यही वह शक्ति है जिसने मेरे शरीर को बनाने में महत्वपूर्ण भूमिका निभाई है और मेरे शरीर की सभी जरूरी प्रणालियों को स्वस्थ बनाए रखने और उनके सुचारू संचालन का विशेष कार्य करती है।

मैंने जिस तरीके को अपनाया था वह पुस्तक में विस्तार से समझाया गया है और मेरा मानना है कि इससे अन्य लोगों को भी अवचेतन मन की गहराईयों की अनंत उपचारात्मक शक्तियों को पहचानने में पर्याप्त मदद मिलेगी। मेरे एक चिकित्सक मित्र के माध्यम से मुझे समझ आया कि यह बहुत ही प्राकृतिक घटना है कि जिस रचनात्मक ज्ञान ने मेरे सभी अंगों को बनाया, शरीर का संचालन कर रही है, वह इसके ठीक से काम न करने पर इसका उपचार भी कर सकती है। एक प्राचीन कहावत है, "एक चिकित्सक घाव पर मरहम लगाता है और ईश्वर उस घाव को भरता है।"

सच्ची प्रार्थना चमत्कार करती है

वैज्ञानिक तरीके से की गई प्रार्थना मस्तिष्क के चेतन और अवचेतन स्तर को सामंजस्यपूर्ण तरीके से क्रियाशील करती है जिससे मस्तिष्क को कोई भी विशिष्ट कार्य करने में वैज्ञानिक रूप से मार्गदर्शन मिलता है। यह पुस्तक आपको वैज्ञानिक तरीके से अपने अंदर निहित शक्तियों के इस्तेमाल करने के उपाय सुझाती है जिससे आपको वह सब मिल जाए जिसकी इच्छा आपने की है जैसे खुशहाली, ऊर्जा से भरपूर और समृद्ध जीवन की चाहत। आप जैसे ही इस चमत्कार करने वाली शक्ति का प्रयोग करेंगे आप अपने दैनिक जीवन को सरल, कामकाजी समस्याओं को कम करते हुये अपने पारिवारिक रिश्तों को अधिक सुदृढ़ और प्रभावी बनाने लगेंगे।

इस पुस्तक को जितनी ज़्यादा बार पढ़ा जाए उतना बेहतर होगा। इसके अध्याय बताएंगे कि यह अद्भुत शक्ति किस तरह कार्य करती है और आप इससे किस तरह प्रेरणा व ज्ञान पा सकते हैं, जो वास्तव में आपके अंदर ही छिपा है। आपको सिर्फ अवचेतन मन को प्रभावित करने वाले कुछ जादुई उपाय जानने की आवश्यकता है। आप नए वैज्ञानिक मार्ग पर चलिए जिससे अनंत शक्ति के भंडार को खोल पाएं। इस पुस्तक को ध्यान लगाकर पूरे मन से पढ़ें। स्वयं को साबित करके बताएं कि यह किस तरह अद्भुत तरीके से आपकी सहायता कर सकती है। यह आपकी जिंदगी बदल सकती है, इसका मुझे पूरा यकीन है।

प्रार्थना सब करते हैं

क्या आपको पता है कि अच्छी तरह से प्रार्थना कैसे की जाती है? प्रतिदिन की गतिविधियों में आपने प्रार्थना कब की थी? आपात स्थितियों से लेकर मुश्किल समय में, बीमारी में, या जब मृत्यु सामने हो तो हम और हमारे आसपास के लोग प्रार्थना का सहारा जरूर लेते हैं।

जब भी आप अखबार देखेंगे तो ऐसी कई खबरे पाएंगे जिसमें लाइलाज बीमारी से जूझ रहे बच्चे के लिए पूरा देश प्रार्थना कर रहा हो, राष्ट्रों के मध्य शांति के लिए, खदानों में पानी भराव से फंसे मजदूरों के लिये। बाद में जब मजदूरों को बचा लिया गया तो उन्होंने बताया कि मदद के इंतजार के दौरान उन्होंने लगातार प्रार्थना की। एक बार एक पायलट ने बताया था कि आपात स्थितियों में हवाई जहाज को सफलतापूर्वक उतारने के दौरान उसने कई बार प्रार्थनायें की है।

इस तरह प्रार्थना हर मुश्किल समय में काम आती है, परंतु आपको प्रार्थना को अपने जीवन का अभिन्न और रचनात्मक अंग बनाने के लिए मुश्किल आने का इंतजार नहीं करना चाहिए। प्रार्थना से उत्पन्न हुये चमत्कार अक्सर अखबारों की सुर्खियां बनते हैं और यही बात प्रार्थना की प्रभावशीलता का प्रमाण है। इसके अलावा भी प्रार्थना के प्रकार हैं जैसे छोटे बच्चों द्वारा पूरे मन से की जाने वाली प्रार्थना, प्रतिदिन भोजन पर दिया जाने वाला धन्यवाद, आस्था का ऐसा भाव जो एक व्यक्ति को ईश्वर से जोड़े रखने का काम करता है। प्रार्थना की शक्तियों ने मुझे प्रेरित किया कि मैं विभिन्न तरह से की गई प्रार्थनाओं का अध्ययन करूं। मैंने भी प्रार्थना की ताकत को अपने जीवन में महसूस किया है।

मैंने बहुत सारे लोगों से बात की जिन्होंने प्रार्थना से होने वाले लाभों का फायदा उठाया है। समस्या यह है कि दूसरों को कैसे बताएं कि किस तरह प्रार्थना की जानी चाहिए। जो व्यक्ति मुश्किल में होता है उसे समझ पाना और उसके अनुसार कार्य कर पाना मुश्किल होता है। उसे एक आसान रास्ता चाहिए होता है जो उसका कार्य पूरा सके। ऐसा तरीका जो सरल भी हो और विशेष भी।

किताब की विशेषता

इस पुस्तक की खासियत यह है कि यह व्यावहारिकता के बेहद ही करीब है। यहां आपको आसान, उपयोग करने योग्य तरीके और फॉर्मूले बताए गए हैं, जो आप दैनिक जीवन में आसानी से प्रयोग में ला सकते हैं। मैंने इन तरीकों को पूरी दुनिया में महिलाओं एवं पुरुषों से साझा किया है। इतना ही नहीं, हाल ही में विभिन्न धर्मों को मानने वाले एक हजार से अधिक महिला एवं पुरुष लॉस एंजिल्स में हुए मेरे एक कार्यक्रम में शामिल हुए, जहां उन्हें इस पुस्तक में बताई गई मुख्य बातों से अवगत कराया गया। इनमें कई लोग तो करीब 300 किमी की दूरी से इस कार्यक्रम में मुख्य रूप से शामिल होने आए थे।

इस पुस्तक की एक और विशेषता यह भी है कि यह आपको प्रेरित करती है साथ ही इससे आपको यह भी पता चलता है कि आखिर ऐसा क्यों होता है जिस चीज के लिए आप प्रार्थना करते हैं उसके विपरीत वस्तु आपको मिलती है। पूरी दुनिया में लोगों ने मुझसे हजारो बार सवाल किया है – ऐसा क्यों होता है कि बहुत बार प्रार्थना करने पर भी हमें कुछ नहीं मिलता। यह पुस्तक आपको इसी सामान्य समस्या का उत्तर देती है। यह पुस्तक अवचेतन मन को सकारात्मक रूप से प्रभावित करने के कई तरीकों से अवगत कराती है जिससे मनचाहे परिणाम पाए जा सकते हैं। यही बात पुस्तक को असाधारण रूप से मूल्यवान बनाती है और मुश्किल समय में इसे मददगार साथी की तरह निरूपित करती है।

आपका भरोसा किस पर है?

ऐसा नहीं है कि आप जैसा विश्वास करते हैं उसी के चलते प्रार्थना करने के परिणाम मिलते हैं, बल्कि प्रार्थना के सकारात्मक परिणाम तब आते हैं जब व्यक्ति का अवचेतन मन, आंतरिक मन के विचारों पर प्रतिक्रिया देता है। विश्वास का यह नियम दुनिया के प्रत्येक धर्म में कार्य करता है और यही कारण है कि मनोवैज्ञानिक तौर पर भी इसे सत्य माना जाता है। व्यक्ति चाहे बौद्ध, ईसाई, इस्लाम या हिब्रू धर्म से हो परंतु वह प्रार्थना का उत्तर जरूर पाता है।

यह किसी खास पंथ, धर्म, अनुष्ठान, समारोह, फॉर्मूला, पूर्व जन्म के फल का परिणाम, जादू, त्याग या यज्ञ के कारण नहीं बल्कि आपके विश्वास, मानसिक स्वीकृति और ग्रहणशीलता की वजह से होता है। जीवन का नियम ही विश्वास का नियम है। इस विश्वास को संक्षिप्त में आपके मन के विचार के रूप में समझ सकते हैं। व्यक्ति जिस तरह के विचार

रखता है, महसूस करता है, विश्वास करता है, उसी प्रकार से उसका मन, शरीर और उसकी परिस्थितियों का निर्माण होता जाता है।

चाहत ही प्रार्थना है

सेहत, खुशी, सुरक्षा, मानसिक शांति, ईमानदारी की चाहत हर व्यक्ति को होती है, परंतु कम ही लोगों को ये सभी सही अनुपात में मिल पाता है। हालही में विश्वविद्यालय के एक प्रोफेसर ने मुझे बताया, "मैं जानता हूं यदि मैं अपने मन के विचारों को बदल लूं और अपने सोचने के तरीके तथा भावनाओं का एहसास को नई दिशा दे दूं तो मुझे शारीरिक समस्यायें दोबारा नहीं होंगी, परंतु ऐसा कर पाने का कोई भी व्यवस्थित तरीका मेरी जानकारी में नहीं है। मेरा मन लगातार समस्याओं के इर्द-गिर्द घूमता रहता है, मैं परेशान, हारा हुआ और नाखुश महसूस करता हूं।"

उस प्रोफेसर को अच्छे स्वास्थ्य की चाहत है; उसे सिर्फ वह तरीका जानना है जिससे वह अपनी चाहत को पूरा करने के लिए अपने मन को सक्षम बना सके। आखिर इस पुस्तक में दी गई तकनीकों को अपनाकर, वह पूरी तरह ठीक हो गया।

दिमाग सभी मनुष्यों में समान है

अवचेतन मन की चमत्कार करने वाली शक्ति इस दुनिया में तब से है जब आपने और मैंने जन्म भी नहीं लिया था। ये पहले मंदिर या दुनिया की शुरूआत से भी पहले से है। जीवन के महान सनातन सत्य एवं विचार, धर्म के भी पहले से चले आ रहे हैं। इन्हीं विचारों को ध्यान में रखते हुए मैं आपसे अगले कुछ अध्यायों में आग्रह करूंगा कि इस अद्भुत, जादुई, पूरी तरह बदल देने वाली शक्ति को अच्छी तरह जान लें। यह सभी मानसिक और शारीरिक घावों को भर देगी, मन को भय से आजाद करेगी और आपको गरीबी, असफलता, दुख, कुंठा की सीमाओं से उभार देगी।

आपको बस यही करना है कि मानसिक और भावनात्मक रूप से उस अच्छी चीज के साथ खुद को जोड़ना है, जिसे आप साकार करना चाहते हैं। आप देखेंगे कि आपके अवचेतन मन की रचनात्मक शक्तियां इसी के अनुसार प्रतिक्रिया करने लगी हैं। आज और अभी शुरुआत करें, अपने जीवन में चमत्कार होने दें। यह प्रयास तब तक करते रहें, जब तक कि आपके जीवन से अंधकार पूरी तरह ना छट जाए और चमत्कार होना प्रारंभ ना हो जाए।

1

हमारे भीतर छिपा है
अद्भुत खजाना

आपके भीतर खजाने के असीमित भंडार छिपे हैं, यदि आप इस पर थोड़ा-सा ही ध्यान देंगे तो आप इसे पा लेंगे और अपने आसपास की दुनिया को खूबसूरत बना लेंगे। यह एक तरह की सोने की खान है, जहां से आप अपने जीवन को हर तरह से समृद्ध और आनंदमयी बनाने के लिए आवश्यक वस्तुओं को निकाल सकते हैं।

अधिकतर लोग जीवनभर अज्ञानता में ही रह जाते हैं, क्योंकि वे अपने भीतर छिपे ज्ञान और प्रेम के असीमित भंडार के बारे में जान ही नहीं पाते। यहां से आप वह सब पा सकते हैं जिसकी आप चाहत करते हैं। यह ठीक वैसे ही कार्य करता है जैसे एक चुम्बकीय स्टील का टुकड़ा, जो अपने भार से करीब 12 गुना तक भार उठाने की क्षमता रखता है, वहीं अगर इसकी चुम्बकीय शक्ति न रहे तो यह एक तिनके का भार भी नहीं उठा पाएगा। इसी तरह मनुष्य भी दो प्रकार के होते हैं। एक होते हैं चुम्बकीय, आस्था और विश्वास से भरपूर। वे अपने प्रत्येक कार्य में सफल होते हैं।

वहीं दूसरे प्रकार के मनुष्य वे होते हैं जिनका जीवन डर एवं शंकाओं से घिरा रहता है। इनके जीवन में कई अच्छे अवसर आते भी हैं तब भी ये लोग हमेशा इसी गफलत में रहते हैं कि "अगर सफल न हो पाया तो क्या होगा?, कहीं पैसा डूब गया तो क्या होगा?, लोग मेरी खिल्ली उड़ाएंगे।" ऐसे लोग जीवन में बहुत आगे नहीं बढ़ पाते क्योंकि वे अपने डर के कारण प्रयास करने से भी कतराते हैं। वे जहां होते हैं जीवन भर वहीं रह जाते हैं। ऐसे में सफल लोगों की श्रेणी में आने के लिए आपको भी एक प्राचीन रहस्य को जानना होगा।

अद्भुत रहस्य

आपकी नजर में वह प्राचीन अद्भुत रहस्य क्या हो सकता है? क्या वह परमाणु ऊर्जा का रहस्य है? या मनुष्य का अंतरिक्ष में अन्य ग्रहों की यात्रा करने का रहस्य? या फिर दुनिया

19

के विध्वंसक बम बनाने की कला का रहस्य है? नहीं, यह इनमें से कोई भी नहीं है। तो फिर वह सबसे बड़ा, सबसे प्राचीन अद्भुत रहस्य क्या है?

आखिर व्यक्ति उसे कहां खोजे, उसे कैसे पाया जाए और कैसे उसे इस्तेमाल किया जाए? इसका उत्तर बहुत ही सरल है। यह रहस्य है आपके अवचेतन मन की अद्भुत और चमत्कारी शक्ति, जिस पर अक्सर मनुष्य सबसे कम ध्यान देता है।

मनुष्य के अवचेतन मन की प्रभावशाली शक्ति

आप अपने अवचेतन मन की शक्ति के प्रयोग से जीवन में बहुत सारी ऊर्जा, पैसा, स्वास्थ्य और खुशहाली पा सकते हैं, बशर्ते आप इस छिपी शक्ति का इस्तेमाल करना जानते हों। यह शक्ति आपको कहीं खोजने जाने की जरूरत नहीं है, क्योंकि यह आपके भीतर ही विद्यमान है। आप इसे एक बार अच्छी तरह समझ जाएंगे और इस्तेमाल करना सीख लेंगे तो फिर जीवन के किसी भी पहलू पर इसका प्रयोग करना आपके लिए बेहद आसान हो जाएगा।

जब इस पुस्तक में दी गई सरल तकनीक और प्रक्रिया पर आप अमल करने लगेंगे तो अवचेतन मन के प्रयोग और ज्ञान को स्वत: ही पा लेंगे। आपको एक नई राह दिखाई देगी, नई शक्ति का अहसास होगा जो आपके सपनों को सच करने में मददगार बनेगी। तो अभी फैसला करें कि आप अपने जीवन को व्यापक, महान, समृद्ध और शानदार बनाएंगे।

आपके अवचेतन मन की गहराई में असीमित ज्ञान, असीमित शक्ति और वह सबकुछ विद्यमान है जिसकी आपको आवश्यकता है। जरूरत है तो बस अवचेतन मन को समझने और विकसित करने की। इसके बाद आप देखिएगा, आप मन में जो चाहेंगे वह बाहरी जगत में भी साकार होने लगेगा।

आपके अवचेतन मन का असीमित ज्ञान आपको वह सब बताएगा जिसकी आपको कहीं भी और कभी भी आवश्यकता होगी, बशर्ते आप खुले दिमाग वाले और ग्रहणशील व्यक्तित्व के हों। आपको लगातार नए-नए विचार आएंगे, जो नए आविष्कार, नई खोज करने में मददगार सिद्ध होंगे। नए विचार आपको नई किताबें और नाटक लिखने की भी प्रेरणा देंगे। इसके अलावा आपके अवचेतन मन के असीमित ज्ञान का भंडार आपको अद्भुत तरह की नई-नई जानकारियां भी देगा। यह आपके जीवन में आदर्श अभिव्यक्ति और सकारात्मक दिशा का रास्ता खोल देगा।

अपने अवचेतन मन की शक्ति से आप जीवन में आदर्श जीवनसाथी और व्यवसाय में सच्चे एवं ईमानदार साथी पा सकते हैं। इसी शक्ति की सहायता से आप अपने मकान के लिए अच्छा खरीदार खोज सकते हैं, अपनी जरूरत के अनुसार धन कमा सकते है। सिर्फ इतना ही नहीं, इसी की सहायता से आप वित्तीय रूप से स्वतंत्र बन पाएंगे जिससे आप वह सब कर सकेंगे जिसकी इच्छा आप दिल से रखते हैं।

आंतरिक मन की दुनिया के विचार, भावना, शक्ति, प्रकाश, प्रेम और सुंदरता को जानना आपका मूलभूत अधिकार है। हालांकि ये शक्तियां अदृश्य हैं, परंतु बहुत शक्तिशाली

हैं। साथ ही आप पाएंगे कि अवचेतन मन में हर समस्या का समाधान मौजूद होता है। जब आप इन छिपी हुई शक्तियों का प्रयोग करना सीख लेते हैं तो आप जीवन में खुशहाली, सुरक्षा और प्रभुत्व पाने के लिए आवश्यक शक्ति, ज्ञान पर भी अधिकार कर लेते हैं।

मैंने देखा है कि किस तरह अवचेतन मन की शक्ति ने व्यक्तियों को अपंगता से उबारकर स्वस्थ और ताकतवर बनाया। वे लोग स्वतंत्र होकर स्वास्थ्य, खुशहाली और समृद्धि का अनुभव करने लगे। आपके अवचेतन मन में एक अद्भुत उपचारक शक्ति है जो इक परेशान दिमाग के साथ ही टूटे दिल का भी इलाज कर सकती है। यह आपके मन की जेल का दरवाजा खोलकर आपको स्वतंत्र कर सकती है। यह आपको सभी तरह के भौतिक एवं शारीरिक बंधनों से मुक्त कर सकती है।

कार्य करने के लिये आवश्यक आधार की खोज

किसी भी क्षेत्र में सफलता तब तक सुनिश्चित नहीं है जब तक उसके कार्य करने का आधार न हो। यह एक शाश्वत सत्य है। आप अवचेतन मन के संचालन में विशेषज्ञता पा सकते हैं। यदि एक बार आप इसके सिद्धांतों को जान गए तो इसकी शक्ति का आवश्यक परिणाम के अनुरूप प्रयोग करना बहुत आसान हो जाता है। इसकी मदद से आप अपने विशिष्ट लक्ष्यों को बड़ी आसानी से हासिल कर पाते हैं।

बतौर पूर्व रसायनशास्त्री, मैं यह जानता हूं कि हाइड्रोजन के दो और ऑक्सीजन का एक अणु मिलने का परिणाम पानी ही होता है। इसके अलावा हम यह भी जानते हैं कि ऑक्सीजन के एक अणु को कार्बन के एक अणु से मिलाने पर कार्बन-मोनो-ऑक्साइड की जहरीली गैस उत्पन्न होती है। इसी में यदि आप एक अतिरिक्त ऑक्सीजन का अणु जोड़ देते हैं तो हानि रहित गैस कार्बन- डाय-ऑक्साइड उत्पन्न होती है। इसी तरह विभिन्न सिद्धांतों के आधार पर रसायनशास्त्र की अन्य क्रियाएं होती हैं।

अवचेतन मन के सिद्धांत भी रसायन, भौतिकी और गणित के सिद्धांत की तरह ही कार्य करते हैं। ये उनसे अलग बिल्कुल नहीं है। हम इसे एक उदाहरण से समझ सकते हैं जैसे – "पानी अपना स्तर हर जगह खुद निर्धारित कर लेता है" यह एक मूलभूत सिद्धांत है जो प्रत्येक उस जगह पर कार्य करता है जहां पानी मौजूद होता है।

अब एक अन्य सिद्धांत को समझते हैं — गर्म होने पर पदार्थ फैलता है। यह प्रत्येक परिस्थिति, समय एवं स्थान के लिए सत्य है। आप किसी भी स्टील के टुकड़े को लें और गर्म करके देखें, वह अवश्य ही फैलेगा, फिर भले वह चीन, इंग्लैंड या भारत की खदानों से ही क्यों न आया हो। इस तरह यह एक शाश्वत सत्य है कि गर्म करने पर पदार्थ फैलेगा। इसी प्रकार यह भी एक शाश्वत सत्य है कि आप अवचेतन मन पर जो भी छाप छोड़ते हैं, वह परिस्थिति, अनुभव और घटना के अनुरूप व्यक्त होना प्रारंभ कर देती है।

आपकी प्रार्थना का उत्तर मिलता है क्योंकि आपका अवचेतन मन भी एक सिद्धांत है। सिद्धांत अर्थात् वह तरीका जिससे कोई भी चीज काम करती है जैसे बिजली का ही

सिद्धांत लें, जो कि उच्च क्षमता से निम्न क्षमता की ओर कार्य करती है। ऐसे में आप बिजली के सिद्धांत को कभी बदलने का प्रयास नहीं करते बल्कि उसका इस्तेमाल इस तरह करते हैं जिससे आप नए अविष्कार कर सकें और दुनिया उनका अधिक से अधिक लाभ ले सके।

विश्वास के नियम के अनुसार ही अवचेतन मन का सिद्धांत भी कार्य करता है। आपको जानना होगा कि विश्वास क्या होता है?, यह क्यों कार्य करता है?, और यह कैसे कार्य करता है? बाइबल आसान, स्पष्ट और सुंदर तरीके से बताती है :

> जो भी इस पहाड़ से कहेगा, तुम हट जाओ और समुद्र में चले जाओ। यदि वह अपने दिल पर शंका नहीं करेगा बल्कि यह विश्वास करेगा कि जो उसने कहा है, वह अवश्य होगा, तो वह जो कहेगा, वह अवश्य होगा।

> *मार्क 11:23*

आपके मन का नियम ही विश्वास का नियम है। इसका तात्पर्य है अपने मन के कार्य करने के तरीके पर विश्वास करना। आपके मन का विचार ही आपका विश्वास हैं।

आपके सभी अनुभव, आयोजन, परिस्थितियां एवं कार्य इत्यादि सभी आपके अवचेतन मन द्वारा विचारों को लेकर दी गई प्रतिक्रियाए हैं। ध्यान रखिए, अच्छे परिणाम किसी वस्तु या चीज में विश्वास करने से नहीं बल्कि स्वयं के मन पर विश्वास करने के कारण प्राप्त होते हैं। इसीलिए आपको झूठे विश्वासों, विचारों, अधंविश्वासों और डरों पर विश्वास करना बंद करके जीवन के उन शाश्वत सत्यों पर विश्वास करना चाहिए जो कभी नहीं बदलते। इसके बाद आप जीवन में आगे और ईश्वर की तरफ ही अग्रसर होते जाएंगे।

जो भी इस पुस्तक को पढ़ेगा और इसमें बताए गए अवचेतन मन के सिद्धांतों को अमल में लाएगा वह स्वयं एवं दूसरों के लिए वैज्ञानिक और प्रभावी तरीके से प्रार्थना कर पाएगा। आपकी प्रार्थना का जवाब भी क्रिया और प्रतिक्रिया के शाश्वत नियम के अनुरूप ही प्राप्त होगा। विचार ही सबसे शुरुआती कार्य होता है। प्रतिक्रिया आपके अवचेतन मन का वह जवाब है जो आपके विचार से मेल खाती है। इसलिए अपने मन को सद्भाव, स्वास्थ्य, शान्ति और खुशहाली के विचार से समृद्ध रखें, यह आपके जीवन को चमत्कारिक रूप से बदल देगा।

मन के दो पहलू

आपका मन एक होता है, परंतु यह दो तरह से कार्य करता है। इन दोनों में अंतर करने वाली रेखा को मनोविज्ञान के क्षेत्र के सभी स्त्री एवं पुरुष अच्छी तरह जानते हैं। मन की यह दोनों प्रक्रियाएं मूलभूत रूप से एक दूसरे से भिन्न हैं। प्रत्येक में विशिष्ट शक्तियां एवं खासियतें विद्यमान हैं।

आमतौर पर हम इन दोनों प्रक्रियाओं को कुछ विशेष नामों जैसे वस्तुनिष्ठ (objective) मन और व्यक्तिनिष्ठ (subjective) मन, चेतन और अवचेतन मन, बाह्य और भीतरी मन,

स्वैच्छिक मन और अनैच्छिक मन, पुरुष एवं स्त्री मन इत्यादि के रूप में जानते हैं। इस पुस्तक में आपको मन के इस द्विप्रकृति वाले पहलू का प्रतिनिधित्व चेतन और अवचेतन मन जैसे शब्द करते नजर आएंगे।

अवचेतन और चेतन मन

अपने मन की दोनों कार्यविधियों को अच्छी तरह समझने के लिए आपको इसे एक बाग की तरह देखना होगा। आप पाएंगे कि आप, अपने अवचेतन मन के बाग में एक माली की तरह पूरे दिन आदतन विचारों का रोपण करते रहते हैं। यही कारण है आप पाएंगे कि आपके आसपास की दुनिया वैसे ही होते जा रही है जैसे विचार आपके मन में घुमड़ रहे थे।

आप अपने मन में शांति, खुशी, अच्छे कार्य, सद्भावना और समृद्धि के गुणों के बीज बोना शुरू कर दें। इन गुणों पर शांति से विचार करें और फिर पूरे मन से इन्हें तार्किक अवचेतन मन तक पहुंचाने का प्रयास करें। ऐसे अच्छे विचारों को लगातार अपने अवचेतन मन के बागीचे में रोपने से आपको अच्छी फसल के रूप में सकारात्मक परिणाम अवश्य देखने को मिलेंगे। आपका अवचेतन मन उस मिट्टी की तरह है जिस पर अच्छे और बुरे सभी तरह के बीजों को रोपा जा सकता है। हर विचार एक कारण है। हर परिस्थिति एक परिणाम है। इस कारण यह आवश्यक है कि आप अपने विचारों को इसी प्रकार नियंत्रित करें कि आपको मनचाहे परिणाम ही प्राप्त हो।

आपका मस्तिष्क सही दिशा में तभी कार्य करता है जब आपको सच्चाई का ज्ञान होता है, जब आपके अवचेतन मन में जमा विचार रचनात्मकता, सद्भाव और शांति से परिपूर्ण हो। इसके बाद ही आपके अवचेतन मन की चमत्कार करने वाली शक्ति आपके लिए श्रेष्ठ एवं अनुकूल परिस्थितियों का निर्माण करती है। जब आप अपनी विचार प्रक्रिया को नियंत्रित करना शुरू कर देते हैं, तो आप अपने अवचेतन मन की शक्तियों को अपनी किसी भी समस्या या परेशानी से लड़ने के लिए इस्तेमाल करना शुरू कर देते हैं। सरल शब्दों में कहा जाए तो आप पूरी जागरूकता में अनंत सर्व-शक्तिमान नियम के साथ सहयोग करते हुए आगे बढ़ते हैं, जो सभी चीजों का संचालन करता है।

जहां भी रहें अपने आसपास होने वाली चीजों के प्रति जागरूक रहें, क्योंकि अधिकांश मनुष्य बाह्य जीवन को ही जी रहे हैं, वे अपने भीतर की शक्ति की प्रति जागरूक ही नहीं है। जबकि जागरूक मनुष्य अपने भीतर की दुनिया पर अधिक ध्यान केंद्रित करते हैं। हमें यह भी नहीं भूलना चाहिए कि बाहरी दुनिया का निर्माण भी हमारे भीतर के विचार, भावना और मन की सोच ही करती हैं। इस तरह यह एकमात्र रचनात्मक शक्ति है जो आपके लिए उन सभी चीजों को साकार कर देती है जिसकी आप भीतरी मन में चेतन और अवचेतन रूप में चाह करते रहे हैं।

अवचेतन और चेतन मन की परस्पर कार्य प्रक्रिया का ज्ञान आपके जीवन को बदलने में सक्षम बनाता है। अपने आसपास की परिस्थितियों को बदलने के लिए आवश्यक है कि उसके कारण में बदलाव लाया जाए। अधिकतर मनुष्य परिस्थितियों को बदलने के लिए

परिस्थितियों में ही बदलाव का तरीका अपनाते हैं, परंतु यदि आप समस्याएं, भ्रम, कमी, सीमाओं को खत्म करना चाहते हैं तो उसके कारण को बदलना ही उपाय है। सरल शब्दों में कहें तो आपको अपने मन की सोच और विचार प्रक्रिया में मूलभूत रूप से बदलाव लाने की महत्वपूर्ण आवश्यकता है।

आप विपुल धन के गहरे समुद्र में जी रहे हैं। आपका अवचेतन मन आपके विचारों के प्रति बहुत संवेदनशील है। आपके विचार मन में एक ऐसे ढांचे का निर्माण करते हैं जिसके जरिए अवचेतन मन के अनंत ज्ञान, समझदारी, ऊर्जा इत्यादि को बाहर निकलने का रास्ता मिलता है। पुस्तक के अगले अध्यायों में आप आपने मन के नियम के व्यवहारिक उदाहरणों को पढ़ेंगे। ये उदाहरण आपको अनुभव कराएंगे कि किस तरह व्यक्ति गरीबी से अमीरी, अंधविश्वास और अज्ञानता से ज्ञान, अशांति से शांति, दुख से सुख, अंधकार से प्रकाश, संघर्ष से सद्भावना, डर से आस्था और विश्वास, असफलता से सफलता को पा सकता है। मानसिक, भावनात्मक और भौतिक दृष्टिकोण से देखा जाए तो इससे ज्यादा सुखकर कुछ भी नहीं हो सकता। दुनिया के अधिकांश वैज्ञानिक, कलाकार, कवि, गायक, लेखक और आविष्कारक चेतन और अवचेतन मन की इस कार्यविधि को गहराई से समझते हैं।

दुनिया के बेहतरीन ओपेरा गायकों में शुमार किए जाने वाले केरूसो अपना एक वाक्या साझा करते हुए बताते हैं कि एक बार उन्हें मंच पर प्रस्तुति देने से डर लग रहा था। यह डर इतना हावी था कि वे एक बार जब मंच पर पहुंचे तो उनके गले से आवाज तक नहीं निकल पा रही थी। वे मंच पर ही पसीने से तर-बतर हो गए। शर्म के चलते उन्हें उसी पल स्टेज छोड़ना पड़ा। उस पल उनका शरीर कांपने लगा था। वे बार-बार कह रहे थे, "वे सभी मुझ पर हंसेंगे, मैं नहीं गा सकता।" परंतु फिर वे जोर से चीख कर बोले, "मेरे भीतर का छोटा अस्तित्व, मेरे बड़े अस्तित्व को भीतर से दबाने का प्रयास कर रहा है।"

उन्होंने अपने भीतर के छोटे अस्तित्व से कहा, "निकल जाओ मेरे अंदर से, मेरा बड़ा अस्तित्व गाना चाहता है।"

अपने बड़े अस्तित्व से उनका तात्पर्य उनके अवचेतन मन की असीमित शक्ति और ज्ञान से था। वे फिर चीख कर कहने लगे, "निकल जाओ, निकल जाओ, मेरा बड़ा अस्तित्व अब गाने जा रहा है।"

अगले पल ही अवचेतन मन ने जवाब दिया और केरूसो का शरीर ऊर्जा से भर गया। इसके बाद वे स्टेज पर पहुंचे और उन्होंने भव्यता के साथ शानदार ढंग से गाते हुए श्रोताओं का मन मोह लिया।

अब आप समझ ही गए होंगे कि केरूसो अपने मन के दो स्तरों चेतन या तार्किक और अवचेतन या अतार्किक को जान चुके थे। आपका अवचेतन मन आपके विचारों की प्रकृति के अनुरूप ही प्रतिक्रिया व्यक्त करता है। जब आपका चेतन मन (छोटा 'मैं') डर, परेशानी और शंकाओं से भरा होता है तब अवचेतन मन (बड़े 'मैं') की नकारात्मक भावनाएं बाहर आती हैं और अवचेतन मन को घबड़ाहट, भविष्य की चिंता और निराशा से भर देती हैं। जब ऐसा आपके साथ हो, आप भी केरूसो की तरह पूरे अधिकार के साथ मन की गहराईयों

में उत्पन्न हो रहीं अतार्किक भावनाओं को कहें, "शांत रहो, चुप रहो, मैं नियंत्रण में हूं। तुम्हें मेरे निर्देश मानने होंगे, तुम वहां प्रवेश नहीं कर सकते जहां तुम्हें कोई अधिकार नहीं है।"

यह जानना दिलचस्प है कि आप किस तरह पूरे अधिकार पूर्वक अपने भीतर के अतार्किक भावों के साथ सामंजस्य बैठाते हैं और मन को शांति, सद्भाव और सुख की ओर ले जाते हैं। अवचेतन मन आपके चेतन मन के अधीन होता है इसीलिए इसे अवचेतन या व्यक्तिनिष्ठ कहा जाता है।

कार्य के तरीके और अंतर

निम्न उदाहरणों के जरिए आप मुख्य अंतर जान जाएंगे। आपका चेतन मन जहाज के उस कप्तान की तरह है जो उसे ठीक तरह से चलाने के लिए इंजन रूम में कार्यरत व्यक्तियों को लगातार आदेश दे रहा होता है। इंजन रूम में कार्यरत व्यक्ति नहीं जानते कि वे किस ओर जा रहे हैं, वे बस आदेशों का पालन करते हैं। यदि कप्तान के अनुमान गलत हो जाएं या उसके उपकरण गलत रास्ता दिखा दें तो वह उन्हें गलत आदेश देने लग जाता है और वे जहाज को किसी चट्टान की ओर ले जाकर टक्कर भी करवा सकते हैं। इंजन रूम में बैठा व्यक्ति सिर्फ आदेशों का पालन करता है क्योंकि कप्तान के पास ही सारे अधिकार होते हैं। वह बस निर्देश देता है जिन्हें सभी के द्वारा स्वतः ही अनुपालन किया जाना होता है। कार्य करने वाले लोग कप्तान से सवाल नहीं करते, वे बस आदेशों को मानते हैं।

जहाज में कप्तान ही सर्वोपरि होता है। उसके सभी निर्णयों को माना जाता है। इसी तरह आपका चेतन मन भी जहाज के कप्तान की तरह ही कार्य करता है। वह आपके शरीर, आसपास के वातावरण और सभी गतिविधियों का सर्वेसर्वा होता है। आपका चेतन मन भी अपनी समझ और उसे जो सही लगता है उसी के अनुसार अवचेतन मन को आदेश देता है।

जब आप बार-बार लोगों से कहते हैं, "मैं इसे नहीं खरीद सकता हूं।" तब आपका अवचेतन मन इसे सच मान कर यह सुनिश्चित करता है कि आप जो पाना चाहते हैं उसे खरीदने की स्थिति में आप कभी न पहुंच पाएं। जितने समय तक आप ऐसा कहते रहेंगे, "मेरे पास कार खरीदने के पैसे नहीं हैं, मेरे पास यूरोप यात्रा के लिए पैसे नहीं हैं, घर खरीदने के पैसे नहीं हैं।", तब तक आप निश्चित रहें क्योंकि आपका अवचेतन मन आपके आदेशों का पालन करेगा और आपको अपनी जिंदगी इन वस्तुओं के बिना ही बितानी पड़ेगी।

पिछले साल क्रिसमस की पूर्व संध्या पर विश्वविद्यालय की एक सुंदर छात्रा ने दुकान में एक शानदार और महंगा यात्रा बैग देखा। वह उस दौरान छुट्टियां मनाने न्यूयॉर्क स्थित बफैलो अपने परिवार वालों के साथ जाने वाली थी। जब वह बेवली हिल्स स्थित एक शॉपिंग इलाके से गुजर रही थी तभी उसकी नजर एक सुन्दर बैग पर पड़ी लेकिन एकाएक उसके मुंह से निकला, "मैं यह बैग नहीं खरीद सकती...", परंतु वह वाक्य पूरा करने से पहले रूक गई क्योंकि उसे मेरे व्याख्यान में सुनी हुई बातें याद आईं, "नकारात्मक वाक्य को पूरा मत करो, बल्कि तुरंत उसे बदल दो, फिर आपका जीवन चमत्कारिक रूप से बदल जाएगा।"

फिर उसने कहा," यह बैग मेरा ही है। मैं इसे बेचना चाहती हूं। मैंने मानसिक तौर पर अपना मान लिया और मेरे अवचेतन ने पाया कि मैंने उसे प्राप्त कर लिया है।"

उसी दिन शाम को आठ बजे उस छात्रा के मंगेतर ने उसे ठीक वैसा ही बैग तोहफे में दिया जैसा कि उसने सुबह दुकान में देखा था और अपना मान लिया था। उस छात्रा ने अपने मन को बैग की चाहत से इस तरह भर लिया कि यह बात मन के उस हिस्से तक पहुंच गई जो आपकी प्रत्येक चाहत को साकार करने का तरीका जानता है।

सदर्न कैलिफोर्निया विश्वविद्यालय की इस युवती ने मुझे बताया, "मेरे पास उस बैग को खरीदने के पैसे नहीं थे, परंतु मुझे पता था कि मेरी आवश्यकता की प्रत्येक वस्तु और पैसे मुझे कहां खोजने हैं। इसका अनंत खजाना मेरे भीतर ही है।"

एक अन्य उदाहरण इस प्रकार है – जब आप कहते हैं, "मुझे मशरूम नहीं पसंद है। इसके बाद जब भी कभी आपके भोजन में मशरूम शामिल होगी तो आपका शरीर इसे ठीक तरह से नहीं पचाएगा क्योंकि मालिक यानी चेतन मन को यह बिल्कुल पसंद नहीं है। यह एक बेहतरीन उदाहरण है जो आसानी से समझाता है कि चेतन और अवचेतन मन आपकी पसंद और नापसंद पर किस प्रकार से प्रतिक्रिया करते हैं।"

यदि एक महिला आदतन यह बात कहती है, "अगर मैं रात में कॉफी का सेवन कर लूं, तो रात 3 बजे तक भी आसानी से जाग सकती हूं" ऐसे में वह जब भी रात में कॉफी पीएगी, उसका अवचेतन मन उसके पूरे शरीर में स्वतः ही संदेश पहुंचा देगा, "मालिक आपको रातभर जागने को कह रही हैं।"

आपका अवचेतन मन आपके हित में दिन के चौबीस घंटे कार्य करता है ताकि आपकी चाहत के अनुसार आपको परिणाम उपलब्ध करा सके।

अवचेतन ने किस तरह प्रतिक्रिया दी

कुछ महिनों पहले एक महिला ने मुझे पत्र लिखा –

"मैं 75 वर्ष की एक विधवा हूं। मेरा एक भरा पूरा परिवार रहा है। परंतु कुछ समय पहले तक मैं पेंशन की बदौलत अकेली जीवन जी रही थी। उसी दौरान मैंने अवचेतन मन की शक्तियों पर आपके कई लेक्चर्स सुने, जिसमें आपने कहा था कि किसी भी विचार को अवचेतन तक बार-बार बोलकर, विश्वास करके या उसकी चाह करके पहुंचाया जा सकता है।"

मैंने पूरे मन से इस बात को दोहराना शुरू किया – कोई मुझे चाहता है। मेरी शादी दयालु, प्यार करने वाले, ईमानदार एवं आध्यात्मिक मानसिकता वाले व्यक्ति से हो। मैं हमेशा सुरक्षित रहूं।

"करीब दो हफ्तों तक मैंने इन बातों को बार-बार दोहराया। तभी एक दिन दवा की दुकान पर मेरी मुलाकात रिटायर्ड फार्मासिस्ट से हुई। वे एक दयालु, समझदार और

आध्यात्मिक प्रवृत्ति के व्यक्ति थे। मेरी प्रार्थना के वे एक आदर्श उत्तर थे। एक सप्ताह बाद ही उन्होंने मेरे सामने शादी का प्रस्ताव रखा। अब हम यूरोप में हनीमून मना रहे हैं। मैं जानती हूं कि मेरे अवचेतन मन की बुद्धिमत्ता ने ही हम दोनों को मिलाया था।"

उस महिला ने जान लिया था कि खजाने का भंडार उसके भीतर ही है। उसकी प्रार्थना उसके दिल को सच लगी और उसके अवचेतन मन तक पहुंची, जो कि एक रचनात्मक तरीका है। जिस पल महिला ने अपने सपने की छाप पूरी दृढ़ता से मन पर छोड़ी, उसके अवचेतन ने आकर्षण के नियम के द्वारा जवाब खोज लिया। जल्दी ही ज्ञान और बुद्धिमत्ता से भरे उसके अवचेतन मन ने दोनों को मिला भी दिया।

सुनिश्चित करें कि इन बातों पर विचार करेंगे :

जो भी चीजें सच्ची हैं, जो भी चीजें ईमानदार हैं, जो भी चीजें सही हैं, जो भी चीजें शुद्ध या पवित्र हैं, जो भी चीजें प्यारी हैं, जो भी चीजें अच्छी हैं, अगर कोई पुण्य का कार्य है, अगर किसी में भी कुछ प्रशंसा के योग्य है तो उन बातों पर विचार करें।

फिल. 4:8

याद रखने योग्य विचार :

1. खजाने का भंडार आपके भीतर ही मौजूद है। अपनी प्रत्येक चाह को पूरा करने के लिए एक बार भीतर झांक कर देखें।

2. अवचेतन मन की शक्तियों को जानना और उसका उपयोग कर पाना ही वह प्राचीन रहस्य है जिसने इतिहास में सभी महान लोगों के लिए सफलता के द्वार खोले। इसका प्रयोग आप भी कर सकते हैं।

3. आपके अवचेतन मन के पास आपकी सभी समस्याओं के समाधान हैं। यदि आप अपने मन को रात में सोने से पहले अच्छी तरह समझा दें, मैं सुबह 6 बजे उठना चाहता हूं। तो वह आपको ठीक आपके मन चाहे समय पर उठा देगा।

4. आपका अवचेतन मन आपके शरीर का निर्माता है और यह इसकी प्रत्येक बीमारी के उपचार की क्षमता रखता है। यदि आप प्रत्येक रात सोने से पहले मन को आदर्श स्वास्थ्य का विचार देते हैं तो आप देखेंगे कि आपका यह वफादार सेवक यानी अवचेतन मन आपके आदेश विचार का पालन करने लगेगा।

5. प्रत्येक विचार एक कारण है और प्रत्येक परिस्थिति एक परिणाम है।

6. यदि आप एक पुस्तक लिखना चाहते हैं या नाटक लिखना चाहते हैं या फिर अपने श्रोताओं को एक बेहतरीन भाषण देना चाहते हैं तो यह विचार भावना और प्रेम के साथ अपने अवचेतन मन तक पहुंचाएं। वह उसी के अनुसार कार्य करने लगेगा।

7. आप एक जहाज के नाविक की तरह होते हैं जिसे सिर्फ सही निर्देश देने होते हैं। इसी तरह आप भी अपने अवचेतन मन को विचारों के रूप में सही निर्देश दें जो आपके सभी अनुभवों का संचालन और नियंत्रण कर रहा है।

8. मेरे पास इसके लिए पैसे नहीं हैं या मैं यह कार्य नहीं कर सकता जैसे शब्दों का प्रयोग कभी न करें। आपका अवचेतन मन आपके विचारों और शब्दों को सच मानना शुरू कर देता है। फिर वह यह सुनिश्चित करता है कि आपके पास कभी पैसे न रहें या कभी भी कार्य करने की क्षमता न आए, जबकि आप ऐसा नहीं चाहते। इसलिए हमेशा मन में यह विचार रखें – मैं अपने अवचेतन मन की शक्ति से दुनिया का प्रत्येक कार्य करने में सक्षम हूं।

9. जीवन का नियम ही विश्वास का नियम है। आपके मन का विचार ही आपका विश्वास है। ऐसे विश्वास या विचार मन में ना रखें जो आपको नुकसान पहुंचा सकते हो बल्कि विश्वास करें कि आपका अवचेतन मन आपको स्वस्थ बना सकता है, प्रेरणा दे सकता है, मजबूत बना सकता है और आपके लिए समृद्धि के द्वार खोल सकता है। ऐसा करने से आप आपके विश्वास के अनुरूप बदलाव होते हुये बहुत जल्द देखेंगे।

10. आप अपने विचारों को बदलकर देखिए, आप अपने जीवन को सकारात्मक रूप से बदलते हुए महसूस करने लगेंगे।

2

दिमाग किस तरह
कार्य करता है

आपके पास एक मन है और आपको जानना चाहिए कि यह किस प्रकार कार्य करता है। मन के दो स्तर होते हैं – चेतन मन या तार्किक मन और अवचेतन मन या अतार्किक मन। विचार से संबंधित सभी गतिविधियां आप अपने चेतन मन में करते हैं। इसके बाद जो भी आप आदतन सोचते हैं वह फिर अवचेतन मन तक पहुंचता है। अवचेतन मन आपके विचारों की प्रकृति के अनुरूप ही कार्य करना शुरू कर देता है। आपका अवचेतन मन भावनाओं का भंडार गृह और एक रचनात्मक केन्द्र है। अगर आप अच्छा सोचेंगे तो वह वैसा करने लगेगा और यदि आप बुरा सोचेंगे तो वह वैसा करने लगेगा। यह इसी तरह से कार्य करता है।

यहां जो सबसे जरूरी बात ध्यान देने योग्य है वह यह है कि एक बार अवचेतन मन ने किसी विचार को ग्रहण कर लिया तो वह उसे साकार करने की शुरुआत कर देता है। यह एक अजीब मगर रोचक सत्य है कि अवचेतन मन का नियम अच्छे और बुरे दोनों विचारों में समान रूप से कार्य करता है। इस नियम का यदि नकारात्मक तरीके से प्रयोग किया जाए तो यह जीवन में हार, हताशा और दुख लाने का काम करता है। वहीं अगर आपकी आदतन सोच में सद्भाव और रचनात्मकता होगी तो यह आपको अच्छे स्वास्थ्य, सफलता और समृद्धि का अनुभव देगा।

जब आप विचारों को सही दिशा प्रदान करते हैं तो आपको स्वत: ही मनसिक शांति और स्वस्थ काया परिणाम स्वरूप मिलते हैं। मन में आप जिस भी बात को सच मानने का दावा करते हैं, अवचेतन मन उसे स्वीकार कर उसे आपके अनुभव में लाने के प्रयास शुरू कर देता है। इसके लिए बस आपको अपने अवचेतन मन को वह बात मनवानी होती है। फिर आपका अवचेतन मन आपको स्वास्थ्य और शांति देने के साथ ही आपकी प्रत्येक चाहत को पूरा करने लग जाता है। आप आदेश करिए और आपका अवचेतन मन पूरी वफादारी से उस कार्य को करने में लग जाएगा। आपके मन का नियम कुछ ऐसे कार्य करता है - आपके अवचेतन मन से प्राप्त होने वाली प्रतिक्रिया चेतन मन के विचारों पर ही निर्भर करती है।

मनोवैज्ञानिक एवं मनोचिकित्सक भी इस बात को रेखांकित करते हैं कि जब आपके अवचेतन मन में विचार पहुंचते हैं, तब उसकी छाप दिमाग की कोशिकाओं पर भी पड़ती है। जितनी जल्द आपका अवचेतन किसी विचार को स्वीकार करता है, उतने ही जल्द वह उस पर कार्य शुरू कर देता है। यह आपके विचारों को एकीकृत करता है और इसके लिए वह आपके द्वारा उस प्रयोजन से संग्रहित की गई प्रत्येक जानकारी का इस्तेमाल करता है। यह आपके भीतर की असीमित शक्ति, ऊर्जा और ज्ञान का इस्तेमाल करता है। परिणाम के लिए यह प्रकृति के सभी नियमों का प्रयोग करता है। कई बार यह आपकी समस्याओं का तुरंत समाधान दे देता है, परंतु कई बार इसे कुछ दिन, हफ्ते और अधिक समय भी लग जाता है... इसके तरीके समझ से परे होते हैं।

चेतन और अवचेतन में अंतर

आपको इस बात का ध्यान रखना होगा कि ये दोनों दो अलग मस्तिष्क नहीं हैं। ये एक मस्तिष्क के भीतर ही कार्य करने वाले दो क्षेत्र हैं। आपका चेतन मन तार्किक मन है। यह वह हिस्सा है जिसके पास चुनाव की शक्ति है। उदाहरण के तौर पर आप जीवन में अपनी किताबों, अपने घर, अपने साथी को चुनते हैं। आपके सभी निर्णय चेतन मन के द्वारा लिए जाते हैं। जबकि दूसरी ओर आपके बिना चाहे कई कार्य शरीर खुद ही कर रहा होता है जैसे, दिल का धड़कना, पाचन एवं श्वसन प्रक्रिया। ये सभी अवचेतन मन द्वारा स्वतंत्र रूप से संचालित किए जाते हैं। इन पर चेतन मन का नियंत्रण नहीं होता है।

आपका अवचेतन मन वही बात स्वीकार करता है जिसकी छाप उस पर पड़ती है या जिस बात पर आप स्वयं विश्वास करते हैं। यह आपके चेतन मन की तरह आपसे कारण नहीं मांगता और ना ही किसी प्रकार का तर्क करता है। अवचेतन मन वह मिट्टी है जिसमें किसी भी पौधे का बीज लगाया जा सकता है, इससे फर्क नहीं पड़ता कि वह अच्छा है या बुरा। आपके विचार हमेशा सक्रिय रहते हैं और एक बीज की तरह कार्य करते हैं। नकारात्मक और हानिकारक विचार का अवचेतन मन पर भी प्रभाव नकारात्मक ही होता है और एक समय के बाद यह व्यक्ति के व्यवहार में भी प्रकट होने लग जाता है।

ध्यान रहे, आपका अवचेतन मन आपको गलत या सही, अच्छा या बुरा सिद्ध करने का प्रयास नहीं करता, बल्कि आपके विचारों और सुझावों की प्रकृति के अनुरूप प्रतिक्रिया करता है। उदाहरण के तौर पर, यदि आप किसी गलत बात को भी चेतन रूप में सच मान लेते हैं तो अवचेतन मन भी उसे सच मान लेता है, उसी के अनुसार परिणाम देता है *क्योंकि* आपने चेतन रूप में उसे सच माना है।

मनोवैज्ञानिकों के प्रयोग

व्यक्तियों पर सम्मोहन के दौरान किए गए अनगिनत प्रयोगों के जरिए विभिन्न मनोवैज्ञानिकों और अन्य विद्वानों ने बताया कि अवचेतन मन के पास चुनाव और तुलना करने की क्षमता

नहीं होती जो कि एक तर्क करने के लिए आवश्यक होती है। उन्होंने यह भी बार-बार बताया कि अवचेतन मन आपके प्रत्येक सुझाव को स्वीकार करता है, भले ही फिर वह झूठा ही क्यों ना हो। एक बार सुझाव स्वीकार कर लेने के बाद वह उस सुझाव की प्रकृति के अनुसार जवाब देना शुरू कर देता है।

सुझावों के प्रति आपका अवचेतन मन कितना वफादार है, यह इस उदाहरण से समझें। यदि कोई सम्मोहन विशेषज्ञ किसी को यह सुझाव दे कि वह नेपोलियन बोनापार्ट है या बिल्ली है या कुत्ता है, तो वह व्यक्ति पूरी सटीकता से उस किरदार को निभाने लगेगा। उस समय के लिए उसका व्यक्तित्व पूरी तरह बदल जाएगा। वह स्वयं को वही मान लेगा जो सम्मोहन विशेषज्ञ उससे कहेगा।

सम्मोहन विशेषज्ञ अपने एक छात्र को सम्मोहन के दौरान कहे कि उसकी पीठ में खुजली है, दूसरे को कहे कि उसकी नाक से खून आ रहा है, तीसरे को कहे कि वह मार्बल की मूर्ति है, चौथे को कहे कि तुम शून्य तापमान में ठंड से कंपकंपा रहे हो तो आप पाएंगे कि सभी छात्र अपने लिए कहे गए उस विशेष सुझाव पर अमल करना शुरू कर देंगे; बिना इस बात की ओर ध्यान दिए कि वहां आसपास क्या हो रहा है।

ये उदाहरण, चेतन तार्किक मन और अवचेतन मन के बीच के अंतर को दर्शाते हैं। यह पूरी तरह से अवैयक्तिक, गैर चयनात्मक है और हर उस बात को स्वीकार करता है जिसे चेतन मन सच मानता है। इसलिए यह महत्वपूर्ण है कि आप ऐसे विचार, सुझाव और आधार चुनें जो आपको सुख दें, स्वस्थ बनाएं, प्रेरणा दें और आपकी आत्मा को खुशियों से भर दें।

हकीकत और कल्पना को जानें

आपके चेतन मन को कई बार वस्तुनिष्ठ मन भी कहा जाता है क्योंकि यह बाह्य वस्तुओं एवं परिस्थितयों से व्यवहार बनाने का कार्य करता है। वस्तुनिष्ठ मन बाहरी दुनिया की वस्तुओं का संज्ञान लेता है। यह कार्य ये पांच भौतिक इंद्रियों के माध्यम से करता है। बाहरी वातावरण से संबंध स्थापित करने में आपका वस्तुनिष्ठ मन आपके लिए एक मार्गदर्शक का कार्य करता है। सभी जानकारियां पांच इंद्रियों के माध्यम से ही प्राप्त होती हैं। आपका वस्तुनिष्ठ मन प्रयोग, अनुभव और शिक्षा से सीखता है जैसा पहले बताया गया कि वस्तुनिष्ठ मन का सबसे महत्वपूर्ण कार्य तर्क करना होता है।

मान लीजिए आप उन हजारों पर्यटकों में से हैं जो प्रतिवर्ष लॉस एंजिल्स आते हैं। यहां के पार्क, सुंदर बगीचे, ऊंची इमारतें और शानदार घरों को देखने के बाद आप इस निष्कर्ष पर पहुंचते हैं कि यह एक सुंदर शहर है। आपका वस्तुनिष्ठ मन इसी प्रकार कार्य करता है।

आपके अवचेतन मन को अक्सर व्यक्तिनिष्ठ मन कहा जाता है। आपका व्यक्तिनिष्ठ मन आपके आसपास के वातावरण का संज्ञान स्वतंत्र रूप से लेता है, बिना पांचों इंद्रियों की सहायता से। आपका व्यक्तिनिष्ठ मन अंतर्ज्ञान की मदद से चीजों को ग्रहण करता है। यह आपकी भावनाओं का स्थान और यादों का भंडार है। आपका व्यक्तिनिष्ठ मन सबसे

महत्वपूर्ण कार्य तब करता है जब आपका वस्तुनिष्ठ मन आराम कर रहा होता है। दूसरे शब्दों में, जब वस्तुनिष्ठ मन आराम की अवस्था में होता है तब व्यक्तिनिष्ठ मन पूर्ण क्षमता से कार्य करता है।

आपका व्यक्तिनिष्ठ मन बिना अंगों के भी देख सकता है। इसके पास परोक्ष दर्शन और परोक्ष श्रवण की क्षमता होती है। आपका व्यक्तिनिष्ठ मन आपका शरीर छोड़ कर बहुत दूर के स्थान की यात्रा कर सकता है और ऐसी जानकारियां एकत्रित कर ला सकता है जो आश्चर्यजनक रूप से सत्य हो सकती हैं। अपने व्यक्तिनिष्ठ मन की मदद से आप दूसरों के मन में चल रही बातों, बंद लिफाफे के संदेश को भी जान सकते हैं। आपके व्यक्तिनिष्ठ मन में दूसरों के मन की बातों को जानने की क्षमता होती है वह भी बिना किसी सामान्य संचार माध्यम के इस्तेमाल किए। यह हमारे लिए बहुत महत्वपूर्ण है कि हम वस्तुनिष्ठ और व्यक्तिनिष्ठ मन की परस्पर कार्यविधि को जानें जिससे हम जान सकें कि प्रार्थना कैसे कार्य करती है।

अवचेतन मन प्रश्न नहीं करता

आपका अवचेतन मन कभी भी तर्क नहीं करता है। इसलिए यदि आप इसे गलत सुझाव देंगे तो यह उसे ही स्वीकार करेगा और उसी के अनुरूप परिस्थिति, अनुभव और परिणाम देता रहेगा। आपके साथ जो भी घटित होता है वह आपके अवचेतन मन पर विश्वास के माध्यम से आपके विचारों की छाप का ही परिणाम होता है। अगर आपने किसी गलत विचार को अवचेतन मन तक पहुंचा दिया है तो इसे आप रचनात्मक और अच्छे विचारों का दोहराव करके इसमें सुधार कर सकते हैं जो कि आपके अवचेतन मन द्वारा स्वीकार कर लिए जाएंगे। इस प्रकार आप विचार और जीवन की अच्छी आदतें अपना सकते हैं क्योंकि आपका अवचेतन मन आदत का स्थान है।

आपके चेतन मन के आदतन विचार अवचेतन मन की गहराई में अपना स्थान बना लेते हैं। इसलिये यह आपके लिए बहुत लाभदायक हो सकता है यदि आपके आदतन विचारों में सद्भाव, शांति और रचनात्मकता शामिल हो जाए।

अगर आप डर, आशंका और अन्य हानिकारक विचारों से घिरे रहते हैं तो इनसे बचने का उपाय अवचेतन मन की शक्तियों को स्वीकार करना है। आपको ऐसा करना ही होगा। आप स्वयं को स्वतंत्र, स्वस्थ और खुशहाल घोषित करें। आपका अवचेतन मन रचनात्मक रूप में और दैवीय स्रोत के साथ आपके लिए स्वतंत्रता और खुशहाली को कायम करने का कार्य शुरू कर देगा।

सलाह की जादुई शक्ति

आप अब तक समझ गए होंगे कि आपका चेतन मन "द्वार के चौकीदार" की तरह है और इसका मुख्य कार्य अवचेतन को नकारात्मक प्रभावों से बचाना है। आप अब तक मन

के नियम के मूलभूत सिद्धांत से वाकिफ हो चुके हैं। आपका अवचेतन मन आपका एक आज्ञाकारी सेवक है जो प्रत्येक सुझाव को आज्ञा मानकर पूरा करता है। जैसा कि आप जानते हैं, आपका अवचेतन मन कभी भी तुलना नहीं करता, भेदभाव या तर्क भी नहीं करता। ना ही स्वयं से कोई विचार करता है, क्योंकि यह कार्य आपका चेतन मन करता है। यह सिर्फ चेतन मन के विचारों के प्रभाव में प्रतिक्रिया देता है। यह किसी विचार या सुझाव को अन्य की अपेक्षा तरजीह भी नहीं देता है।

सुझाव की असीमित शक्ति का एक उदाहरण हम यहां देखते हैं। मान लीजिए आप जहाज में एक भयभीत दिख रहे यात्री के पास जाते हैं और उससे कहते हैं, "आपका स्वास्थ्य ठीक नहीं लग रहा है, आप काफी कमजोर लग रहे हैं, मुझे लगता है आपको समुद्री यात्रा की मतली आ सकती है, चलिए मैं आपको केबिन तक पहुंचने में मदद कर देता हूं।" यात्री का चेहरा पीला पड़ जाता है। समुद्री यात्रा में मतली आने के सुझाव को उसने अपने डर के साथ जोड़ लिया। वह केबिन तक पहुंचने में आपका सहयोग और नकारात्मक विचार को स्वीकार कर लेता है और आप पाते हैं कि केबिन में पहुंचने तक वह सच में बीमार होने लगता है।

समान सुझाव पर प्रतिक्रियाओं में भिन्नता

यह सत्य है कि हर व्यक्ति समान विचार पर भी अलग-अलग तरह से प्रतिक्रियाएं देते हैं क्योंकि सभी का अवचेतन मन अलग परिस्थितियों में तैयार होता है और अलग चीजों में विश्वास करता है। उदाहरण के लिए, अगर आप जहाज के चालक के पास जाएं और पूरी सहानुभूति के साथ उससे कहें, "मित्र, आप काफी बीमार लग रहे हैं। क्या आपको ऐसा महसूस नहीं हो रहा? मुझे ऐसा लग रहा है समुद्री यात्रा की मतली आपको आने वाली है।"

वह व्यक्ति अपने मिजाज के मुताबिक या तो आपके "मजाक" पर मुस्करा देगा या आप पर गुस्सा भी हो सकता है। इस उदाहरण में आपके सुझाव का असर चालक पर नहीं हुआ क्योंकि वह आश्वस्त था कि समुद्री यात्रा में उसे मतली नहीं आ सकती। उसके आत्मविश्वास ने डर और शंका को उस पर हावी नहीं होने दिया।

शब्दकोश के अनुसार सुझाव एक ऐसा कार्य है जिसके जरिए कोई चीज किसी के मस्तिष्क में पहुंचाई जाती है। यह एक ऐसी प्रक्रिया भी है जिसके जरिए विचार को स्वीकार किया जाता है और उसे साकार करने की शुरुआत भी होती है। आप ध्यान रखें, सुझाव कभी भी चेतन मन की इच्छा के विरूद्ध अवचेतन मन पर कभी भी प्रभावित नहीं कर सकता है। दूसरे शब्दों में, आपके चेतन मन के पास सुझाव को अस्वीकार करने की पूरी ताकत होती है। चालक के उदाहरण में, उसे बीमार होने का कोई डर नहीं था। उसे अपनी क्षमता पर पूर्ण विश्वास था। नकारात्मक सुझाव में चालक के मन में डर उत्पन्न करने की कोई शक्ति नहीं थी।

इससे पहले के उदाहरण में समुद्री यात्रा की मतली के सुझाव ने उस यात्री की शंका को डर में बदल दिया था, इसलिए आपके कहे अनुसार परिस्थितियों का निर्माण हुआ

था। हम सभी के भीतर हमारे खुद के कई डर, विश्वास और मत होते हैं। यही आंतरिक पूर्वधारणाएं ही होती हैं जो हमारे जीवन पर शासन करती हैं और इसे संचालित करती हैं। एक सुझाव में स्वयं की कोई शक्ति नहीं होती जो आपको प्रभावित कर सके। यह आपकी मानसिक स्वीकार्यता पर निर्भर करता है कि आप उससे प्रभावित होते हैं या नहीं। इसी कारण से आपके अवचेतन मन की शक्ति, सुझाव की प्रकृति के अनुसार या तो सीमित रूप में कार्य करती है या तो आपके पूरे नियंत्रण में आपके लिए कार्य करती है।

कैसे उसने अपना हाथ गंवाया

हर दो से तीन वर्ष में एक बार कैक्सटन हॉल में लंदन टूथ फोरम में मेरे व्याख्यान की श्रंखला का आयोजन किया जाता है। इस फोरम की मैंने कुछ वर्ष पहले स्थापना की थी। इसकी निदेशक डॉ. ईवलिन फ्लीट ने मुझे अंग्रेजी समाचार पत्र में प्रकाशित एक लेख के बारे में बताया जो अवचेतन मन की शक्तियों के संबंध में था। इस लेख में एक आदमी के बारे में बताया गया था जो अपने अवचेतन मन को दो साल तक एक सुझाव देता है-

"मैं अपनी बेटी को स्वस्थ देखने के लिए अपना एक हाथ भी दे सकता हूं।" उसकी बेटी अपंगता के एक प्रकार की आर्थ्राइटिस और लाइलाज चर्मरोग की बीमारी से पीड़ित थी। चिकित्सकीय उपचार उसकी हालत को ठीक कर पाने में नाकाम थे, पर पिता अपनी बेटी से बहुत प्रेम करता था इसलिए अपनी चाहत को उपरोक्त शब्दों में बयां करने लगा था।

डॉ. ईवलिन फ्लीट ने समाचार पत्र के लेख के संबंध में बताया कि एक दिन परिवार कहीं घूमने गया था तभी वहां कार की टक्कर किसी वाहन से हो गई। उस हादसे में पिता ने हांथ गंवा दिया था, परंतु उसके बाद बेटी की आर्थ्राइटिस और चर्मरोग जैसी बीमारी में अभूतपूर्व रूप से सुधार हुआ। इसलिए आपको अपने अवचेतन मन को केवल ऐसे विचारों से पोषित करना चाहिए जो आपके जीवन को बेहतर बना सकें और विभिन्न तरीकों से प्रेरित कर सकें। याद रखें, आपका अवचेतन मन किसी भी बात को मजाक नही मानता। यह प्रत्येक बात को सच मानता है।

स्वतः सुझाव ने डर को खत्म किया

स्वतः सुझाव के उदाहरण : स्वतः सुझाव का अर्थ है खुद को किसी निश्चित और विशिष्ट बात का सुझाव देना। स्वतः सुझाव का प्रयोग डर और नकारात्मक परिस्थितियों से निपटने के लिए किया जा सकता है। एक युवा गायिका को ऑडिशन देने के लिए आमंत्रित किया जाता है। वह बेहद उम्मीद से साक्षात्कार देने जाती थी परंतु इससे पहले के तीन साक्षात्कार में भी अपने डर के कारण वह असफल रही थी। गायिका की आवाज बहुत मधुर थी, पर वह खुद से कहती थी, "शायद जब मेरी गाने की बारी आएगी तो उन्हें मेरी आवाज पसंद ना आए। मैं प्रयास करूंगी पर मुझे बहुत डर सता रहा है।"

उसके अवचेतन मन ने खुद के उन नकारात्मक सुझावों को निवेदन के रूप में स्वीकार कर लिया था और अब उन्हें अनुभव में साकार करने लगा था। इसका कारण स्वयं का अनचाहा सुझाव था जिससे मन का छिपा डर विचारों में बदला और फिर वह सच हो गया।

वह समस्या से इस तरह उबर पाई: वह दिन में तीन बार अकेली अलग कमरे में जाती। वहां वह आराम से कुर्सी पर बैठ जाती, आंखों को बंद कर लेती। वह अपने मन और शरीर को स्थिर रखती। जब शरीर स्थिर होता है तब वह मानसिक रूप से अधिक सक्रिय होकर ग्रहणशील बन जाता है। वह अपने मन के डर के विचारों से यह कहकर लड़ने का प्रयास करती, "मैं बहुत सुंदर गाती हूं, मैं संतुलित, शांत, आत्मविश्वासी और स्थिर हूं।" यह शब्द वह आराम से, धीमे और मन की भावनाओं के साथ पांच से दस बार बोलती थी। खासतौर पर रात को सोने से पहले वह जरूर यह कार्य करती थी। करीब एक हफ्ते के भीतर ही वह शांत और आत्मविश्वास से भरपूर दिखने लगी थी। अगली बार जब उसे ऑडिशन के लिए आमंत्रण आया तो उसने एक अद्भुत और शानदार तरीके से ऑडिशन को पूरा किया।

उसने अपनी याद्दाश्त कैसे पाई

75 वर्षीय महिला आदतन स्वयं से कहा करती थी, "मेरी याद्दाश्त जा रही है।" इसके बाद उसने याद्दाश्त जाने की समस्या से निजात पाने के लिए आत्म सुझाव की प्रक्रिया का इस प्रकार अभ्यास किया —

"आज से मेरी याद्दाश्त बेहतर होने लगी है। मैं अपनी जरूरत की प्रत्येक वस्तु को हर पल, हर जगह, हमेशा याद रखूंगी। मैं यह आसानी से और अपने आप कर सकती हूं। मैं जो भी याद करना चाहूंगी, वह मुझे तत्काल याद आ जाएगा। मेरी याद्दाश्त में बहुत तेजी से सुधार हो रहा है और जल्द ही यह पहले से भी बेहतर हो जाएगी।"

तीन हफ्ते बाद उसकी याद्दाश्त फिर से सामान्य हो गई। वह अब बहुत खुश थी।

उसने बुरे स्वभाव को कैसे नियंत्रित किया

ऐसा देखा गया है जो लोग अपने गुस्सैल स्वभाव से परेशान रहते हैं वे अक्सर आत्म सुझावों के प्रति संवेदनशील होते हैं। ऐसे लोगों ने एक माह तक जब दिन में तीन से चार बार यानी सुबह, दोपहर, शाम और रात को सोने से पहले खुद से यह बात कही तो उन्हें बहुत ही शानदार परिणाम मिले —

"अब से मैं ज्यादा बेहतर स्वभाव का बनूंगा। मेरा मन सामान्य रूप से प्रसन्न, सुखी और खुशमिजाज बन रहा है। मैं अधिक प्रेम करने के साथ समझदार भी बन रहा हूं। मैं अपने सभी साथियों के लिए ऊर्जा और खुशी का केंद्र बन रहा हूं। मैं उनके भीतर भी इस आदत का प्रवेश करूंगा। खुश और ऊर्जामय रहना अब मेरा सहज स्वभाव बन रहा है। मैं हमेशा आभारी रहूंगा।"

सुझाव की सृजनात्मक और विध्वंसात्मक शक्ति

बाहरी सुझाव का अर्थ है किसी दूसरे व्यक्ति के सुझाव। सभी युगों और दुनिया के सभी देशों में सुझावों की शक्ति ने मनुष्य के विचारों और जीवन में अहम भूमिका निभाई है। दुनिया के बहुत से हिस्सों में यही वह शक्ति है, जो धर्मों को संचालित करती है।

सुझाव का प्रयोग स्वयं को अनुशासित और नियंत्रित करने के लिए किया जा सकता है, परंतु इसका प्रयोग ऐसे लोगों को नियंत्रित करने और उन्हें अपने अनुसार चलाने के लिए भी किया जा सकता है, जिन्हें मस्तिष्क के नियमों की जानकारी नहीं है। सृजनात्मक रूप से यह अद्भुत और शानदार है। अगर इसका नकारात्मक पहलू देखें तो यह मस्तिष्क की प्रतिक्रिया के सभी प्रतिमानों में बहुत ही विध्वंसात्मक है जिससे परिणाम दुख, असफलता, परेशानी, बीमारी और तबाही हो सकते हैं।

क्या आपने ये स्वीकार किया है?

पैदा होने के समय से ही हमें कई प्रकार के नकारात्मक सुझाव दिए जाते हैं। हम नहीं जानते कि उनसे कैसे बचना है, इसलिए अवचेतन रूप से हम उन्हें स्वीकार कर लेते हैं।

नकारात्मक सुझावों के कुछ उदाहरण देखें —

- "तुम नहीं कर सकते।"
- "तुम कभी कुछ नहीं बन पाओगे।"
- "तुम्हें ऐसा नहीं करना चाहिए।"
- "तुम असफल हो जाओगे।"
- "तुम्हें कोई मौका नहीं मिलेगा।"
- "तुम बिल्कुल गलत हो।"
- "यह किसी काम का नहीं।"
- "महत्वपूर्ण यह नहीं कि तुम क्या जानते हो, महत्वपूर्ण यह है कि तुम किसे जानते हो।"
- "दुनिया में सबकुछ बुरा हो रहा है।"
- "क्या फायदा, किसी को कोई फर्क नहीं पड़ता।"
- "मेहनत करने का कोई लाभ नहीं।"
- "तुम अब बूढ़े हो चुके हो।"
- "चीजें अब बिगड़ती ही जा रही हैं।"

- "प्रेम सिर्फ पक्षियों के लिए है।"

- "तुम कभी नहीं जीत सकते।"

- "बहुत जल्द तुम बर्बाद होने वाले हो।"

- "देखना तुम बीमार हो जाओगे।"

- "किसी पर भी भरोसा नहीं किया जा सकता" इत्यादि।

जब आप समझदार होते हैं तब आप सृजनात्मक आत्म सुझाव का इस्तेमाल कर पाते हैं, जो कि मन की सकारात्मक कंडीशनिंग का तरीका है। परंतु अतीत के विचारों की छाप के कारण ऐसे व्यवहार का निर्माण होता है जिसे सामाजिक एवं निजी जीवन में कई बार असफलता का सामना करना पड़ता है। सृजनात्मक आत्म सुझाव आपको नकारात्मक कंडीशनिंग से मुक्त कर सकता है। यदि यह कार्य जल्द ही नहीं किया गया तो नकारात्मक कंडीशनिंग जीवन को तबाह करने के साथ ही अच्छी आदतों के विकास को मुश्किल या असंभव बना देगी।

नकारात्मक सुझावों से ऐसे बचें

किसी भी दिन का समाचार पत्र देखें, आप इसमें दर्जनों ऐसी खबरें पाएंगे जो निरर्थकता, डर, चिंता, तनाव और भविष्य की समस्याओं के बीज बो सकती हैं। अगर आप उन्हें स्वीकार कर लें, तो डर के ये विचार आपकी जीवन जीने की इच्छा ही खत्म कर देंगे। हालांकि आप इन नकारात्मक सुझावों को अस्वीकार कर सकते हैं। इसके लिए अवचेतन मन तक ऐसे सृजनात्मक आत्म सुझाव पहुंचाने होंगे जो इन नकारात्मक विचारों का विरोध करते हों।

अन्य लोगों द्वारा आपको दिए जाने वाले नकारात्मक सुझावों की जांच करते रहें। आपको इन बाहरी सुझावों से किसी भी प्रकार से प्रभावित नहीं होना है। हम सभी को बचपन और युवावस्था में इनसे परेशानी का सामना करना पड़ा है। आप अतीत को याद करेंगे तो पाएंगे कि कैसे आपके पिता, दोस्त, संबंधी, शिक्षक और अन्य साथियों ने आप तक नकारात्मक सुझाव पहुंचाए हैं। आप उनकी बातों का विश्लेषण करेंगे तो पाएंगे कि उनमें से ज्यादातर बातें झूठी थीं। उनका उद्देश्य आपके मन में डर पैदा करके आपको नियंत्रित करना था। बाहरी सुझाव की यह प्रक्रिया हर घर, दफ्तर, फैक्ट्री और क्लब में चलती है। आप पाएंगे कि ज्यादातर सुझावों काउद्देश्य यह होता है कि आप वैसा ही सोचें, महसूस करें और काम करें, जैसा वे चाहते हैं और जिससे उनका लाभ हो सके।

कैसे एक सुझाव एक व्यक्ति की मृत्यु का कारण बना

मेरे एक रिश्तेदार ने भारत की एक भविष्यवक्ता के पास जाकर अपना भविष्य पूछा। उसने उन्हें बताया कि उसका दिल बहुत कमजोर है और वह अगली अमावस्या को मर जाएगा।

उसने परिवार के सभी लोगों को इस भविष्यवाणी के बारे में बताया। तब उन्होंने अपनी वसीयत भी तैयार करवा ली।

यह शक्तिशाली सुझाव उनके अवचेतन मन में घर कर गया था, क्योंकि उसने उसे पूरी तरह स्वीकार कर लिया था। मेरे रिश्तेदार ने मुझे बताया कि उस भविष्यवक्ता में अद्भुत पारलौकिक शक्तियां हैं। वह किसी का भी अच्छा या बुरा कर सकता है। भविष्यवाणी के अनुसार उनकी मृत्यु हो गई, पर उसे पता ही नहीं था कि अपनी मौत का कारण वह स्वयं था।

आइए अवचेतन मन की कार्यविधि की जानकारी के आधार पर देखें कि आखिर हुआ क्या था। व्यक्ति का चेतन या तार्किक मन जो भी विश्वास करता है, अवचेतन मन उसे स्वीकार कर लेता है और उसके अनुरूप ही कार्य करता है। मेरा रिश्तेदार जब उस भविष्यवक्ता के पास गया तब वह खुश और स्वस्थ था। भविष्यवक्ता ने उसे बहुत ही नकारात्मक सुझाव दिया जिसे उसने सच मान लिया। वह बहुत डर गया और वह हमेशा यही विचार करने लगा कि वह अगली अमावस्या को मरने वाला है। उसने इसके बारे में सभी को बता दिया और अपनी मौत की तैयारी करने लगा। उसके मन में हुई एक गतिविधि और एक विचार उसकी मृत्यु का कारण बन गया। उसने डर और मृत्यु की उम्मीद से स्वयं की जान ले ली।

जिस महिला भविष्यवक्ता ने उसकी मौत की भविष्यवाणी की थी, उसकी शक्ति मैदान के पत्थरों और लकड़ियों से अधिक नहीं थी। उसके सुझाव में जान लेने की शक्ति नहीं थी। अगर वह आदमी मन के नियमों को जानता, तो वह उस नकारात्मक सुझाव को बिना किसी प्रकार का ध्यान दिए पूरी तरह से अस्वीकार कर देता क्योंकि ये विचार और भावनाएं ही उसे और उसके जीवन को नियंत्रित करती हैं। यह वैसा ही होता जैसे किसी युद्धपोत को नुकसान पहुंचाने के लिए तीर से वार करना। इस प्रकार वह उस भविष्यवाणी के प्रभाव को खत्म कर सकता था।

दूसरों के सुझावों में कोई शक्ति नहीं होती है। ये आपके विचार ही होते हैं जो उसे स्वीकार करने के बाद उसे शक्ति देते हैं। आपको अपनी मानसिक सहमति देनी होती है। तब वह आपका विचार बनता है और आप उसे साकार करने की शुरुआत करते हैं। याद रखें, आपके पास चुनने की क्षमता है। जिंदगी चुनें, प्रेम चुनें, सेहत चुनें।

प्रमुख आधार वाक्यों की शक्ति

आपका मन सिलोजिज्म की तरह कार्य करता है। सिलोजिज्म एक प्रकार का तर्क-वितर्क का तरीका है जिसमें दो कथनों का प्रयोग तीसरे कथन की सत्यता को प्रमाणित करने के लिए किया जाता है। इसका मतलब यह है कि आपका चेतन मन जिस प्रमुख आधार वाक्य को सच मानता है, उसी से वह निष्कर्ष तय होता है, जिस पर आपका अवचेतन मन किसी भी सवाल अथवा समस्या के परिप्रेक्ष्य में उस तक पहुंचता है। अगर आधार वाक्य सही है, तो निष्कर्ष भी सही होगा। यह इस प्रकार है :

उदाहरण देखें :

* प्रत्येक गुण प्रशंसनीय है।

* दयालुता एक गुण है।

* इसलिए दयालुता प्रशंसनीय है।

अन्य उदाहरण भी देखें :

* सभी निर्मित वस्तुएं बदलती और खत्म होती हैं।

* मिस्र के पिरामिड निर्मित वस्तुएं हैं।

* इसलिए, किसी दिन पिरामिड भी नहीं होंगे।

पहले कथन को प्रमुख आधार कहा जाता है और सही निष्कर्ष के लिए सही आधार का होना आवश्यक है।

कॉलेज के एक प्रोफेसर ने मेरे द्वारा न्यूयॉर्क के टाउन हॉल में मई 1962 में दिए गए "मस्तिष्क का विज्ञान" लेक्चर को सुना। इसके बाद उन्होंने मुझे कहा, "मेरे जीवन में सब कुछ गड़बड़ है और मैं अपनी सेहत, दौलत और दोस्त गवां चुका हूं। मैं जिस भी चीज को छूता हूं, वह मेरे लिए बुरी बन जाती है।"

मैंने उन्हें समझाया कि उन्हें अपने विचारों में एक आधार वाक्य की कल्पना करनी चाहिए जिसमें उन्हें इस विश्वास को सही मानना होगा कि उनके अवचेतन मन की असीमित बुद्धिमत्ता उन्हें आध्यात्मिक, मानसिक और भौतिक मार्गदर्शन दे रही है, निर्देशित कर रही है और समृद्ध बना रही है। इसके बाद उनका अवचेतन मन स्वतः ही समझदारी से निर्णय लेने, शरीर का उपचार करने में मदद करने लगेगा। साथ ही यह मानसिक शांति को भी लौटा देगा।

इसके बाद प्रोफेसर ने मनचाहे जीवन की एक कल्पना की, जिसका आधार वाक्य इस प्रकार था —

"असीमित बुद्धिमत्ता मेरे सभी कार्यों में मेरा मार्गदर्शन कर रही है। मैं सेहतमंद हूं और सामंजस्य का नियम मेरे शरीर एवं मन में कार्य कर रहा है। मेरे पास बहुत सारा सौंदर्य, प्रेम और शांति है। अच्छे कर्म का सिद्धांत और दैवीय विधान मेरे जीवन को चला रहे हैं। मैं जानता हूं कि मेरा प्रमुख आधार जीवन के शाश्वत नियमों पर आधारित है और मैं जानता हूं, महसूस करता हूं और विश्वास करता हूं कि मेरा अवचेतन मन मेरे चेतन मन के विचारों की प्रकृति के अनुरूप ही प्रतिक्रिया करेगा।"

एक पत्र के जरिए उन्होंने मुझे बताया — "मैंने उपरोक्त कथन को धीरे-धीरे, शांति से और पूरे मन से दिन में कई बार दोहराया। मैं जानता था कि ये मेरे अवचेतन मन की गहराई में उतर रहे थे और इनके परिणाम भी मिलेंगे। मैं आपसे हुई उस मुलाकात के लिए हृदय से

धन्यवाद देता हूं। साथ ही बताना चाहता हूं कि मेरे जीवन के सभी पहलुओं में सकारात्मक बदलाव हो रहा है। यह कार्य कर रहा है।"

अवचेतन मन कभी तर्क नहीं करता

आपका अवचेतन मन बहुत समझदार है और सभी सवालों के जवाब जानता है। यह ना आपसे तर्क करता है और ना ही पटलकर जवाब देता है। यह कभी नहीं कहेगा, "आप मुझे इस प्रकार से प्रभावित ना करें।" उदाहरण के तौर पर अगर आप कहें, "मैं यह नहीं कर सकता।", "अब मैं बहुत बूढ़ा हो गया हूं।", "मैं इस जिम्मेदारी को नहीं निभा सकता।", "मैं गलत जगह पैदा हो गया।", "मैं सही नेताओं को नहीं जानता हूं।" अगर आप अवचेतन मन तक ऐसे नकारात्मक विचारों को पहुंचा रहे हैं तो मन आपको कभी इसके लिए रोकेगा नहीं। परंतु इस प्रकार जीवन में कमी लाकर, स्वयं के लिए सीमाएं बनाकर और मन को परेशान करके आप स्वयं के लिए भलाई का रास्ता रोक रहे हैं।

जब आप चेतन मन में बाधा, अवरोध और विलंब के विचार लाते हैं, तो आप अपने अवचेतन मन के ज्ञान और बुद्धिमत्ता को नकार रहे होते हैं। एक प्रकार से आप कह रहे होते हैं कि आपका अवचेतन मन इस कार्य को नहीं कर सकता है। इससे मानसिक और भावनात्मक संतुलन होता है जिसके बाद बीमारी और मानसिक परेशानियां आती हैं।

अपनी इच्छाओं को साकार करने और कुंठा से उबरने के लिए दिन में कई बार स्वयं से कहें —

"असीमित बुद्धिमत्ता जिसने मुझे यह चाहत दी, वही इस तक पहुंचाने के लिए मुझे निर्देशित करेगी और मार्गदर्शन देगी। यह मेरी चाहत को साकार करने के लिए पूरी योजना तैयार करेगी। मैं जानता हूं कि मेरे अवचेतन मन का गहरा ज्ञान प्रतिक्रिया कर रहा है और जो मैं महसूस करता हूं, जो मानता हूं, वह बाहर जरूर साकार होगा। यहां संतुलन और समबुद्धि है।"

यदि आप कहते हैं, "मेरे पास अब कोई रास्ता नहीं है, मैं हार गया हूं। इस परेशानी से निकलने का कोई तरीका नहीं है; मैं बाधित और अवरुद्ध हूं" तो आपको आपके अवचेतन मन से कोई प्रतिक्रिया नहीं मिलेगी। अगर आप चाहते हैं कि अवचेतन मन आपके लिए कार्य करे तो उसे सही निवेदन करें। फिर वह आपका पूरा सहयोग करेगा। वह इस समय भी आपके हृदय की धड़कन को संभाल रहा है और आपकी सांसों को चला रहा है। आपको अंगुली में चोट आ जाए तो यह उसे ठीक करने में जुट जाएगा। इसकी प्रकृति जीवन की ओर है। यह हमेशा आपकी देखभाल करता है और सुरक्षित रखना चाहता है। आपके अवचेतन के पास स्वयं की बुद्धि है, लेकिन यह आपके विचारों और छवियों के पैटर्न को स्वीकार कर लेता है।

जब आप किसी समस्या का समाधान खोज रहे होते हैं, तब अवचेतन मन प्रतिक्रिया जरूर करता है, परंतु पहले वह चाहता है कि आप अपने चेतन मन में किसी सही नतीजे

पर पहुंचे। आपको यह मानना होगा कि आपके अवचेतन मन के पास जवाब है। और यदि आप कहते हैं, "मेरे पास अब कोई रास्ता नहीं है; मैं अभी भी परेशानी में हूं; मुझे जवाब क्यों नहीं मिल रहा?" तब आप अपनी प्रार्थना की शक्ति को कमजोर कर रहे होंगे, ठीक उसी प्रकार जैसे समय काटता सैनिक ऊर्जा का प्रयोग तो करता है, लेकिन आगे नहीं बढ़ता है।

अपने मस्तिष्क को आराम दें और शांति से कहें —

"मेरा अवचेतन मन जवाब जानता है। यह अभी भी प्रतिक्रिया कर रहा है। मैं धन्यवाद देता हूं क्योंकि मेरे अवचेतन मन की असीमित बुद्धिमत्ता सब कुछ जानती है। यह मुझे इस वक्त भी आदर्श जवाब दे रही है। मेरा विश्वास मेरे अवचेतन मन की ताकत और महानता को मुक्त कर रहा है। मुझे खुशी है कि ऐसा हो रहा है।"

स्मरण योग्य विचार :

1. अच्छे विचार रखेंगे तो आपके साथ अच्छा ही होगा। बुरे विचार रखेंगे तो आपके साथ बुरा होने लगेगा। हमेशा आप जैसे होंगे वैसा ही आपके साथ होने लगेगा।

2. आपका अवचेतन मन आपसे तर्क नहीं करता है। आपका चेतन मन जैसा कहता है यह सिर्फ वैसा ही करना शुरू कर देता है। यदि आप कहो, "मैं इसे नहीं खरीद सकता", भले यह बात सच हो पर आप उसे कभी न कहें। इसकी बजाए ऐसे विचार रख सकते हैं, "मैं उसे जरूर खरीद लूंगा। मैं उसे आज से अपना मानता हूं।"

3. आपके पास चुनाव करने की शक्ति है। आप स्वास्थ्य और खुशहाली को चुनिए। आप स्नेहशीलता भी चुन सकते हैं और अस्नेहशील होना भी आप चुन सकते हैं। आप सहयोगी, आनंदमय, स्नेहशील, प्रेम करने योग्य बनना चुनें, आप देखेंगे दुनिया आपको वैसी ही प्रतिक्रिया देगी। एक बेहतरीन व्यक्तित्व के निर्माण का यह शानदार तरीका है।

4. आपका चेतन मन एक द्वार पर खड़े चौकीदार की तरह होता है। इसका मुख्य कार्य गलत विचारों को आपके अवचेतन मन तक पहुंचने से रोकना है। इसलिए आप यह विश्वास करना चुनें कि आपके साथ अभी सब अच्छा हो रहा है और भविष्य में भी अच्छा ही होगा। आपका चुनाव कर पाना आपकी सबसे बड़ी ताकत है। आप खुशियों से भरपूर जीवन को चुनें।

5. दूसरे लोगों के सुझाव या कथनों में आपको नुकसान पहुंचाने की ताकत नहीं होती है। सिर्फ आपके विचारों में ताकत होती है। आप दूसरों के विचारों और कथनों को अस्वीकार कर सिर्फ अपने अच्छे विचारों को मन तक पहुंचने दें। आपकी क्या प्रतिक्रिया हो इसके चुनाव की आपके पास पूरी ताकत है।

6. इसका पूरा ध्यान रखें कि आप क्या कह रहे हैं। आपके द्वारा कहे गए प्रत्येक शब्द पर ध्यान देना चाहिए। कभी मत कहें, "मैं हार जाऊंगा; मेरी नौकरी चली

जाएगी; मैं किराया भी नहीं दे पाऊंगा।" आपका अवचेतन मन आपके मजाक को नहीं समझ पाता है। वह सभी बातों को साकार करने की प्रक्रिया की शुरूआत कर देता है।

7. आपका मन बुरा नहीं है। कोई भी प्राकृतिक ताकत बुरी नहीं होती है। यह तो आप पर निर्भर करता है कि आप प्रकृति की ताकतों का किस प्रकार से इस्तेमाल करते हैं। अपने मन को भी इसी तरह लोगों की भलाई, उपचार और प्रेरित करने के लिए इस्तेमाल करें।

8. कभी ना कहें, "मैं नहीं कर सकता।" अपने इस डर को कुछ इस प्रकार से भगाएं, "मैं अपने अवचेतन मन की शक्ति के माध्यम से किसी भी कार्य को कर सकता हूं।"

9. जीवन के नियम और अनंत सत्य के सिद्धांत के दृष्टिकोण से विचार करना शुरू करें ना कि डर, अज्ञानता और अंधविश्वास के दृष्टिकोण से। दूसरों के विचारों को अपने मन में जगह ना दें। अपने लिए अच्छे विचारों का चुनाव करें और अपने निर्णय स्वयं लें।

10. आप अपनी आत्मा (अवचेतन मन) के कप्तान और अपने भविष्य के निर्माता हैं। हमेशा याद रखें कि आपके पास चुनाव करने की ताकत है इसलिए आप जीवंतता चुनें, प्रेम चुनें, स्वास्थ्य चुनें, खुशहाली चुनें।

11. आपका चेतन मन जिस भी चीज को सच मानकर विश्वास करेगा, आपका अवचेतन मन उसे स्वीकार कर उसे साकार करने का प्रयास शुरू कर देगा। आप इसलिए सौभाग्य, ईश्वरीय मार्गदर्शन, अच्छे कार्य के साथ-साथ जीवन के वरदान में विश्वास करें।

3

अवचेतन मन की जादुई शक्ति

आपके अवचेतन मन में असीमित शक्ति का भंडार है। यह आपको प्रेरित करती है और मन के भंडार गृह से नाम, तथ्य और दृश्यों को निकालने में मदद करती है। आपका अवचेतन मन हृदय की धड़कन को चलाता है और रक्त संचार को नियंत्रित करता है। यह पाचन और उत्सर्जन को संचालित करता है। जब आप रोटी खाते हैं तो आपका अवचेतन मन उसे ऊतक, मांसपेशी, हड्डी और खून में रूपांतरित कर देता है। ये प्रक्रियाएं दुनिया के सबसे विद्वान व्यक्तियों की समझ से भी परे होती हैं। आपका अवचेतन मन शरीर की महत्वपूर्ण प्रक्रियाओं और कार्यविधियों को नियंत्रित करता है और इससे संबंधित सभी समस्याओं का समाधान भी जानता है।

आपका अवचेतन मन कभी थकता नहीं है और ना ही कभी आराम करता है। यह हमेशा काम करता रहता है। आप अपने अवचेतन मन की शक्ति को जान सकते हैं, इसके लिए आपको बस प्रत्येक रात सोने से पहले अपने अवचेतन मन को बताना होगा कि आप उससे क्या विशेष कार्य करवाना चाहते हैं। आपको यह जानकर आश्चर्य होगा कि इसके बाद आपके भीतर ऐसी शक्तियां सक्रिय हो जाएंगी जो आपकी मनचाहे परिणाम को साकार कर देंगी। यही वह ऊर्जा और ज्ञान का स्रोत है जो आपको उस सर्वशक्तिमान के संपर्क में लाता है, जो इस दुनिया को चला रहा है, ग्रहों को उनकी कक्षा में रखता है और सूर्य के चमकने का कारण है।

आपका अवचेतन मन आपके आदर्शों, महत्वकांक्षाओं और इच्छाओं का स्रोत है। वह अवचेतन मन ही था जिसने शेक्सपियर को उस महान सत्य से अवगत कराया जिससे उनके समय के अन्य लोग अनभिज्ञ रहे। बेशक, यह अवचेतन मन की प्रतिक्रिया ही थी जिसने यूनानी मूर्तिकार फिडियस को मार्बल और कांसे की सुंदर, व्यवस्थित, समरूप और अनुपातिक मुर्तियां बनाने के लिए प्रेरित किया था। इसने इतालवी चित्रकार रेफेल को उनकी कलाकृति मैडोना और जर्मन संगीतकार बीथोवन को उनकी सिम्फनी की रचना करने में समर्थ बनाया था।

वर्ष 1955 में भारत के ऋषिकेश स्थित योग फॉरेस्ट यूनिवर्सिटी में, मैं व्याख्यान देने गया था। वहां मेरी मुलाकात बॉम्बे के एक सर्जन से हुई। उन्होंने मुझे स्कॉटिश सर्जन डॉ. जेम्स एस्डेल के बारे में बताया। उन्होंने बंगाल में उस समय कार्य किया था जब ईथर या एनेस्थिशिया के आधुनिक तरीकों की खोज नहीं की गई थी। वर्ष 1843 से 1846 तक डॉ. एस्डेल ने सभी तरह के कुल 400 से अधिक ऑपरेशन किए जिनमें आंख, कान और गले के ऑपरेशन के अलावा अंग काटने, ट्यूमर हटाने और कैंसर की गांठ के ऑपरेशन शामिल थे। सभी ऑपरेशन मानसिक एनेस्थेशिया के जरिए किए गए थे। उस भारतीय डॉक्टर ने बताया कि इस प्रकार से किए गए ऑपरेशन में मरीजों की मृत्यु दर आश्चर्यजनक रूप से दो से तीन प्रतिशत कम हो गई थी। मरीजों का कहना था कि इस प्रक्रिया में उन्हें दर्द भी बहुत कम महसूस हुआ और ऑपरेशन के दौरान उनमें से कोई नहीं मरा।

डॉ. एस्डेल ने अपने सभी मरीजों को सम्मोहित कर उनके अवचेतन मन को सुझाव दिया था कि उन्हें किसी भी प्रकार का संक्रमण या सेप्टिक नहीं होगा। आपको याद रखना चाहिए कि यह उस समय की बात है जब लुई पाश्चर और जोसेफ लिस्टर ने यह साबित नहीं किया था कि बैक्टिरिया से उपजने वाली बीमारी और संक्रमण के कारण दूषित औजार और हानिकारक विषाणु होते हैं।

उस भारतीय चिकित्सक ने मृत्यु दर में कमी का श्रेय डॉ. एस्डेल के उस विशिष्ट सुझाव को दिया जो उन्होंने मरीजों के अवचेतन मन में पहुंचाया था। उन मरीजों ने उनके सुझाव की प्रकृति के अनुरूप ही प्रतिक्रिया दी थी।

यह बात आपको आश्चर्य से भर देती है कि आज से करीब 150 वर्ष पूर्व एक सर्जन ने अवचेतन मन की चमत्कारी शक्तियों को खोजा और उनका इस्तेमाल भी किया। क्या यह आपको किसी दैवीय शक्ति जैसा नहीं लगता कि आपके अवचेतन मन के पास कितनी अद्भुत शक्तियां हैं। अतिरिक्त संवेदना की यह शक्ति वह सब सुन और देख सकती है जो सामान्य अवस्थाओं में देखना संभव नहीं है, यह समय और स्थान से परे है, यह आपको हर दर्द और कष्ट से मुक्त करा सकती है। इसके पास आपकी सभी समस्याओं के समाधान हैं, चाहें वे जो भी हों। ये सभी उदाहरण दर्शाते हैं कि आपके भीतर ऐसी शक्ति और ज्ञान है, जो आपकी दिमाग से परे है और इसके चमत्कार आपको हैरान कर सकते हैं। सभी अनुभव आपका अवचेतन मन की शक्तियों पर विश्वास स्थापित करेंगे और जीवन को खुशी से भर देंगे।

आपके जीवन की पुस्तक है अवचेतन मन

आप आपने अवचेतन मन पर जिस भी विचार, विश्वास, मत, सिद्धांत की छाप छोड़ते हैं, वे परिस्थितियों, स्थितियों और घटनाओं के रूप में अनुभव में आने लगते हैं। आप भीतर जो लिखेंगे बाहर वही अनुभव करेंगे। जीवन के दो पहलू होते हैं – वस्तुनिष्ठ और व्यक्तिनिष्ठ, दृश्य और अदृश्य, विचार और उनका अनुभव।

पहले आपका विचार आपके मस्तिष्क में पहुंचता है जो आपके चेतन मन का एक अंग है। आपका चेतन मन जिस विचार को पूरी तरह स्वीकार कर लेता है, उसे वह सोलर प्लेक्स में भेज देता है जिसे असल मायने में मस्तिष्क कहा जाता है। यहां यह साकार होता है और आपके अनुभव में आता है।

आपका अवचेतन मन कभी तर्क नहीं करता है। वह सिर्फ आपके सुझावों पर प्रतिक्रिया करता है। वह आपकी कही गई प्रत्येक बात को सच मानकर उसे स्वीकार कर लेता है। इसलिए कहा जाता है आपके जीवन की किताब के लेखक आप स्वयं हैं, क्योंकि आपके विचार ही आपके अनुभव बनते हैं। अमेरिकी दार्शनिक और लेखक राल्फ वाल्डो एमर्सन ने कहा था, "मनुष्य जो हमेशा सोचता है वही बन जाता है।"

अवचेतन मन पर जैसी छाप छोड़ेंगे वैसी ही वह व्यक्त होगी

अमेरिकी मनोविज्ञान के पितामाह विलियम जेम्स कहते हैं कि आपके अवचेतन मन में दुनिया को बदलने की शक्ति है। इसमें असीमित शक्ति और बुद्धिमत्ता है। इसे छिपे स्रोतो से पोषण मिलता है और इसे ही जीवन का नियम कहा जाता है। आप अवचेतन मन से जिस भी चीज की छाप छोड़ते हैं, वह उसे साकार करने के लिए जमीन-आसमान एक कर देगा। इसलिए आपको उस पर सही और सृजनात्मक विचारों की छाप छोड़ने की आवश्यकता है।

दुनिया में ढेर सारी समस्याओं और दुखों के पीछे एक बड़ा कारण यह है कि लोग नहीं जानते कि उनका चेतन और अवचेतन मन किस प्रकार कार्य करते हैं। जब ये दो सिद्धांत एक साथ तालमेल, सामंजस्य, शांति के साथ कार्य करते हैं, तब आपको सेहत, खुशी, शांति और सुख मिलता है। अवचेतन और चेतन मन जब सामंजस्य और शांति से मिलकर कार्य करते हैं तो कोई बीमारी या समस्या नहीं होती है।

प्राचीन समय के महान जादूगर हर्मीस की मृत्यु के सदियों बाद जब उनकी कब्र खोली गई तो लोगों को उत्सुकता थी कि यहां दुनिया का सबसे बड़ा रहस्य मिलेगा। यह रहस्य था –

जैसा भीतर, वैसा बाहर;

जैसा नीचे वैसा ही ऊपर।

दूसरे शब्दों में, आप अवचेतन मन पर जो भी छाप छोड़ेंगे, वही आपको जीवन में अभिव्यक्त होते दिखेगी। इसी सत्य को मूसा, ईसा, बुद्ध, जरथुस्त्र और लाओत्से जैसे सभी महान आत्मज्ञानी गुरुओं ने भी सभी को बताया था। आप जो भी सच मानकर विश्वास करते हैं, वही आपकी परिस्थितियों, अनुभवों और घटनाओं में व्यक्त होता है। गति और भावना में संतुलन आवश्यक है। जीवन का महान सत्य बताता है —

जैसा स्वर्ग (आपके मन) में है, वैसा ही पृथ्वी पर (आपके शरीर और जीवन) होगा।

क्रिया और प्रतिक्रिया, गति और स्थिरता के नियम आपको प्रकृति में सभी जगह समान रूप से मिलेंगे। इन दोनो में तालमेल आवश्यक है, तभी सामंजस्य और संतुलन बनता है। आप यहां पर इसलिए हैं ताकि जीवन का सिद्धांत लयबद्ध और सामंजस्य के साथ आपके भीतर प्रवाहित हो सके। अंदर आने और बाहर निकलने वाली चीजें बराबर होनी चाहिए। भीतर और बाहर की अभिव्यक्ति बराबर होनी चाहिए। आपकी सभी निराशाओं का मुख्य कारण आपकी अधूरी इच्छाएं हैं।

अगर आप नकारात्मक, विनाशक और बुरे विचार रखते हैं, तो ये विचार विनाश के भाव उत्पन्न करते हैं। ये भाव बाहर जरूर निकलते हैं और किसी ना किसी रूप में अभिव्यक्त होते हैं। नकारात्मक प्रकृति के ये भाव आमतौर पर अल्सर, हृदय रोग, तनाव और चिंता के रूप में व्यक्त होते हैं।

वर्तमान में स्वयं को लेकर आपकी भावना या विचार क्या हैं? आपके अस्तित्व का हर हिस्सा उसी सोच की अभिव्यक्ति है। आपका जीवन, शरीर, वित्तीय स्थिति, मित्र और सामाजिक प्रतिष्ठा उन विचारों का प्रतिबिंब हैं जो आपके अपने बारे में हैं। इस बात का सही अर्थ यह है कि आप अपने अवचेतन मन पर जो छाप छोड़ते हैं, उसी की अभिव्यक्ति आपके जीवन के विभिन्न पहलुओं में होती है।

जिन नकारात्मक विचारों को हम मन में फलने-फूलने देते हैं, वे ही हमें नुकसान पहुंचाते हैं। आप पाएंगे कि आपने कितनी ही बार गुस्सा, डर, जलन और बदला लेने के भाव के कारण स्वयं को हानि पहुंचाई है। ये वे जहर हैं जो आपके अवचेतन मन में दाखिल हो जाते हैं। आपने इन नकारात्मक नजरियों के साथ जन्म नहीं लिया था। इसलिए अपने अवचेतन मन को जीवनदायी विचारों से पोषित करें। इससे आपके भीतर के सभी नकारात्मक विचार खत्म होने लगेंगे। आप लगातार इसके लिए प्रयास करेंगे तो पूर्व के सभी बुरे विचार खत्म हो जाएंगे और अवचेतन मन उन्हें भुला देगा।

अवचेतन मन से होता है त्वचारोग का इलाज

अवचेतन मन की उपचार करने की शक्ति का सबसे बड़ा प्रमाण व्यक्तिगत उपचार है। करीब 40 साल पहले मैंने प्रार्थना के माध्यम से अपने त्वचा के एक रोग का इलाज किया था। आधुनिक चिकित्सकीय उपचार का उस बीमारी पर कोई असर नहीं हुआ और वह लगातार बढ़ती रही।

फिर एक दिन वृहद मनोवैज्ञानिक ज्ञान वाले धर्मगुरु ने 139वीं साल्म (पद्य) का मुझे अर्थ समझाया, जिसमें कहा गया था...

आपकी पुस्तक में मेरे शरीर के सभी अंगों की पूरी जानकारी है, उनका लगातार निर्माण हुआ है। पहले उनमें से कोई भी ना था।

उन्होंने मुझे समझाते हुए कहा कि पुस्तक का तात्पर्य आपके अवचेतन मन से है जिसने एक कोशिका से मेरे शरीर के सभी अंगों का निर्माण कर दिया। साथ ही उन्होंने बताया कि जिस तरह अवचेतन मन इस शरीर के सभी अंगों का निर्माण कर सकता है, उसी प्रकार से वह इसका उपचार या पुनर्निर्माण भी कर सकता है। वह इसकी मूलभूत संरचना से पूरी तरह वाकिफ है।

उस धर्मगुरु ने अपनी घड़ी की तरफ इशारा करते हुए कहा, "इसका एक निर्माता है। घड़ी बनाने वाले के दिमाग में भी पहले एक विचार आता है जिसके बाद वह उसे मूर्तरूप देता है। फिर अगर घड़ी किसी वजह से कार्य करना बंद कर दे तो वह घड़ी बनाने वाला उसे आसानी से ठीक कर देता है।" उन्होंने आगे बताया कि अवचेतन बुद्धि जिसने मेरे शरीर को बनाया एक घड़ी बनाने वाले की तरह ही है और वह अच्छी तरह जानती है मेरे शरीर की सभी महत्वपूर्ण क्रियाओं और प्रक्रियाओं का उपचार कैसे किया जाए, शरीर को दोबारा कैसे बनाया जाए। इसके लिए आपको अपने अवचेतन मन को आदर्श सेहत का विचार देना होगा। यह एक कारण की तरह कार्य करेगा, जिसके परिणाम में उपचार होगा।

मैं प्रार्थना के लिए बहुत सरल तरीका अपनाता हूं जो कि इस प्रकार है —

"मेरा शरीर और इसके सभी अंग मेरे अवचेतन मन की असीमित बुद्धिमत्ता से बने हैं। यह जानता है कि मेरा उपचार कैसे किया जाए। इसके ज्ञान से मेरे सभी अंग, ऊतक, मांसपेशियां और हड्डियां बने हैं। मेरे भीतर की यह असीमित उपचारक शक्ति मेरे शरीर की हर कोशिका को रूपांतरित कर रही है और मुझे संपूर्ण बना रही है। मैं उस उपचार के लिए धन्यवाद देता हूं, जो मैं जानता हूं कि इस समय हो रहा है। मेरे भीतर की रचनात्मक बुद्धि में अद्भुत कार्य करने वाली चमत्कारिक शक्तियां हैं।"

मैंने इस प्रार्थना को दिन में दो-तीन बार पांच मिनट तक तेज आवाज में रोज दोहराया। लगभग तीन महीने बाद मेरी त्वचा पूरी तरह ठीक हो गई।

आप देख सकते हैं, मैंने अपने अवचेतन मन को संपूर्णता, सुंदरता और पूर्णता की जीवनदायी रूपरेखा दे दी थी जिससे मेरे अवचेतन मन से उन नकारात्मक विचारों और छवियों को बाहर निकाल दिया, जो मेरी समस्या का कारण थे। आपके शरीर पर कोई चीज तब तक प्रकट नहीं होती है, जब तक यह पहले आपके मस्तिष्क में ना आए, परंतु जब आप लगातार सकारात्मक बातों से अपने मस्तिष्क को बदलते हैं, तो आप अपने शरीर को भी बदल लेते हैं।

यही समस्त उपचार का आधार है।

उसके कार्य अद्भुत हैं और मेरी आत्मा (अवचेतन मन) उसे अच्छी तरह जानती है।

(पद्य 139:14)

अवचेतन मन कैसे शारीरिक कार्यों को नियंत्रित करता है

चाहे आप बिस्तर पर जागे हों या सोए, आपके अवचेतन मन की अथक शक्ति आपके शरीर के सभी महत्वपूर्ण कार्यों को नियंत्रित करने का कार्य करती रहती है, वह भी आपके चेतन मन की सहायता के बिना। उदाहरण से समझें; जब आप सो जाते हैं, तब भी आपका हृदय धड़कता रहता है, आपके फेफड़े आराम नहीं करते, बल्कि सांस लेने और छोड़ने की प्रक्रिया जारी रहती हैं, वहीं आपके शरीर की रक्त कोशिकाएं ताजी ऑक्सीजन को सोखती हैं। सोते समय भी यह प्रक्रिया ठीक उसी प्रकार चलती है जैसे यह जागते हुए कार्य करती है।

आपका अवचेतन मन आपकी पाचक प्रक्रियाओं और ग्रंथियों के स्राव के अलावा आपके शरीर के अन्य सभी अद्भुत जटिल कार्यों को नियंत्रित करता है। आपके बालों का बढ़ना हर पल जारी रहता है, भले आप पूरे समय सो रहे हों या जाग रहे हों। वैज्ञानिक बताते हैं कि जागते समय की तुलना में सोते समय व्यक्ति का शरीर अधिक पसीना छोड़ता है। सोते समय भी आंख, कान एवं अन्य इंद्रियां भी सक्रिय रूप से कार्य करती रहती हैं। ऐसा देखा गया है, कई वैज्ञानिकों को उनकी सबसे जटिल समस्याओं के समाधान तब प्राप्त हुए जब वे नींद में थे। उन्हें सपने में उनके समाधान मिले थे।

अक्सर आपका चेतन मन हृदय और फेफड़ों की गति और पेट के अंदर की प्रक्रियाओं को डर, तनाव, चिंता और अवसाद के जरिए प्रभावित करता है। विचारों का यह स्वरूप अवचेतन मन की प्रक्रिया के सामंजस्य को बिगाड़ देता है। इसलिए जब मानसिक रूप से परेशान हों तो आराम करें और विचारों की प्रक्रिया को कुछ समय के लिए विराम दें। अपने अवचेतन मन से शांति, सामंजस्य और दैवीय विधान के अनुरूप कार्य करने को कहें। आप पाएंगे कि आपके शरीर के सभी अंग सामान्य रूप से कार्य कर रहे हैं। अपने अवचेतन मन से अधिकार और विश्वास के साथ बोलें। यह आपके आदेश का पालन करके प्रतिक्रिया करेगा।

आपका अवचेतन मन आपके जीवन को हमेशा और हर कीमत पर सुरक्षित और स्वस्थ्य रखने का प्रयास करता है। आपका बच्चों के प्रति प्रेम का कारण भी अवचेतन मन है जो इस प्रकार से प्रत्येक जीवन को सुरक्षित रखने की चाह को दर्शाता है। मान लीजिए कि आपने गलती से खाने में खराब वस्तु खा ली। आपका अवचेतन मन उसे कुछ ही पल में उगलवा देता है। यदि आप गलती से किसी प्रकार का जहर खा लेते हैं तो आपकी अवचेतन की शक्ति उसे बेअसर करने के प्रयास शुरू कर देती है। यदि आप इसकी चमत्कारिक शक्तियों पर पूरा भरोसा करते हैं तो यह आपको पूरी तरह स्वस्थ बना सकता है।

अवचेतन मन से कैसे काम करवाएं

पहली बात तो यह अहसास करना है कि आपका अवचेतन मन हमेशा कार्य कर रहा है। यह रात-दिन सक्रिय है, चाहे आप इससे काम लें या नहीं। आपका अवचेतन मन आपके शरीर

का निर्माता है, लेकिन आप इस खामोश प्रक्रिया को चेतन रूप से देख या सुन नहीं सकते। आपको हर बार कार्य के लिए अपने अवचेतन मन के बजाय चेतन मन के पास जाना पड़ता है। अपने चेतन मन को लगातार सर्वश्रेष्ठ की आशा में व्यस्त रखें और यह सुनिश्चित करें कि आपके आदतन विचार अच्छी, सुंदर, सच्ची, न्यायपूर्ण और सद्भावनापूर्ण चीजों पर केंद्रित हों। अपने चेतन मन का ध्यान रखना शुरू करें और यह बात समझ लें कि आपका अवचेतन मन हमेशा आदतन विचारों के अनुरूप अभिव्यक्त हो रहा है, परिणाम दे रहा है और परिस्थितियों का निर्माण कर रहा है।

याद रखें, जिस तरह पानी उसी पाइप का आकार ले लेता है जिसमें से वह बहता है, उसी तरह आपके भीतर जीवन-सिद्धांत आपके विचारों की प्रकृति के अनुरूप प्रवाहित होता है। दावा करें कि आपके अवचेतन की उपचारक शक्ति आपके भीतर सामंजस्य, सेहत, शांति, सुख और प्रचुरता के रूप में प्रवाहित हो रही है। इसका जीवित ज्ञानी व्यक्ति या अच्छे मित्र के रूप में कल्पना करें। यकीन करें कि यह आपके भीतर लगातार प्रवाहित होते हुए जीवंतता ला रहा है, प्रेरित कर रहा है और समृद्ध बना रहा है। यह इसी प्रकार से प्रतिक्रिया करेगा। आज जैसा विश्वास करेंगे वैसा ही आपको मिलेगा।

अवचेतन के उपचारक सिद्धांत से आंखों की रोशनी का इलाज

एक प्रसिद्ध और प्रमाणित उदाहरण फ्रांस की मैडम बायर का है। इसकी जानकारी फ्रांस की लूर्डेस के मेडिकल डिपार्टमेंट के अभिलेखागार में सहेजी गई है। मैडम बायर नेत्रहीन थीं। उनकी चक्षु तंत्रिकाएं अब कार्य नहीं कर रही थीं। वे लूर्डेस गईं और वहां उन्हें चमत्कारिक उपचार मिला। इसके बारे में रूथ क्रेंटसन, जो कि लूर्डेस में उपचार की जांच और उस पर मैककॉल मैग्जीन में रिपोर्ट लिखने का कार्य करती थीं, इस प्रकार लिखती हैं — "लूर्डेस में उन्होंने अविश्वसनीय तरीके से अपनी आंखों की रोशनी वापस पा ली। हालांकि चक्षु तंत्रिका अब भी कार्य नहीं कर रही है और इसे लेकर डॉक्टर्स द्वारा कई जांचें भी की जा चुकी हैं। करीब एक माह बाद दोबारा जांच करने पर यह सामने आया कि उनकी आंखों के सभी हिस्से अब सामान्य रूप से कार्य करने लगे। शुरुआत में विभिन्न चिकित्सकीय जांचों में देखा गया कि वे लगभग मृत आंखों से देख पा रही थीं।"

मैं लूर्डेस कई बार गया और वहां मैंने भी कई उपचार होते हुए देखे जिनका अगले अध्यायों में विस्तृत वर्णन किया गया है। दुनिया के विभिन्न धार्मिक स्थलों पर भी ऐसा उपचार देखा गया है, भले वे ईसाई हों या गैर-ईसाई।

मैडम बायर का उपाचर किसी धर्मस्थल के पवित्र जल के कारण नहीं हुआ था बल्कि यह स्वयं उनके अवचेतन मन की प्रतिक्रिया का परिणाम था। अवचेतन मन की उपचारक शक्ति विचारों की प्रकृति के अनुरूप ही प्रतिक्रिया करती है। अवचेतन मन के लिए विश्वास एक विचार है। इसका कार्य है सत्य मानकर किसी बात को स्वीकार करना। जो भी विचार स्वीकार किया जाता है वह स्वतः ही साकार होने लगता है। मैडम बायर धर्म स्थल पर

स्वस्थ होने की चाहत और भरोसा लेकर गई थीं। उन्हें यकीन था कि वे ठीक हो जाएंगी। उनके अवचेतन मन ने भी उसके अनुरूप ही प्रतिक्रिया की और उपचारक शक्तियों को खोल दिया। इसी कारण आंखों को बनाने वाले अवचेतन मन ने इसकी मृत तंत्रिका को भी जीवित कर दिया। रचनात्मक सिद्धांत ने जिस अंग की रचना की थी, वह उसकी दोबारा रचना कर सकता था। इसलिये कहा जा रहा है कि आपके विश्वास के अनुरूप ही आपको जीवन में मिलेगा।

स्वस्थ शरीर के लिए अवचेतन को कैसे प्रशिक्षित करें

मैं जोहांसबर्ग, दक्षिण अफ्रीका में एक प्रोटेस्टेंट मिनिस्टर से मिला जिन्होंने मुझे वह तरीका बताया जिससे उन्होंने अपने अवचेतन मन तक आदर्श स्वास्थ्य का विचार पहुंचाया था। उन्हें फेफड़ों में कैंसर था। उन्होंने अपनी वह तकनीक मेरे साथ एक पत्र के जरिए साझा की जो कि इस प्रकार है —

"मैं दिन में कई बार यह सुनिश्चित करता था कि मैं मानसिक और शारीरिक रूप से आरामदेह स्थिति में रहूं। इस दौरान शरीर को आराम की अवस्था में लाने के लिए मैं स्वयं से कहता था, 'मेरे तलवे आराम से हैं।"

मेरी एड़ियां आराम से हैं, मेरे पैर आराम से हैं, मेरे अमाशय की मांसपेशियां भी आराम से हैं, मेरे दिल और फेफड़े आराम से हैं, मेरा सिर आराम से है, मेरा पूरा अस्तित्व आराम में है।' करीब पांच मिनट बाद जब मुझे नींद आने लगती थी, फिर मैं इस सत्य की घोषणा करता था

"ईश्वर की आदर्श अभिव्यक्ति मुझमें व्यक्त हो रही है। आदर्श स्वास्थ्य का विचार मेरे अवचेतन मन में पहुंच रहा है। मेरी जो छवि ईश्वर ने बनाई है वह आदर्श छवि है और मेरा अवचेतन मन उसी के अनुरूप मेरे शरीर को आदर्श रूप में परिवर्तित कर रहा है।" उस मिनिस्टर का चमत्कारिक रूप से उपचार हुआ। यह अवचेतन मन तक आदर्श स्वास्थ्य का विचार पहुंचाने का एक सबसे आसान उपाय था।

आदर्श स्वास्थ्य का विचार अवचेतन मन तक पहुंचाने के लिए एक अन्य अच्छा तरीका अनुशासित या वैज्ञानिक कल्पना है। मेरी पहचान में एक व्यक्ति थे, जिन्हें पैरालिसिस था। उन्हें मैंने कल्पनाओं के जरिए उपचार का तरीका बताया जिसमें वे स्वयं की दफ्तर में चलते हुए, डेस्क को छूते हुए, टेलीफोन पर जवाब देते हुए और उन सभी कार्यों को करने की कल्पना करें जो पूरी तरह स्वस्थ रहने पर वे करते। मैंने उन्हें समझाया कि वे आदर्श स्वास्थ्य से संबंधित जो भी विचार करेंगे या कल्पनाएं करेंगे, उन्हें उनका अवचेतन मन स्वीकार कर लेगा।

उन्होंने उसी प्रकार कल्पनाएं की और दफ्तर के जीवन को महसूस किया। वे जानते थे कि वे अवचेतन मन को एक निश्चित कार्य दे रहे हैं। उनका अवचेतन मन उस फिल्म की

भांति था जिस पर छाप छोड़ी जा रही थी। यह अभ्यास उन्होंने कई हफ्तों तक जारी रखा। फिर एक दिन फोन की घंटी बजी, उस दिन घर में कोई नहीं था। फोन उनसे करीब 12 फीट दूर रखा था, परंतु इसके बावजूद उस तक पहुंचकर उन्होंने फोन उठा लिया। उसी पल वे ठीक हो गए। अवचेतन मन की उपचारक शक्ति ने मन की छवि पर प्रतिक्रिया दी और उपचार संभव हो सका।

उस व्यक्ति के अंदर एक मानसिक अवरोध था जो मस्तिष्क में उपजे आवेगों को पैरों तक पहुंचने से रोक रहा था, जिसके कारण वह कहता था कि वह चल नहीं सकता। जब उसने अपने भीतर की उपचारक शक्ति पर ध्यान केंद्रित किया, तो उसके एकाग्र ध्यान से शक्ति प्रवाहित होने लगी और वह चलने में सक्षम बन पाया।

जो भी आप प्रार्थना में मांगेंगे, जिस पर विश्वास करेंगे,
वह आपको मिल जाएगा।

मैथ्यू 21:22

स्मरण योग्य विचार :

1. आपका अवचेतन मन शरीर की सभी आवश्यक प्रक्रियाओं को नियंत्रित करता है और सभी समस्याओं के हल भी जानता है।

2. सोने जाने से पहले अपने अवचेतन मन से कोई भी आग्रह करें और उसकी चमत्कार करने की शक्ति का अहसास स्वयं करें।

3. अवचेतन मन पर आप जो भी छाप छोड़ेंगे, वह परिस्थितियों, अनुभवों और घटनाओं के रूप में व्यक्त होती है। इसलिए चेतन मन में आने वाले सुझावों और विचारों पर विशेष ध्यान दें।

4. क्रिया और प्रतिक्रिया का नियम शाश्वत है। आपका विचार क्रिया है और अवचेतन मन उस विचार पर प्रतिक्रिया करता है। इसलिए अपने विचारों पर ध्यान दें।

5. कुंठा, अधूरी इच्छाओं की वजह से होती है। यदि आप बाधाओं, विलंब और परेशानियों के बारे में विचार करेंगे तो आपका अवचेतन मन उसी के अनुरूप प्रतिक्रिया करेगा और अच्छाइयों को रोकेगा।

6. जीवन का सिद्धांत आपके भीतर लयबद्ध और सामंजस्यपूर्ण तरीके से प्रवाहित हो सकता है, अगर आप जागरूक रहकर कहते हैं, "मैं विश्वास करता हूं कि जिस अवचेतन की शक्ति ने मुझे यह इच्छा दी है, वही इसे मेरे द्वारा पूरा कर रही है।" यह सभी समस्याओं का समाधान है।

7. आप डर, घबराहट और चिंता के जरिए अपने हृदय, फेफड़ों की गतिविधियों को प्रभावित कर सकते हैं। अपने अवचेतन मन को सद्भाव, स्वास्थ्य और शांति जैसे विचार दें, आप देखेंगे आपके सभी अंग सामान्य रूप से कार्य करना शुरू कर देंगे।

8. अपने चेतन मन को सबसे अच्छा पाने की चाहत में व्यस्त रखें, आप पाएंगे कि आपका अवचेतन मन आदतन विचार को पूरी ईमानदारी से साकार करने लगा है।

9. सुखद अंत और समस्याओं के समाधान की कल्पना करें। उपलब्धियों की खुशी को महसूस करें। आप देखेंगे आपका अवचेतन मन इसे स्वीकार करके उसे साकार करने लगेगा।

4

पुरातन समय में मानसिक उपचार

प्राचीन समय से लगभग सभी देशों के लोग ऐसा मानते थे कि कहीं न कहीं पर एक उपचारक शक्ति है, जो व्यक्ति की सभी शारीरिक बीमारियों और अंदरूनी प्रक्रियाओं को ठीक कर सकती है। वे मानते थे कि इस शक्ति को कुछ विशेष स्थितियों में जाग्रत कर मानव के कष्टों को कम किया जा सकता है। सभी देशों का इतिहास इस विश्वास की पुष्टि करता है।

प्राचीन समय में लगभग सभी देशों में ऐसे पुजारियों और धर्मगुरुओं की जानकारी मिलती है जिनके पास ऐसी शक्तियां थीं, जो मनुष्य को गोपनीय तरीके से प्रभावित कर सकती थीं। इनके जरिए वे कई बार मनुष्य का भला और बुरा दोनों कर सकते थे। वे इससे उनका उपचार करने की भी क्षमता रखते थे।

ऐसा माना जाता था कि रोगी को ठीक करने की शक्ति उन्हें ईश्वर ने प्रदान की है, हालांकि दुनिया भर में इलाज के लिए अपनाए जाने वाले तरीके अलग-अलग होते थे। उपचार की प्रक्रिया के साथ विभिन्न धार्मिक अनुष्ठान भी किए जाते थे, जैसे हाथ पर हाथ रखना और मंत्रों का प्रयोग। तावीजों, जन्तर, अंगूठियों, स्मृति चिह्नों और तस्वीरों का प्रयोग भी किया जाता था।

उदाहरण के लिए, सनातन धर्मों में पुजारी रोगियों को नशीले पदार्थ खिलाते थे और फिर बेहोशी की अवस्था में सम्मोहन के सुझाव देते थे। रोगियों के अन्दर यह भावना भरी जाती थी कि उन्हें नींद में ईश्वर मिलेंगे और उनका उपचार करेंगे। इस तरह बहुत से लोगों का उपचार हुआ। दरअसल, यह अवचेतन मन को दिए गए सुझाव की शक्ति द्वारा किया गया कार्य था।

हीकेट के भक्तों से कहा गया कि अगर वे देवी के दर्शन करना चाहते हैं तो सोने से पहले एक खास प्रकार से प्रार्थना करें। उन्हें राल, लोबान और गंधरस को छिपकलियों के साथ मिलाकर नए चांद की रोशनी में खुली हवा में कूटें। यह अनुष्ठान भले अजीब है, परंतु बहुत से मामलों में उपचार होता देखा गया था।

यह सत्य है कि ये अजीब अनुष्ठान लोगों से एक विशेष प्रकार से ताकतवर कल्पनाएं करवाकर सकारात्मक सुझाव अवचेतन मन तक पहुंचाते एवं स्वीकार करवाते हैं। असल में, इन सभी उपचारों में मरीज के लिए अवचेतन मन ही उपचार कर रहा था।

सभी युगों में ऐसा देखा गया है कि जहां अनाधिकृत चिकित्सकीय तरीकों ने बहुत सकारात्मक परिणाम दिए हैं, वहीं उस समय के मान्य चिकित्सकीय तरीके उतने कारगर सिद्ध नहीं हो पाए। यह सोचने पर मजबूर करता है। दुनिया के सभी हिस्सों में इन उपचारकों ने ये इलाज कैसे किए? ये उपचार इसलिए संभव हुए क्योंकि रोगी के अंधविश्वास ने उसके अवचेतन मन में निहित उपचारक शक्ति को मुक्त कर दिया। इसमें उपचार के तरीके अजीब और अलग होते थे, परंतु वे व्यक्ति की कल्पनाशक्ति को चमत्कारिक तरीके से खोलकर उन्हें भावनात्मक रूप से शक्तिशाली बना देते थे। मन की यह भावनात्मक अवस्था उनके चेतन और अवचेतन मन को स्वास्थ्य के सुझाव को आसानी से स्वीकार करने में सक्षम बनाती थी। इस विषय पर हम अगले अध्याय में और विस्तार से बात करेंगे।

बाइबल में अवचेतन मन की शक्तियों के उदाहरण

जिन भी चीजों की आप इच्छा करते हैं, प्रार्थना करते समय यह विश्वास करें कि आपको वे मिल रही हैं और वे आपको मिल जाएंगी।

मार्क 11:24

यहां काल के फर्क पर अवश्य गौर करें। यहां प्रेरित लेखक हमसे इस तथ्य को सच मानने और स्वीकार करने को कह रहा है कि अगर हम यह मान लें कि हमारी इच्छा वर्तमान में ही पूरी हो चुकी है, तो यह भविष्य में अवश्य पूरी होगी।

इस तकनीक की सफलता इस विश्वास पर निर्भर करती है कि विचार या तस्वीर मन में किस हद तक वास्तविकता का रूप ले चुकी है। मस्तिष्क के क्षेत्र में किसी चीज को साकार करने के लिए इसे सचमुच मौजूद मानना होगा।

ये कुछ खास शब्द विचार की रचनात्मक शक्ति के प्रयोग द्वारा अवचेतन पर अपनी मनचाही चीज की छाप छोड़ने का संक्षिप्त और विशिष्ट तरीका सुझाते हैं। *आपका विचार, योजना या उद्देश्य अपने स्तर पर उतना ही वास्तविक है, जितना कि आपका हाथ या हृदय।* बाइबल की इस तकनीक का पालन करने पर आप अपने मन से परिस्थितियों, स्थितियों या किसी ऐसी चीज के सारे विचार बिलकुल खत्म कर देते हैं, जिससे नकारात्मक परिणाम मिल सकता हो। आप अपने मन में एक बीज (अवधारणा) बो रहे हैं, जिसे अगर आप कुछ समय के लिए छोड़ दें, तो यह हमेशा बाहरी फल में अंकुरित होगा।

ईसा मसीह जिस महत्वपूर्ण बात पर जोर देते थे, वह थी आस्था। बाइबल में आप बार-बार पढ़ते हैं, आपकी आस्था के अनुसार आपको दिया जाएगा। अगर आप जमीन में खास प्रकार के बीज बोते हैं, तो आप आस्था रखते हैं कि आपको उसी चीज का फल मिलेगा। यह

बीजों का तरीका है। विकास तथा कृषि के नियमों के कारण पर आप जानते हैं कि आपको बीज का वही फल मिलेगा।

बाइबल में जिस आस्था का वर्णन है, वह सोचने का एक तरीका है, मानसिक नजरिया है, आंतरिक प्रतिबद्धता है कि जिस विचार को आप चेतन मन में पूरी तरह स्वीकार कर लेते हैं, वह आपके अवचेतन मन में साकार और प्रकट होगा। आस्था एक तरह से उसे सच मानना है, जिसे आपकी तर्कशक्ति और इंद्रियां अस्वीकार करती हैं। यह अपने छोटे, तार्किक, विश्लेषणात्मक, चेतन मन की बात सुनने से इनकार करना है और अपने अवचेतन मन की आंतरिक शक्ति पर पूरा विश्वास रखना है।

यहां बाइबल में उपचार तकनीक का एक खास उदाहरण मैथ्यू 9.28:30 में मिलता है :

और जब वे घर में आए, तो उनके पास अंधे आदमी आए: और ईसा मसीह ने उनसे कहा, तुम्हें विश्वास है कि मैं यह करने में सक्षम हूं? उन्होंने कहा, हां, प्रभु। फिर उन्होंने उन अंधों की आंखें छूकर कहा, तुम्हारी आस्था के अनुसार तुम्हें मिले। और उनकी आंखें खुल गईं और ईसा मसीह ने उन्हें सख्त हिदायत दी कि यह बात किसी को पता नहीं चलनी चाहिए।

इन शब्दों, तुम्हारी आस्था के अनुसार तुम्हें मिले, में ईसा मसीह अंधे व्यक्तियों के अवचेतन मन से सहयोग मांग रहे थे। उनकी आस्था उनकी सबसे बड़ी आशा थी, उनकी आंतरिक भावना थी, उनका आंतरिक विश्वास था कि कोई चमत्कार होगा और उनकी प्रार्थना का उत्तर दिया जाएगा, और ऐसा ही हुआ। यह उपचार की पुरातन तकनीक है, जिसका प्रयोग दुनिया भर में सभी उपचारक समूह करते हैं, चाहें वे किसी भी धार्मिक पंथ के हों।

इन शब्दों, यह बात किसी को पता नहीं चलनी चाहिए, में ईसा मसीह ठीक हुए रोगियों को प्रेरित कर रहे थे कि वे अपने उपचार के बारे में किसी को नहीं बताएं। अगर रोगी लोगों को बताते, तो अविश्वास करने वाले लोग संदेह करते और आलोचना करते। इससे वे लाभ कम भी हो सकते थे, जो ईसा मसीह के हाथ से उन्हें मिले थे, क्योंकि इससे उनके अवचेतन मन में डर, शंका और तनाव के विचार आ सकते थे।

... पूरे अधिकार और शक्ति के साथ उन्होंने गंदी आत्माओं को आदेश दिया और वे बाहर आ गईं।

ल्यूक 4:36

जब रोगी ईसा मसीह के पास ठीक होने आए, उनका उपचार उनकी आस्था और ईसा मसीह की अवचेतन मन की उपचारक शक्ति की समझ से संभव हुआ। ईसा मसीह ने जो भी आदेश दिया, उन्होंने अंदर से उसे सच माना। वे और मदद मांग रहे लोग एक ही शाश्वत व्यक्तिनिष्ठ मस्तिष्क में थे। ईसा मसीह के अंदरूनी ज्ञान और उपचारक शक्ति के विश्वास ने

रोगियों के अवचेतन के नकारात्मक विनाशक स्वरूप को बदल दिया। परिणाम में उपचार आंतरिक मानसिक बदलाव के कारण हुआ। उनका आदेश मरीजों के अवचेतन मन से किया गया आग्रह था, साथ ही उसमें उनकी जागरुकता, भावनाएं और पूर्ण विश्वास था कि अवचेतन मन के द्वारा इसके लिए प्रतिक्रिया दी जाएगी।

संसार के धार्मिक केन्द्रों में चमत्कार

यह एक मान्य तथ्य है कि दुनिया के विभिन्न धर्मस्थलों पर उपचार किए जाते हैं जिनमें जापान, भारत, यूरोप, अमेरिका जैसे सभी देश शामिल हैं। मैंने जापान में कई प्रसिद्ध धर्मस्थलों की यात्रा की है। डायबुत्सू का धर्मस्थल दुनिया भर में मशहूर है। इसका मुख्य आकर्षण बुद्ध की कांसे की विशाल प्रतिमा है जहां वे हाथ बांध कर बैठे हुए हैं और उनका सिर गहन चिंतन के आनंद की मुद्रा में झुका है। यह प्रतिमा 42 फीट ऊंची है और इसे "ग्रेट बुद्धा" के नाम से जाना जाता है। यहां मैंने युवा और बुजुर्गों को मूर्ति के पैरों पर चढ़ावा चढ़ाते हुए देखा है। इसमें वे पैसे, फल, चावल और संतरे चढ़ा रहे थे। मोमबत्तियां और अगरबत्तियां जलाई जा रही थी और लोग मन्नतों के लिए प्रार्थना कर रहे थे।

वहां मेरे गाइड ने मुझे एक युवा लड़की की प्रार्थना सुनकर समझाई। उसने झुककर दो संतरे भी चढ़ाए। उसने एक मोमबत्ती भी जलाई। गाइड ने बताया कि उस युवती की आवाज चली गई थी, परंतु इस स्थान पर आने से उसकी आवाज लौट आई थी। वह बुद्ध को अपनी आवाज लौटाने के लिए धन्यवाद दे रही थी। उसके मन में आस्था थी कि बुद्ध उसकी आवाज लौटा देंगे, बशर्ते वह निश्चित अनुष्ठान करे, उपवास करे और चढ़ावा चढ़ाए। उसकी उम्मीद और विश्वास प्रबल थे जिसका परिणाम यह हुआ कि उसका मस्तिष्क आस्था के बिंदु तक पहुंच गया। उसके अवचेतन मन ने उसके विश्वास पर प्रतिक्रिया करते हुए उसकी आवाज लौटा दी।

कल्पनाओं और अंधविश्वास की शक्ति को नजरअंदाज नहीं किया जा सकता है। इसका एक अद्भुत उदाहरण मेरे एक रिश्तेदार का है, जिन्हें टी.बी. की बीमारी हो गई थी। उनके फेफड़े बुरी तरह खराब हो गए थे। उनके बेटे ने अपने पिता की मदद करने का फैसला किया। उसने पर्थ, ऑस्ट्रेलिया में अपने पिता के घर जाकर बताया कि वह हाल ही में एक ऐसे सन्यासी से मिला था जो यूरोप के प्रसिद्ध उपचारक धर्मस्थल से लौटा था। वहां से वह टू क्रॉस के एक छोटे टुकड़े को लाया था। उसने उस सन्यासी से 500 डॉलर मूल्य का सामान भेंट कर उसे लिया है।

असल में युवक ने फुटपाथ से लकड़ी का एक सामान्य टुकड़ा उठा लिया था और सुनार के यहां जाकर पुराने जमाने की डिजाइन वाली एक सोने की अंगूठी में जड़वा लिया था, ताकि वह असल लगे। उसने पिता को बताया कि इस अंगूठी को छूने भर से कई लोगों की बीमारियां ठीक हो गई हैं। उसने पिता की कल्पनाओं को इस कदर उत्तेजित कर दिया कि उन्होंने तुरंत ही उससे वह अंगूठी ले ली और अपने सीने से चिपका ली। वे मन ही मन प्रार्थना करते रहे और सो गए। सुबह तक वे ठीक हो चुके थे। क्लिनिक के सभी परीक्षणों की रिपोर्ट थी कि उन्हें टी.बी. नहीं है।

जाहिर है, आप समझ गए होंगे कि फुटपाथ से उठाए उस लकड़ी के टुकड़े से पिता का उपचार नहीं हुआ था। नहीं, उपचार तो पिता की कल्पनाशक्ति के कारण हुआ था, जो प्रबलता से बढ़ गई थी। उसके साथ ही पूर्ण उपचार की विश्वास भरी उम्मीद भी थी। कल्पनाशक्ति आस्था या व्यक्तिपरक भावना के साथ मिल गई और इन दोनों के मेल से उसके अवचेतन मन की शक्ति ने उपचार कर दिया। पिता को कभी पता नहीं चल पाया कि उनके साथ यह चाल चली गई थी। अगर उन्हें यह बात पता चल जाती, तो हो सकता है कि उन्हें बीमारी दोबारा हो जाती। परंतु, उनकी टी.बी. कभी नहीं लौटी और पंद्रह साल बाद 89 साल की उम्र में अन्य कारणों से मृत्यु हुई।

मूलभूत उपचारक सिद्धांत

यह एक मान्य तथ्य है कि उपचार की सभी पद्धतियां बहुत आश्चर्यजनक रूप से उपचार कर सकती हैं। सभी बातें जानने के बात इस निष्कर्ष पर पहुंचेंगे कि यह किसी सिद्धांत के कारण हो रहा है जो सभी में समान है। दरअसल, यह सच भी है। अवचेतन मन ही वह सिद्धांत है और आस्था ही उपचार की प्रक्रिया है।

अब आप इन निम्नलिखित आधारभूत सच्चाइयों के बारे में गहराई से विचार करें :

- पहली, आपके मानसिक कार्यों का विभाजन चेतन मन और अवचेतन मन के तौर पर किया गया है।

- दूसरा, आपका अवचेतन मन सुझाव की शक्ति का हमेशा पालन करता है। साथ ही, आपके शरीर के सभी कार्यों, स्थितियों और अनुभूतियों पर आपके अवचेतन मन का पूरा नियंत्रण होता है।

मैं मानता हूं कि इस पुस्तक के पाठक अब इस बात से वाकिफ हैं कि सुझाव से सम्मोहित व्यक्तियों में किसी भी बीमारी के लक्षण पैदा किए जा सकते हैं। उदाहरण के लिए, सम्मोहित अवस्था मे दिए गए सुझाव की प्रकृति के अनुसार व्यक्ति को बुखार हो सकता है, उसका चेहरा लाल हो सकता है या उसे सर्दी हो सकती है। यदि आप प्रयोग करते हुए व्यक्ति से कहेंगे कि उसे लकवा मार गया है और वह चल नहीं सकता, तो ऐसा जरूर होगा। आप सम्मोहित व्यक्ति की नाक के नीचे ठंडे पानी का एक कप रखकर उसे बता सकते हैं, "इसमें मिर्च भरी है; इसे सूंघो।" वह छींकना शुरू कर देगा। आपको क्या लगता है, छींक किस कारण आई, पानी के कारण या सुझाव के कारण?

अगर कोई आपसे कहता है कि उसे घास से एलर्जी है, तो आप सम्मोहित अवस्था में उसकी नाक के सामने कोई नकली फूल या खाली गिलास रखकर उससे कह सकते हैं कि यह घास है। आपको उसमें एलर्जी के सामान्य लक्षण दिखाई देने लगेंगे। इससे हमें पता चलता है कि बीमारी का कारण मस्तिष्क में होता है। इसलिए बीमारी का इलाज भी मस्तिष्क में ही हो सकता है।

आपको यह अहसास होगा कि विभिन्न चिकित्सा-पद्धतियां, जैसे कि ऑस्टियोपैथी, कायरोप्रैक्टिस और नैचुरोपैथी एवं दुनियाभर के विभिन्न धार्मिक संस्थान अद्भुत तरीके से उपचार करते हैं। पर यह स्पष्ट है कि ये सभी उपचार अवचेतन मन द्वारा किए जाते हैं, जो कि एकमात्र उपचारक है।

ध्यान दें कि दाढ़ी बनाने के दौरान चेहरे पर लगा घाव कैसे अवचेतन मन द्वारा ठीक कर दिया जाता है। यह जानता है कि इसे कैसे करना है। डॉक्टर घाव पर पट्टी बांधता है और कहता है, "प्रकृति इसे ठीक कर देगी" लेकिन "प्रकृति" और कुछ नहीं, बल्कि प्राकृतिक नियम का दूसरा नाम है, जो अवचेतन मन का नियम है। खुद की रक्षा की भावना प्रकृति का पहला नियम है। आपकी सबसे प्रबल सहज भावना सबसे सशक्त आत्म-सुझाव है।

सिद्धांतों में भिन्नता

यहां विभिन्न धार्मिक पंथों और प्रार्थना उपचार-समूहों के उपचार के अलग-अलग सिद्धांत पर विस्तार से चर्चा करना उबाऊ हो सकता है। परंतु ऐसा दावा करने वाले बड़ी संख्या में हैं जिनके सिद्धांतों ने अच्छे परिणाम दिए हैं। जैसा हम इस अध्याय में पढ़ चुके हैं, यह सही नहीं हो सकता।

जैसा आप जानते हैं, उपचार के बहुत से तरीके हैं। फ्रैंज एंटन मेस्मर (1734-1815) एक ऑस्ट्रियन चिकित्सक थे, जो पेरिस में इलाज करते थे। उन्होंने पाया कि वे मरीज के शरीर पर चुंबक का प्रयोग कर चमत्कारी तरीके से ठीक कर पा रहे हैं। उन्होंने कांच और कई धातुओं के टुकड़ों से भी उपचार का प्रयोग किया। बाद में उन्होंने उपचार का यह तरीका छोड़ दिया और दावा किया कि असल में वे "प्राणी चुंबकत्व" के कारण उपचार कर पा रहे थे। उनका सिद्धांत था कि उपचारक के जरिए चुंबकीय ऊर्जा रोगी के शरीर में पहुंच जाती है।

मेस्मर उस समय जो उपचार सम्मोहन के जरिए कर रहे थे, उसे उन्होंने 'मेस्मेरिज्म' का नाम दिया था। दूसरे डॉक्टरों का दावा था कि ये सभी उपचार सिर्फ सुझाव से किए गए हैं, उससे अधिक कुछ नहीं हैं।

मनोविश्लेषक, मनोवैज्ञानिक, ऑस्टियोपैथ्स, कायरोप्रैक्टर्स, चिकित्सक और हर तरह के धार्मिक समूह अवचेतन मन में मौजूद एक ही शाश्वत सिद्धांत का प्रयोग कर रहे हैं। हर व्यक्ति यह दावा कर सकता है कि उपचार उनके सिद्धांत के कारण हुआ है। सभी प्रकार की उपचार की प्रक्रिया एक निश्चित, सकारात्मक, मानसिक नजरिया है, एक अंदरूनी नजरिया या सोचने का तरीका है, जिसे आस्था कहा जाता है। उपचार विश्वासपूर्ण उम्मीद के कारण होता है, जो अवचेतन मन के लिए एक शक्तिशाली सुझाव का कार्य करती है और जिसके कारण उपचार करने वाली शक्ति मुक्त होती है।

व्यक्ति का उपचार अवचेतन मन के सिवाए कोई अन्य शक्ति नहीं करती है। हां, संभव है कि व्यक्ति कोई भिन्न तरीका अपनाकर उपचार की प्रक्रिया को जाग्रत करे। उपचारक

शक्ति सिर्फ एक ही है — आपका अवचेतन मन। आप अपना मनपसंद सिद्धांत, विश्वास और तरीका चुन लें। बाकि सब आप छोड़ दें, अगर आपको विश्वास है, तो आपको परिणाम अवश्य मिलेंगे।

फिलिप्पस पैरासेल्सस के विचार

फिलिप्पस पैरासेल्सस (1493-1541) एक मशहूर स्विस अलकेमिस्ट और चिकित्सक थे जो कि अपने समय में प्रसिद्ध उपचारक थे। उन्होंने एक बात कही थी, जो आज वैज्ञानिक रूप से प्रमाणित तथ्य है :

आपकी आस्था की वस्तु सच्ची हो या झूठी, आपको परिणाम समान ही मिलेंगे। अगर मैं सेंट पीटर की प्रतिमा पर उतना ही विश्वास करता हूं, जितना कि स्वयं सेंट पीटर में करता, तो मुझे वही परिणाम मिलेंगे, जो मुझे सेंट पीटर में मिलते। परंतु यह अंधविश्वास है। बहरहाल, आस्था चमत्कार करती है और भले आस्था सच्ची हो या झूठी, यह हमेशा वही अद्भुत परिणाम देगी।

पैरासेल्सस के विचारों को सोहलवीं सदी में इतालवी दार्शनिक पियेत्रो पॉम्पोनैजी ने दोहराया, जो कहते हैं,

"हम आत्मविश्वास और कल्पना से उत्पन्न होने वाले अद्भुत प्रभावों को आसानी से स्वीकार कर पाते हैं। खासकर जब ये दोनों ही चीजें रोगी और उसे प्रभावित करने वाले के बीच प्रवाहित हों। निश्चित वस्तुओं या निशानियों के प्रभाव से होने वाले उपचार उनकी कल्पना और आत्मविश्वास के कारण संभव होते हैं। नीम हकीम और दार्शनिक जानते हैं कि अगर किसी संत की अस्थियों की जगह किसी सामान्य इंसान की अस्थियों को भी रख दिया जाए, तब भी रोगी को वही लाभ प्राप्त होगा। बस, उन्हें यह यकीन हो कि यही सच्ची अस्थियां हैं।"

आप यदि किसी संत की अस्थियों में उपचार कर पाने का विश्वास रखते हैं या फिर आप किसी जगह के पानी में उपचारक गुणों को मानते हैं, तो आपको परिणाम जरूर प्राप्त होंगे, क्योंकि आपके अवचेतन मन को सुझाव दिया गया है। आखिर उपचार तो अवचेतन मन ही करता है।

हिप्पोलाइट बर्नहीम के प्रयोग

हिप्पोलाइट बर्नहीम बीसवीं सदी की शुरुआत (1910-1919) में फ्रांस के नैन्सी में प्रोफेसर ऑफ मेडिसिन थे और वे उन शुरुआती लोगों में थे, जिन्होंने यह स्पष्ट किया कि चिकित्सक द्वारा रोगी को दिए गए सुझाव अवचेतन मन के जरिए कार्य करते हैं।

बर्नहीम अपनी पुस्तक "सजेस्टिव थेरापेटिक्स" के पृष्ठ 197 पर एक आदमी की कहानी बताते हैं, जिसकी जीभ को लकवा मार गया था और उस पर किसी प्रकार का इलाज कारगर नहीं हो रहा था। फिर उस डॉक्टर ने आदमी को बताया कि उसे एक नया यंत्र मिला है, जो उसकी समस्या को बिलकुल ठीक कर देगा। तब डॉक्टर ने उसके मुंह में एक पॉकेट थर्मामीटर रखा। रोगी को लगा कि यही वह यंत्र है, जो उसे ठीक कर देगा। कुछ ही पलों में वह खुशी से चिल्लाने लगा कि अब वह फिर से अपनी जीभ घुमा सकता है।

बर्नहीम कहते हैं :

"हमारे सभी मामलों में इसी प्रकार के कुछ समान तथ्य मिलेंगे। एक युवती मेरे ऑफिस में आई, जिसकी आवाज करीब चार हफ्तों में पूरी तरह चली गई थी। जांच के बाद मैंने अपने विद्यार्थियों को बताया कि कई बार बोलने की क्षमता बिजली के प्रयोग से तत्काल लौट आती है, यह सुझाव के प्रभाव से कार्य कर सकती है।" मैंने अपना इंडक्शन एपरेटस बुलाया। मैंने उसके स्वरयंत्र को थोड़ा हिलाया और कहा, "अब तुम बोल सकती हो।" कुछ ही देर में मैंने उससे "ए" बुलवा लिया, फिर "बी" और फिर "मारिया।" वह लगातार स्पष्टता से बोल पा रही थी और उसकी समस्या खत्म हो गई।

यहां बर्नहीम आस्था की शक्ति और रोगी की आशा के बारे में बता रहे हैं, जिसने अवचेतन मन के लिए शक्तिशाली सुझाव का काम किया।

सुझाव के जरिये छाले लाना

बर्नहीम बताते हैं कि उन्होंने एक मरीज की पीठ पर डाक टिकट चिपकाकर उससे कह दिया कि उसकी पीठ पर एक कीट बैठा था जिसने उसे काट लिया। इसके बाद उस व्यक्ति को सच में फोड़ा निकल भी आया। इस तरह के प्रदर्शनों की पुष्टि दुनिया के कई हिस्सों में कई डॉक्टरों के प्रयोगों और अनुभवों में हुई है, जिन्हें देखते हुए शंका की कोई गुंजाइश नहीं है कि मौखिक सुझाव देकर रोगियों के शरीर में संरचनात्मक परिवर्तन किए जा सकते हैं।

घाव का कारण

हडसन की पुस्तक "द लॉ ऑफ साइकिक फिनोमेना" के पृष्ठ 153 में बताया गया है, "सुझाव की प्रक्रिया से किसी खास व्यक्ति को चोट पहुंचाई जा सकती है और उसका खून भी निकलवाया जा सकता है।"

एक बार डॉ. एम. बूरू ने एक व्यक्ति पर सम्मोहन करके उसे यह सुझाव दिया :

आज दोपहर चार बजे तुम मेरे ऑफिस में आओगे, कुर्सी पर बैठोगे और सीने पर हाथ बांध लोगे। इसके बाद तुम्हारी नाक से खून बहने लगेगा।

दोपहर को उस युवक ने ठीक वही किया, जैसा उसे निर्देश दिया गया था। अंत में उसके बाएं नथुने से खून की कुछ बूंदें टपक गईं।

एक अन्य मौके पर बूरू ने एक रोगी को सम्मोहित करके उसका नाम उसकी बांह पर एक औजार की नोक से लिख दिया। फिर बूरू ने कहा :

आज दोपहर चार बजे तुम सो जाओगे। मेरी खींची लाइनों पर तुम्हारे हाथ से खून निकलेगा, जिससे तुम्हारा नाम हाथ पर उभर आएगा।

उस दोपहर रोगी पर नजर रखी गई और चार बजे वह सो गया। उसकी बायीं बांह पर अक्षर चमकने लगे और कई जगहों पर खून की बूंदें भी दिखने लगीं। तीन महिने बाद भी वे शब्द देखे जा सकते थे, हालांकि अक्षर धुंधले पड़ गए थे।

ये तथ्य दो आधारभूत मान्यताओं की सत्यता को दर्शाते हैं जिनके नाम हैं; अवचेतन मन हमेशा सुझाव की शक्ति का पालन करता है और शरीर के कार्यों, अनुभूतियों और स्थितियों पर पूर्ण नियंत्रण रखता है।

पूर्व में बताए गए सभी उदाहरण दर्शाते हैं कि सुझाव असाधारण रूप से परिस्थितियों में बदलाव कर सकते हैं और यह इस बात का सबूत है कि *व्यक्ति दिल (अवचेतन मन) में जैसा सोचता है, वह वैसा ही बन जाता है।*

स्मरण योग्य विचार :

1. स्वयं को बार-बार याद दिलाएं कि उपचारक शक्ति आपके अवचेतन मन में ही छिपी हुई है।

2. इस बात को जानें कि आस्था जमीन में बोए गए बीज के समान है; यह अपनी तरह से विकसित होती है। अपने मन में विचार का बीज बोएं, इसे उम्मीद का पानी और खाद दें, यह साकार जरूर होगा।

3. किसी पुस्तक, नए आविष्कार या नाटक का विचार आपके मस्तिष्क में हकीकत की तरह हो तो आप आसानी से इस बात पर यकीन कर सकते हैं कि यह इस समय आपके पास है। अपने विचार, योजना या आविष्कार की वास्तविकता पर यकीन करें और जब आप ऐसा करेंगे, तो यह साकार हो जाएगी।

4. किसी और के लिए प्रार्थना करते समय यह जान लें कि आपके भीतर की पूर्णता, सुंदरता और आदर्श किसी दूसरे के अवचेतन मन के नकारात्मक स्वरूप को भी बदल सकता है तथा अद्भुत परिणाम दे सकता है।

5. विभिन्न धर्मस्थलों पर आप जिन चमत्कारिक उपचारों के बारे में सुनते हैं, वे कल्पनाशक्ति और अंधविश्वास के कारण संभव होते हैं, जो अवचेतन मन को प्रभावित करके उपचारक शक्ति को मुक्त करते हैं।

6.	सभी रोग मस्तिष्क में पैदा होते हैं। कोई भी चीज शरीर पर तब तक प्रकट नहीं होती है, जब तक कि मस्तिष्क में उससे संबंधित विचार न हो।

7.	सम्मोहन में सुझाव की प्रक्रिया से लगभग हर रोग के लक्षण आपके भीतर उत्पन्न किए जा सकते हैं। इससे आप अपने विचारों की शक्ति का अंदाजा लगा सकते हैं।

8.	उपचार की सिर्फ एक ही प्रक्रिया है और वह है आस्था। सिर्फ एक ही उपचारक शक्ति है और वह है आपका अवचेतन मन।

9.	आपकी आस्था की वस्तु वास्तविक हो या झूठी, परंतु आपको परिणाम मिलेंगे। आपका अवचेतन मन आपके मस्तिष्क के विचार पर प्रतिक्रिया करता है। आस्था को अपने मस्तिष्क के विचार के रूप में देखें; इतना ही इसके लिए काफी है।

5

आधुनिक समय में दिमागी इलाज

शरीर का उपचार और मानव संबंध दुनिया में दो ऐसी चीजें हैं जिनसे हर मनुष्य ताल्लुक रखता है। इसलिए यह समझना आवश्यक है कि वह कौन सी चीज है जो उपचार करती है? यह उपचारक शक्ति कहां है? ये सवाल हम सभी के मन में कभी न कभी जरूर आते हैं। इसका जवाब है कि उपचारक शक्ति हर व्यक्ति के अवचेतन मन में है और रोगी के बदले हुए मानसिक नजरिए से यह सक्रिय होती है।

किसी भी मानसिक या धार्मिक-वैज्ञानिक उपचारक, मनोवैज्ञानिक, मनोविश्लेषक अथवा डॉक्टर ने कभी किसी मरीज को ठीक नहीं किया है। एक पुरानी कहावत है, "डॉक्टर घाव पर पट्टी बांधता है, ईश्वर उसका उपचार करता है।"

मनोवैज्ञानिक अथवा मनोविश्लेषक मरीज के मानसिक अवरोध हटाते हैं, जिससे उपचारक सिद्धांत सक्रिय हो सके और मरीज वापस स्वस्थ हो सके। इसी प्रकार, सर्जन शारीरिक अवरोध हटाता है, ताकि उपचारक प्रवाह सामान्य रूप से काम कर सके। कोई भी डॉक्टर, सर्जन या मानसिक-वैज्ञानिक उपचारक पूरी तरह से यह दावा नहीं कर सकता कि उसने "मरीज का उपचार कर दिया।" इस एकमात्र उपचारक शक्ति को कई नामों से पुकारा जाता है – प्रकृति, जीवन, ईश्वर, रचनात्मक ज्ञान और अवचेतन मन।

जैसा हम देख चुके हैं, ऐसे बहुत सारे तरीके हैं जिनके जरिए मानसिक, भावनात्मक और शारीरिक अवरोधों को हम हटा सकते हैं। ये अवरोध हमारे भीतर प्रवाहित होने वाले उपचारक जीवन सिद्धांत को बांधने का प्रयास करते हैं। आपके अवचेतन मन का यह उपचारक सिद्धांत आपको सभी मानसिक तथा शारीरिक रोगों से मुक्त कर सकता है और बिल्कुल करेगा, बशर्ते आप या कोई व्यक्ति इसे सही दिशा दे। यह उपचारक सिद्धांत सभी लोगों में समान रूप से काम करता है। आपके धर्म, रंग या जाति का इस पर कोई प्रभाव नहीं पड़ता है। इसका प्रयोग करने और इस उपचारक प्रक्रिया का लाभ लेने के लिए आपको किसी विशेष चर्च का सदस्य बनने की आवश्यकता नहीं है। यदि आप नास्तिक या संशयवादी भी हों तो आपका अवचेतन मन आपके शरीर की चोटों को ठीक कर देगा।

आधुनिक मानसिक चिकित्सा इस तथ्य पर आधारित है कि आपके अवचेतन मन की असीमित बुद्धिमत्ता और शक्ति आपकी आस्था के अनुरूप ही प्रतिक्रिया देगी। मानसिक विज्ञान का प्रयोग करने वाले और धर्म उपदेशक बाइबिल की बात का पालन करते हैं यानी वे अपने कमरे में जाकर दरवाजा बंद कर देते हैं, जिसका मतलब है कि वे अपने मस्तिष्क को स्थिर कर लेते हैं, शिथिल कर लेते हैं और सिर्फ असीमित उपचारक शक्ति के बारे में विचार करते हैं। वे अपने मस्तिष्क का द्वार सभी बाहरी व्यवधानों तथा वस्तुओं के लिए बंद कर लेते हैं और फिर वे शांतिपूर्वक, पूरे विश्वास के साथ अपना आग्रह या इच्छा अपने अवचेतन मन को बताते हैं। वे यह जानते हैं कि उनके मस्तिष्क का ज्ञान उन्हें इच्छा के अनुरूप सही जवाब देगा।

सबसे महत्वपूर्ण बात जानने की यह है: चाहे गए परिणाम की कल्पना करें और इसकी वास्तविकता को महसूस करें; फिर असीमित जीवन-सिद्धांत आपके चेतन चुनाव और चेतन आग्रह पर प्रतिक्रिया करेगा। यही इस वाक्य का अर्थ है कि *विश्वास करें कि आपको मिल गया है और वह आपको मिल जाएगा।* आधुनिक मानसिक वैज्ञानिक यही काम करते हैं, जब वे प्रार्थना चिकित्सा का प्रयोग कर रहे होते हैं।

इलाज की विधि

दुनिया का हर जीव चाहे वह बिल्ली, कुत्ता, पेड़, घास, हवा, धरती हो, में एकमात्र शाश्वत उपचारक सिद्धांत ही काम कर रहा है। यह जीवन-सिद्धांत प्राणी, वनस्पति और खनिजों की दुनिया में सहज-बोध और विकास के नियम के रूप में कार्य करता है। मनुष्य इस जीवन सिद्धांत के बारे में चेतन रूप से जागरुक होता है, इसलिए इसका सचेतन प्रयोग कर हम खुद को अनगिनत लाभ पहुंचा सकते हैं।

इस शाश्वत सिद्धांत का प्रयोग करने के कई अलग-अलग तरीके, तकनीकें और विधियां हैं, परंतु उपचार की सिर्फ एक ही प्रक्रिया है, वह है आस्था, क्योंकि आपकी आस्था के अनुरूप ही आपको परिणाम मिलेगा।

विश्वास का नियम

दुनिया के सभी धर्म विश्वास के अलग-अलग रूपों को दर्शाते हैं और इन विश्वासों की अलग-अलग व्याख्या की जा सकती है। जीवन का नियम विश्वास है। आप अपने, जीवन और ब्रह्मांड के बारे में क्या विश्वास रखते हैं? जैसा आपका विश्वास होगा, वैसा ही आपको मिलेगा।

विश्वास आपके मस्तिष्क का एक विचार है, जो आपके अवचेतन की शक्ति को आदतन सोच के अनुसार जीवन के सभी पहलुओं में उतारता है। आप ध्यान दें कि बाइबिल किसी भी अनुष्ठान, समारोह, रूप, संस्था, मनुष्य या फॉर्मूले में आपके विश्वास का जिक्र नहीं करती है। यह तो स्वयं विश्वास के बारे में बोल रही है। आपके मस्तिष्क का विश्वास ही आपके मस्तिष्क का विचार है।

अगर आप विश्वास कर सकें, तो उसके लिए हर चीज संभव है, जो विश्वास करता है।

मार्क 9:23

किसी ऐसी चीज में विश्वास करना मूर्खता है, जो आपको चोट या नुकसान पहुंचाए। याद रखें, जिस चीज में आप विश्वास करते हैं, वह आपको नुकसान या चोट नहीं पहुंचाती है, बल्कि यह तो आपके मस्तिष्क का विश्वास या विचार है, जो परिणाम उत्पन्न करता है। आपके सभी अनुभव, सभी कार्य तथा जीवन की सभी घटनाएं व परिस्थितियां आपके ही विचार की प्रतिक्रियाएं और प्रतिबिंब हैं।

चेतन और अवचेतन मन द्वारा वैज्ञानिक तरीके से किया गया कार्य ही प्रार्थना उपचार है

प्रार्थना चिकित्सा मस्तिष्क के चेतन और अवचेतन मन के स्तरों का क्रमबद्ध, सामंजस्यपूर्ण और बुद्धिमत्तापूर्ण कार्य है, जिसे किसी निश्चित उद्देश्य के लिए विशेष रूप से निर्देशित किया जाता है। वैज्ञानिक प्रार्थना या प्रार्थना चिकित्सा के लिए आपको पता होना चाहिए कि आप क्या कर रहे हैं और क्यों कर रहे हैं। आप उपचार के नियम में विश्वास करते हैं। प्रार्थना चिकित्सा को कई बार मानसिक उपचार भी कहा जाता है, वैज्ञानिक प्रार्थना भी इसका एक नाम है।

प्रार्थना चिकित्सा के लिए आप किसी एक विचार, मानसिक तसवीर या योजना को चुनते हैं, जिसके अनुभव की आप चाह करते हैं। आप इस विचार या मानसिक छवि को वास्तविकता में अनुभव करके अपने अवचेतन तक पहुंचा देते हैं। जब आप अपने मानसिक नजरिए में आस्थावान रहते हैं, तो आपको प्रार्थना का जवाब मिल जाता है। प्रार्थना चिकित्सा एक विशिष्ट मानसिक गतिविधि है जो किसी खास उद्देश्य के लिए होती है।

मान लें, आप प्रार्थना चिकित्सा के जरिए किसी समस्या के उपचार का फैसला करते हैं। आप जानते हैं कि आपकी समस्या या बीमारी चाहे वह जो भी हो, आपके अवचेतन मन में भय से उपजे नकारात्मक विचारों के कारण है और अगर आप अपने मस्तिष्क से इन विचारों की सफाई कर दें, तो आप ठीक हो जाएंगे।

इसलिए आप अपने अवचेतन मन की उपचारक शक्ति की ओर देखते हैं और खुद को इसकी असीमित शक्ति और बुद्धिमत्ता की याद दिलाते हैं कि यह हर बीमारी का उपचार करने में सक्षम है। जब आप इन सच्चाईयों पर लगातार विचार करते हैं, तो आपका डर कम होने लगता है और आपके गलत विश्वासों का प्रभाव खत्म हो जाता है।

आप उपचार के लिए धन्यवाद देते हैं, जो आप जानते हैं कि अवश्य होगा और आप उस समस्या पर तब तक विचार नहीं करते जब तक कि कुछ समय बाद आपके मन में दोबारा प्रार्थना करने की इच्छा प्रबलता से महसूस नहीं होती है। प्रार्थना करते समय आप नकारात्मक परिस्थितियों को ताकतवर नहीं बनने देते हैं और एक बार भी मन में यह

विचार नहीं लाते कि उपचार नहीं होगा। यह मानसिक नजरिया चेतन और अवचेतन मन का सामंजस्यपूर्ण मेल बनाता है, जो उपचारक शक्ति को सक्रिय कर देता है।

आस्था-उपचार क्या है और अति-आस्था कैसे कार्य करती है

लोग जिसे आस्था-उपचार के नाम से जानते हैं, वह असल में बाइबिल में बताई गई आस्था नहीं है, जिसका मतलब चेतन और अवचेतन मन के पारस्परिक संबंधो का ज्ञान होता है। आस्था-उपचारक वह होता है, जो उपचार में शामिल शक्तियों की वैज्ञानिक समझ के बिना उपचार करता है। ऐसा हो सकता है कि वह उपचार की विशेष क्षमता का दावा करे और उसमें या उसकी शक्तियों में रोगी की अंधी आस्था उसे ठीक कर दे।

दक्षिण अफ्रीका और दुनियाभर के देशों के तांत्रिक उपचारक अपने रोगियों को जादू-टोना के जरिए ठीक करते हैं। कई बार मरीज किसी प्रसिद्ध संत की अस्थियों या अन्य किसी खास वस्तु को छूकर भी ठीक हो जाते हैं। असल में रोगी को इस प्रक्रिया में उस वस्तु के जरिए सच्चा विश्वास दिलाया जाता है जिससे उपचार संभव हो जाता है।

जो भी प्रक्रिया आपको डर और चिंता से हटाकर आस्था और आशा की ओर ले जाएगी, वह आपका उपचार कर देगी। ऐसे कई लोग होते हैं, जो दावा करते हैं कि उनके सिद्धांत परिणाम देते हैं, इसलिए वे सही हैं। जैसा हम पहले देख चुके हैं, यह सच नहीं है।

देखें अंधी आस्था किस तरह काम करती है : आपको याद होगा हमने स्विस उपचारक फ्रैंज एंटन मेस्मर के बारे में पिछले एक अध्याय में बात की थी। 1776 में उन्होंने अपने मरीजों के शरीर से चुंबक के स्पर्श से इलाज करने का दावा किया था। बाद में उन्होंने चुंबक की बजाए "प्राणी चुम्बकीयता" के जरिए इलाज किया। उनका मानना था कि एक प्रकार का द्रव पूरे ब्रह्मांड में फैला हुआ है, लेकिन इंसान के शरीर में सबसे सक्रिय है।

उनका दावा था कि यह चुंबकीय द्रव उनसे रोगी के शरीर की ओर जाता है और उपचार कर देता है। कई लोग उनके पास आने लगे थे और कई अद्भुत उपचार उनके द्वारा किए गए। मेस्मर पेरिस रहने आ गए थे। वहां की सरकार ने उनके इलाजों की जांच के लिए एक आयोग गठित किया जिसमें कई प्रख्यात चिकित्सक और अकेडमी ऑफ साइंस के सदस्य भी शामिल थे। इन प्रमुख नामों में एक नाम बेंजामिन फ्रैंकलिन का भी शामिल था। जांच-पड़ताल के बाद आयोग ने माना कि रोगियों को ठीक करने के मेस्मर के दावे वास्तव में ठीक हैं, परंतु ऐसा कोई प्रमाण नहीं मिला जो "प्राणी चुंबकीयता" के सिद्धांत को सिद्ध करता हो। आयोग का अनुमान था कि इलाज मरीजों की क72ल्पना की वजह से हुआ था।

इसके ठीक बाद मेस्मर को निर्वासित कर दिया गया। 1815 में उनकी मृत्यु हो गई। कुछ समय बाद, मैनचेस्टर के डॉ. जेम्स ब्रैड ने यह साबित करने का बीड़ा उठाया कि चुंबकीय द्रव का डॉ. मेस्मर के उपचारों से कोई संबंध नहीं था। डॉ. ब्रैड ने पाया कि रोगी को सुझाव देकर सम्मोहित निद्रा में भेजा जा सकता था। रोगियों के सम्मोहित तंद्रा में रहते

समय वे कई अद्भुत परिणाम उत्पन्न करने में सफल हुए, जिनका श्रेय मेस्मर ने "प्राणी चुंबकीयता" को दिया था।

आप आसानी से देख सकते हैं कि ये सभी उपचार निस्संदेह रोगियों की सक्रिय कल्पना और अवचेतन मन को दिए गए स्वास्थ्य के शक्तिशाली सुझाव के कारण संभव हुए। इन सभी को हम अंधी आस्था का नाम दे सकते हैं क्योंकि उस समय किसी को यह समझ नहीं थी कि ये उपचार कैसे हुए।

व्यक्तिपरक आस्था का अर्थ

आपको याद होगा हम पहले बात कर चुके हैं कि किसी व्यक्ति का अवचेतन मन उसके चेतन या यथार्थवादी मन के नियंत्रण के अधीन होता है। यह दूसरों के सुझावों के प्रति भी अति संवेदनशील होता है। आपका चेतन मन, जो भी विश्वास करता है यह उसका पालन करता है। अगर आप उसमें सक्रियता या निष्क्रियता से आस्था रखेंगे, तो आपका अवचेतन मन उस सुझाव द्वारा नियंत्रित होगा और आपकी इच्छा पूरी हो जाएगी।

मानसिक उपचारों के लिए शुद्ध कल्पनावादी आस्था की आवश्यकता होती है। इसे हासिल करने का तरीका यथार्थवादी या चेतन मन के सक्रिय विरोध का अंत करना है। शरीर के प्रभावी उपचार के लिए सबसे अच्छा तो यह है कि चेतन और अवचेतन दोनों ही मन आस्था को पूरी तरह स्वीकार करने की स्थिति में हों। हालांकि, यह हमेशा जरूरी नहीं कि आप अपने मन और शरीर को शिथिल करके उनींदी में दाखिल हो सकते हैं। इस उनींदी अवस्था में आपकी निष्क्रियता कल्पनावादी छाप के प्रति ग्रहणशील बन जाती है।

हाल ही में एक व्यक्ति ने मुझसे पूछा, "ऐसा कैसे हो गया कि उस पादरी ने मुझे ठीक कर दिया? मैंने उसकी बात पर यकीन नहीं किया क्योंकि उसने मुझे बताया कि रोग जैसी कोई चीज नहीं होती है और इसका कोई अस्तित्व ही नहीं होता है।"

उस पादरी को लगा कि वह उसके ज्ञान का अपमान कर रहा है, उसकी मूर्खता पर पादरी नाराज भी हुआ। परंतु उपचार वास्तव में हुआ था। इसका जवाब आसान है। वह पादरी के शांतिदायक शब्दों से शांत हो गया। फिर पादरी ने उसे कुछ समय के लिए पूर्णतः निष्क्रिय अवस्था में जाने, कुछ नहीं बोलने या सोचने के लिए पूर्णतः निष्क्रिय बना दिया। फिर पादरी ने निष्क्रिय होकर आधे घंटे तक शांति से, धीरे-धीरे तथा दृढ़ता से लगातार कहा कि इस व्यक्ति को संपूर्ण स्वास्थ्य, शांति, सद्भाव और पूर्णता मिल जाए। उस व्यक्ति को असीम राहत महसूस हुई और वह दोबारा स्वस्थ हो गया।

यह आसानी से देखा जा सकता है कि इलाज के दौरान निष्क्रियता के कारण उसकी कल्पनावादी आस्था प्रकट हो गई थी और पादरी द्वारा दिए गए संपूर्ण स्वास्थ्य के सुझाव उसके अवचेतन मन तक पहुंच गए थे। दोनों कल्पनावादी मन तालमेल में थे।

वह पादरी मरीज के आत्म सुझाव की प्रक्रिया के दौरान भी कमजोर नहीं हुआ था। अगर वह मरीज की शंकाओं को उस वक्त उभरने देता, तो यह विरोधी आत्म-सुझाव के

रूप में काम करता है। उनींदी, निष्क्रिय अवस्था में चेतन मन का विरोध न्यूनतम हो जाता है जिससे परिणाम आसानी से मिल पाते हैं। रोगी का अवचेतन मन ऐसे सुझावों के प्रति ग्रहणशील था इसलिए इसने उन सुझावों के अनुरूप कार्य किया और अंतत: उपचार हो गया।

अनुपस्थित उपचार का अर्थ

मान लें, आपको खबर मिलती है कि आपकी मां न्यूयॉर्क सिटी में बहुत बीमार हैं और आप उस समय लॉस एंजेलिस में हैं। भले ही आप शारीरिक रूप से मां के पास मौजूद नहीं हों, लेकिन आपकी प्रार्थनाएं उन तक अवश्य पहुंच सकती हैं। वह परम—पिता आपके भीतर ही हैं, जो उन्हें ठीक कर देंगे।

मस्तिष्क का रचनात्मक नियम (अवचेतन मन) आपके लिए कार्य करता है। इसकी प्रतिक्रिया स्वतः होती है। आपका उपचार आपकी मानसिकता में सेहत और सामंजस्य का आंतरिक अहसास भरना है। आपके अवचेतन मन का यह आंतरिक अहसास आपकी मां के अवचेतन मन से काम करने को कहता है क्योंकि रचनात्मक मन एकमात्र ही है। सेहत, स्फूर्ति और पूर्णता के आपके विचार एक ही शाश्वत कल्पनावादी मन में काम करते हैं और वे जीवन के कल्पनावादी पहलू के नियम को सक्रिय कर देते हैं, जो उनके शरीर में उपचार के रूप में प्रकट होता है।

मस्तिष्क सिद्धांत में समय या स्थान का महत्व नहीं होता है। वह समान मस्तिष्क आपकी मां और आपमें काम करता है – भले वे कहीं भी रहें। वास्तव में उपस्थित उपचार या उसका उलटा अनुपस्थित उपचार जैसा कुछ नहीं होता है, क्योंकि शाश्वत मस्तिष्क हर जगह है। आप विचारों को भेजने या रोकने का प्रयास नहीं करते हैं। आपका उपचार विचारों की चेतन गतिशीलता है और जब आप सेहत, खुशहाली और आराम के गुणों को लेकर जागरूक बन जाते हैं, तो ये आपकी मां के अनुभव में भी प्रकट होंगे और परिणाम अवश्य देंगे।

यहां अनुपस्थित उपचार का एक आदर्श उदाहरण दिया जा रहा है। हालही में लॉस एंजेलिस में रहने वाली रेडियो की हमारी एक श्रोता ने न्यूयॉर्क में रहने वाली अपनी मां के लिए प्रार्थना की। वे कोरोनरी थ्रॉम्बोसिस नामक बीमारी से पीड़ित थीं। उसकी प्रार्थना इस प्रकार थी :

उपचारक शक्ति मेरी मां के पास है। उनके शरीर की स्थिति, उनके विचार और जीवन का प्रतिबिंब है, ठीक वैसे ही जिस तरह छायाएं पर्दे पर पड़ती हैं। मैं जानती हूं कि उस पर्दे की छवियों को बदलने के लिए मुझे उन चीजों को बदलना होगा। मेरा मस्तिष्क वह पर्दा है और अब मैं अपने मस्तिष्क में अपनी मां के लिए पूर्णता, सामंजस्य और आदर्श स्वास्थ्य की छवि बना रही हूं। जिस असीमित उपचारक शक्ति ने मेरी मां का शरीर और उनके सभी अंग बनाए हैं, वह उनके अस्तित्व के हर परमाणु में भर रही है और उनके शरीर की हर कोशिका से शांति की धारा प्रवाहित हो रही

है। डॉक्टरों को दैवीय मार्गदर्शन मिल रहा है और इस प्रकार वे मां को स्पर्श करके उन्हें अच्छे स्वास्थ की ओर ले जा रहे हैं। मैं जानती हूं कि रोग वास्तविकता में नहीं होते है; अगर ऐसा होता, तो किसी का उपचार नहीं हो पाता। मैं प्रेम और जीवन के असीमित सिद्धांत की ओर स्वयं को मोड़ रही हूं और मैं जानती हूं और यह घोषणा करती हूं कि मेरी मां के शरीर में सामंजस्य, सेहत और शांति व्यक्त हो रही है ।

उसने दिन में कई बार यह प्रार्थना दोहराई और कुछ दिन बाद उसकी मां की हालत में उल्लेखनीय सुधार हुआ। उनका चिकित्सक भी इससे हैरान था। उसने ईश्वर की शक्ति में इतनी आस्था के लिए बधाई दी।

बेटी के मस्तिष्क में स्वीकार किए गए निष्कर्ष ने शाश्वत अवचेतन मन में व्याप्त रचनात्मक ऊर्जा को सक्रिय कर दिया जिसने जीवन के कल्पनावादी पहलू के नियम को गतिशील करते हुए मां के शरीर में आदर्श स्वास्थ्य और सामंजस्य को प्रकट कर दिया। बेटी ने अपनी मां के बारे में सच मानकर जो सोचा, वह उसकी मां के अनुभव में व्यक्त हुआ।

अवचेतन मन को ऐसे गतिशील बनाएं

मेरी एक मनोवैज्ञानिक मित्र ने मुझे बताया कि उसके एक फेफड़े में संक्रमण हो गया था। एक्स-रे एवं अन्य जांचों में ट्यूबरक्लोसिस पाया गया था। तब हर रात में सोने से पहले वह शांति से यह बात कहती थी, "मेरे फेफड़ों की हर कोशिका, तंत्रिका, ऊतक और मांसपेशियां, पूर्ण, दोषरहित और आदर्श रूप में हैं। फिर मेरा पूरा शरीर स्वस्थ बनने लगा और पहले की तरह कार्य करने लगा।"

ऊपर बताई गई बात पूर्णतः इन्हीं शब्दों में नहीं कही गई थी, परंतु उसकी बात का अर्थ यही था। इसके बाद लगभग एक महीने में वह पूरी तरह ठीक हो गई। एक्स-रे जांच में भी उसे पूरी तरह स्वस्थ बताया गया था।

मैं उसका तरीका जानना चाहता था, इसलिए मैंने उससे पूछा कि आखिर क्यों वो रात में सोने से पहले शब्दों को दोहराती थी। उसने कहा, "सक्रिय अवचेतन मन नींद के दौरान भी आपके विचारों पर कार्य करता रहता है। इसीलिए यह बहुत जरूरी है कि आप सोने से पहले अवचेतन मन को कोई अच्छा काम सौंप दें।" यह बहुत समझदारी भरा जवाब था। उसने सामंजस्य और पूर्ण स्वास्थ्य के बारे में बात करते हुए एक बार भी अपनी बीमारी का नाम नहीं लिया।

मेरा यह सुझाव है कि आप अपनी बीमारियों के बारे में बात करना या उनका नाम लेना बंद कर दें। आपके डर के विचार ही इनके जन्मदाता होते हैं, इसलिए सोने जाने से पहले खासतौर पर इन पर विचार न करें। ऊपर जिस मनोवैज्ञानिक का जिक्र किया गया है, उसकी तरह मानसिक सर्जन बनें। फिर आपकी मुश्किलें भी उसी तरह दूर हो जाएंगी, जिस तरह निर्जीव शाखाएं किसी पेड़ से टूट जाती हैं।

यदि आप लगातार अपने दर्द और लक्षणों को याद करते रहेंगे, तो आप उस गतिशील क्रम को रोकते हैं, जो आपके अवचेतन मन की उपचारक शक्ति और ऊर्जा को सक्रिय करता है। यही नहीं, आपके ही मस्तिष्क के नियम द्वारा ये कल्पनाएं आकार लेने लगती हैं, वही हुआ जिसका मुझे बड़ा डर था। अपने मस्तिष्क को जीवन की महान सच्चाईयों का पोषण दें और प्रेम की रोशनी की ओर आगे बढ़ें।

स्मरण योग्य विचार :

1. पता लगाएं कि वह क्या वस्तु है, जो आपका उपचार करती है। भरोसा करें कि अवचेतन मन को दिए गए सही निर्देश, आपके मस्तिष्क और शरीर का उपचार कर देंगे।

2. एक निश्चित योजना बनाएं, जिसके जरिए अपने आग्रह और इच्छाएं अवचेतन मन तक पहुंचा सकें।

3. चाहे गए परिणाम की कल्पना करें और वास्तविकता महसूस करें। इसे लगातार करें, आपको परिणाम अवश्य ही मिलेंगे।

4. यह तय करें कि विश्वास क्या है। जानें कि विश्वास आपके मन का एक विचार है और आप जो सोचते हैं, आप उसकी रचना भी करते हैं।

5. बीमारी या नुकसान अथवा चोट पहुंचाने वाली किसी चीज में विश्वास करना मूर्खता है। पूर्ण स्वास्थ्य, समृद्धि, शांति, संपत्ति और दैवीय मार्गदर्शन में विश्वास करें।

6. आप जिन महान विचारों के बारे में आदतन सोचते हैं, वे ही महान कर्म बन जाते हैं।

7. अपने जीवन में प्रार्थना उपचार की शक्ति प्रयोग करें। निश्चित योजना, विचार अथवा कल्पना चुन लें। उस विचार के साथ मानसिक और भावनात्मक तालमेल बनाएं और जब आप अपने मानसिक नजरिए के प्रति आस्थावान रहेंगे, तो आपकी प्रार्थना का जवाब जरूर मिलेगा।

8. हमेशा याद रखें, अगर आप सच में उपचार की शक्ति पाना चाहते हैं, तो आप इसे आस्था के जरिए पा सकते हैं, जिसका अर्थ अपने चेतन और अवचेतन मन की कार्यविधि का ज्ञान होने से होता है। यह भी याद रखें कि समझदारी के साथ ही आस्था भी आती है।

9. अंधी आस्था का एक अर्थ यह भी है कि व्यक्ति को उपचार शक्ति की वैज्ञानिक समझ न होने पर भी अच्छे उपचार के परिणाम प्राप्त हो सकते हैं।

10. अपने बीमार प्रियजनों के लिए प्रार्थना करना सीखें। अपने मन को शांत करें और आप पाएंगे कि सेहत, जीवन, संपूर्णता के विचार आपके शाश्वत व्यक्तिनिष्ठ मन के जरिए कार्य कर रहे हैं और यह आपके प्रियजनों के मस्तिष्क में प्रकट होंगे।

6

दिमागी इलाज की कारगर तरकीबें

इंजीनियर हमेशा किसी खास तकनीक और प्रक्रिया की मदद से पुल या वाहन के इंजन का निर्माण करता है। इंजीनियर की तरह ही आपके जीवन को नियंत्रित और निर्देशित करने की भी तकनीकें हैं। आपको यह अहसास होना चाहिए कि ये तरीके और तकनीकें मूलभूत और महत्वपूर्ण हैं।

गोल्डन गेट ब्रिज बनाने से पहले मुख्य इंजीनियर ने गणित के सिद्धांत, दबाव और तनाव को समझा था। दूसरे, उसने अपने मस्तिष्क में खाड़ी पर एक आदर्श पुल की कल्पना की थी। तीसरा कदम उस कल्पना को साकार करने के लिए आजमाए हुए और सफल तरीकों का इस्तेमाल करना था, जिससे वह ब्रिज आकार ले ले और हम उस पर गाड़ियां चला पाएं। ऐसी कई तकनीकें और तरीके हैं जिनसे प्रार्थना का जवाब पाया जा सकता है।

यदि आपको प्रार्थना का जवाब मिला है, तो इसके खास तरीके के कारण ही जवाब मिला है और वह तरीका एक वैज्ञानिक तरीका है। कुछ भी संयोग से नहीं होता है। यह व्यवस्था और नियम-कायदे की दुनिया है। इस अध्याय में आप अपने आध्यात्मिक जीवन के प्रकटीकरण और पोषण की व्यावहारिक तकनीक पाएंगे। आपकी प्रार्थनाओं को अब गुब्बारे की तरह हवा में लटके रहने की आवश्यकता नहीं है। उन्हें कहीं पहुंचना चाहिए और आपके जीवन को कुछ उपलब्धि दिलानी चाहिए।

जब हम प्रार्थना का विश्लेषण करते हैं तो पता चलता है कि इसकी कई अलग-अलग विधियां और तरीके हैं। हम इस पुस्तक में धार्मिक पूजा-पाठ की औपचारिक प्रार्थनाओं को शामिल नहीं करेंगे। समूह आराधना में इनका अपना महत्व है। परंतु हमारा मूल ध्यान व्यक्तिगत प्रार्थना के उन तरीकों पर है, जो आपकी रोजमर्रा की जिंदगी में इस्तेमाल किए जा सकते हों, ताकि आपकी उसी प्रकार मदद हो सके जैसी अन्य लोगों को हुई है।

प्रार्थना किसी मनचाही चीज से जुड़े विचार का सूत्रीकरण है। प्रार्थना आत्मा की सच्ची मनोकामना है। आपकी मनोकामना ही आपकी प्रार्थना है। यह आपकी सबसे बड़ी जरूरतों से निकलती है और उन चीजों को साकार करती है, जिन्हें आप अपने जीवन में पाना चाहते

71

हैं। वे लोग धन्य हैं, जो धर्मपरायणता के भूखे और प्यासे हैं : उन्हें भरपेट मिलेगा। यही सच्ची प्रार्थना है, जीवन की भूख और शांति, सद्भाव, स्वास्थ्य, खुशी और जीवन की बाकी अन्य नियामतों को पाने की कारगर अभिव्यक्ति है।

अवचेतन तक विचार पहुंचाने का तरीका

अवचेतन तक विचार पहुंचाने का आसान तरीका है कि चेतन से अवचेतन मन को प्रेरित किया जाए, जिससे वह चेतन मन के आग्रह को उसी रूप में ग्रहण कर ले। यह तकनीक सपने जैसी स्थिति में सबसे अच्छी तरह काम करती है।

जान लें कि आपके मन की गहराई में असीमित बुद्धिमत्ता और असीम शक्ति है। बस शांति से अपनी चाहत के बारे में सोचें और इसी पल से इसके फलित होने की कल्पना शुरू कर दें। उस छोटी लड़की की तरह बनें, जिसे बहुत अधिक खांसी थी और गला खराब था। उसने दृढ़ता से बार-बार घोषणा की, "खांसी अब जा रही है। यह अब जा रही है।" खांसी एक घंटे में वास्तव में गायब हो गई। इस तकनीक का इस्तेमाल पूरी ईमानदारी और सहजता से करें।

अवचेतन मन आपके ब्लूप्रिंट को स्वीकार करेगा

यदि आप अपने और परिवार के लिए नया घर बनवा रहे हैं, तो आप उसके ब्लूप्रिंट में गहरी रुचि लेंगे। आप यह सुनिश्चित करना चाहेंगे कि भवन निर्माता आपके ब्लूप्रिंट का पूर्णतः पालन करे। आप उसके द्वारा लगाई जाने वाली निर्माण सामग्री पर भी नजर रखेंगे और आप कोशिश करेंगे कि सर्वश्रेष्ठ सीमेंट, बिजली के तार, छत की सामग्री आदि चुनें। अब अगर बात की जाए आपके मानसिक घर की और मानसिक खुशहाली तथा समृद्धि के लिए ब्लूप्रिंट की, तो उस पर भी क्या इतना ही ध्यान दिए जाने की आवश्यकता नहीं है? आपके सभी अनुभव और जीवन में आने वाली हर चीज उन मानसिक ईंटों की प्रकृति पर निर्भर करती है, जिनका प्रयोग आप अपने मानसिक घर को बनाने में करते हैं।

अगर आपका मानसिक ब्लूप्रिंट डर, चिंता, तनाव या कमी से बना हो। अगर आप निराश, शंकालु और दोषदर्शी हों, तो आपकी इस मानसिक सामग्री के कारण आपके जीवन में अधिक थकान, शंका, तनाव, चिंता और सभी तरह की सीमाएं प्रकट हो जाएंगी। जीवन में सबसे मूलभूत और दूरगामी चीज वह है, जो आप जागते हुए हर घंटे अपनी मानसिकता में बनाते हैं। आपके शब्द खामोश और अदृश्य हैं, लेकिन वे वास्तव में होते हैं।

आप हर समय अपना मानसिक घर बना रहे हैं और आपके विचार तथा मन की कल्पनाएं आपके ब्लूप्रिंट को दर्शाती हैं। हर घंटे, हर पल आप बेहतरीन सेहत, सफलता और खुशी का निर्माण कर सकते हैं, उन विचारों से जो आप सोचते या रखते हैं, उन विश्वासों से जिन्हें आप स्वीकार करते हैं और उन दृश्यों से, जिनका आप अपने मस्तिष्क के छिपे हुए भाग में अभ्यास करते हैं। इस राजसी महल जिसके निर्माण में आप लगातार जुटे

रहते हैं, वह आपका व्यक्तित्व है, इस धरती पर आपकी पहचान है, इस दुनिया में आपके जीवन की पूरी कहानी है।

एक नया ब्लूप्रिंट बनाएं; इसी समय शांति, खुशी और सद्भावना के अहसास द्वारा इसे खामोशी से बनाएं। इन चीजों का दावा करने पर आपका अवचेतन आपके ब्लूप्रिंट को स्वीकार कर लेगा और इन सभी चीजों को साकार कर देगा। उनके परिणामों से आप उन्हें जान जाएंगे।

निर्दोष प्रार्थना की कला और इसका विज्ञान

"विज्ञान" का संबंध उस ज्ञान से है जो संयोजित, व्यवस्थित और क्रमबद्ध है। आइए, सच्ची या निर्दोष प्रार्थना के विज्ञान और कला के बारे में गौर से सोचें। यह ज्ञान जीवन के बुनियादी सिद्धांतों के बारे में है और इसमें उन तकनीकों और प्रक्रियाओं का वर्णन है, जो आपके या अन्य किसी व्यक्ति के जीवन में प्रदर्शित की जा सकती हैं, जो पूरे विश्वास से उन्हें लागू करता है। इसमें आपकी तकनीक या प्रक्रिया कला है और आपकी कल्पना या विचार पर आपके रचनात्मक मन की निश्चित प्रतिक्रिया ही विज्ञान है।

> *मांगो और तुम्हें मिल जाएगा; खोजो और तुम पा लोगे; खटखटाओ और तुम्हारे लिए दरवाजा खुल जाएगा।*
>
> *मैथ्यू 7:7*

यहां हमें बताया गया है आप जो चीज मांगोगे, वह आपको मिल जाएगी। जब आप खटखटाएंगे, तो दरवाजे खुलेंगे और जो खोजेंगे उसे पा लेंगे। इससे सीख मिलती है कि मानसिक और आध्यात्मिक नियम हमेशा प्रतिक्रिया करेंगे। अवचेतन मन की असीमित बुद्धिमत्ता चेतन मन के प्रति निश्चित तौर पर सीधे प्रतिक्रिया करता है। अगर आप रोटी मांगेंगे, तो आपको पत्थर नहीं मिलेगा।

आपको *पूरे विश्वास* से मांगना होगा, तभी आपको मिलेगा। आपका मन विचार से वस्तु की ओर चलता है। जब तक मन में तसवीर नहीं होगी, तब तक मन नहीं चल सकता, क्योंकि आगे बढ़ने के लिए कुछ नहीं होगा। आपकी प्रार्थना, जो आपका मानसिक कर्म है, को पहले आपकी कल्पना को स्वीकार करना होगा। तभी आपके अवचेतन की शक्ति इस पर काम कर सकती है और इसे साकार कर सकती है। आपको अपने मस्तिष्क में स्वीकृति के बिंदु पर पहुंचना होगा, वह भी अविवादित और पूर्ण स्वीकृति के साथ।

कल्पना को मानसिक स्वीकृति देने के साथ ही आप उस कल्पना को साकार होते देखें और खुशी और सुख की भावना महसूस करें। सच्ची प्रार्थना की कला और विज्ञान का आधार आपका यह ज्ञान तथा पूर्ण विश्वास है कि आपके चेतन मन की गतिविधि पर आपका अवचेतन मन निश्चित प्रतिक्रिया करेगा, जिसमें असीमित ज्ञान और असीम शक्ति है। इस तरीके से आपको अपनी प्रार्थनाओं का जवाब मिल जाएगा।

मानसिक तस्वीर की तकनीक

किसी विचार के सूत्रीकरण का सबसे सरल और स्पष्ट तरीका है इसकी तस्वीर देखना; अपने मन की आंख से इसे उतनी ही स्पष्टता से देखना जैसे यह साकार हो। आप खुली आंख से सिर्फ वही देख सकते हैं, जो बाहरी जगत में पहले से मौजूद है। इसी तरह, आप मन की आंख से जो तस्वीर देखते हैं, वह पहले ही आपके मन के अदृश्य क्षेत्रों में मौजूद होती है। जो भी तस्वीर आपके मन में है, वह चाही गई अदृश्य चीज का प्रमाण है। आप अपनी कल्पना में जो गढ़ते हैं, वह आपके शरीर के किसी अंग जितना ही वास्तविक होता है। विचार वास्तविक होते हैं और वे एक दिन आपकी यथार्थवादी दुनिया में अवश्य साकार होंगे, बशर्ते आप अपनी मानसिक तस्वीर के प्रति निष्ठावान रहें।

चिंतन की यह प्रक्रिया आपके दिमाग पर छाप छोड़ देती है। यह छाप बाद में आपके जीवन में तथ्य और अनुभव के रूप में सामने आती है। भवन निर्माता जिस तरह की इमारत बनाना चाहता है, पहले उसकी तस्वीर देखता है। वे उसे उस तरह देखते हैं, जिस तरह वे उसे पूरा देखना चाहते हैं। उनकी कल्पना और विचार-प्रक्रिया एक प्लास्टिक का सांचा बन जाती है, जिससे इमारत उभरेगी- यह सुंदर या बदसूरत हो सकती है, गगनचुंबी अट्टालिका या एक मंजिला मकान हो सकती है। उसकी मानसिक तस्वीर ठीक वैसी उभरती है जैसी उसने पेपर पर बनाई होती है। भवन-निर्माता और कारीगर आवश्यक सामग्री इकट्ठी करते हैं और आर्किटेक्ट के मानसिक ढांचे के अनुरूप इमारत बनने लगती है।

मैं श्रोताओं के सामने भाषण देने से पहले हमेशा तस्वीर की तकनीक आजमाता हूं। मैं मस्तिष्क को शांत कर लेता हूं, ताकि विचार की तस्वीर अवचेतन मन तक पहुंचा सकूं। फिर मैं पूरे सभागृह की तस्वीर देखता हूं। इसकी कुर्सियां पुरुषों और महिलाओं से भरी है और वे सभी अपने भीतर की असीमित उपचार शक्ति से उत्साहित हैं। मैं उन्हें स्वस्थ, खुश और स्वतंत्र देखता हूं।

अपनी कल्पना में यह विचार लाने के बाद मैं इस मानसिक तस्वीर को बनाए रखता हूं और कल्पना करता हूं कि लोग कह रहे हैं, "मैं ठीक हो गया," "मुझे बहुत अच्छा लग रहा है," "मेरा तुरंत उपचार हो गया है," "मेरी कायापलट हो गई।" मैं लगभग दस मिनट या उससे अधिक समय तक ऐसा करता हूं और खुद को यह अहसास दिलाता हूं कि हर व्यक्ति का मन और शरीर प्रेम, पूर्णता, सुंदरता से भरा है। मेरा अहसास उस बिंदु पर पहुंच जाता है, जहां मैं मन में जनता की आवाजें सुन सकता हूं, जो उनकी सेहत और खुशी की घोषणा करती हैं। फिर मैं पूरी तस्वीर को मुक्त कर देता हूं और मंच पर पहुंच जाता हूं। लगभग प्रत्येक सप्ताह कोई न कोई मिलता है जो बताता है कि उसकी प्रार्थनाओं को सुना गया है।

बौद्धिक फिल्म प्रक्रिया

एक कहावत है, "एक तस्वीर हजार शब्दों के बराबर है।" अमेरिकी मनोविज्ञान के पितामह विलियम जोन्स इस तथ्य पर जोर देते हैं कि अवचेतन मन किसी भी तस्वीर को साकार

कर देगा, बशर्ते उसके पीछे आस्था हो। *इस तरह काम करो, जैसे मैं हूं और मैं सचमुच मौजूद रहूंगा।*

कुछ साल पहले मैं मिडिल वेस्ट के कुछ राज्यों में एक लेक्चर टूर पर था। मैं उस इलाके में एक स्थायी जगह चाहता था, ताकि मैं जरूरतमंद लोगों की सेवा कर सकूं। मैंने काफी दूर-दूर तक यात्रा की, लेकिन स्थायी जगह के विचार को नहीं भूला। एक रात को स्पोकेन, वाशिंगटन में, मैं अपने होटल के कमरे में पलंग पर आराम कर रहा था। मैंने अपने ध्यान को स्थिर कर लिया। शांत और निष्क्रिय तरीके से मैंने कल्पना की कि मैं बहुत बड़े जनसमुदाय के सामने भाषण दे रहा था। मैंने सुनने वाले लोगों से कहा, "मुझे यहां आकर खुशी हुई; मैंने इस आदर्श अवसर के लिए प्रार्थना की है।"

मैंने अपने मन की आंख से काल्पनिक भीड़ को देखा और मुझे यह वास्तविक लगी। मैंने किसी अभिनेता की तरह इस मानसिक फिल्म का नाट्कीयकरण किया और संतुष्टि महसूस की कि यह तस्वीर मेरे अवचेतन मन तक पहुंच रही है, जो अपने तरीके से इसे वास्तविकता में बदल देगा। अगली सुबह जागने पर मुझे काफी शांति और संतुष्टि का अहसास हुआ। कुछ दिन बाद मेरे पास टेलीग्राम आया जिसमें मुझे मिडवेस्ट के एक संस्थान का डायरेक्टर बनाने का प्रस्ताव था। मैंने प्रस्ताव स्वीकार कर लिया और कई साल तक वहां पर बहुत ही संतुष्टिदायक काम करने का आनंद लिया।

जिस तरीके का वर्णन मैंने किया है, उसे लोग पसंद करते हैं और अक्सर "मानसिक फिल्म विधि" कहते हैं। मुझे बहुत से लोगों के पत्र मिलते है, जिन्होंने मेरे भाषण या रेडियो टॉक सुने हैं। वे मुझे इस तकनीक से हासिल हुए आश्चर्यजनक परिणामों के बारे में बताते हैं।

इस मानसिक फिल्म विधि का सुझाव मैं उन लोगों को विशेष रूप से देना चाहता हूं जो कोई मकान या जायदाद बेचना चाहते हैं। इसके लिए आप पहले तो अपने में यह संतुष्टि कर लें कि आपके द्वारा तय कीमत सही है। मेरा दावा है कि असीमित बुद्धिमत्ता उस खरीदार को आकर्षित कर आपके पास ले आएगी जो सच में इस संपत्ति को खरीदना चाहता है और वहां रहना चाहता है। इसके बाद अपने मस्तिष्क को शांत कर लें, शिथिल हो जाएं, विश्राम करें और उनींदी, निष्क्रिय अवस्था में चले जाएं, ताकि समस्त मानसिक प्रयास न्यूनतम हो जाएं। अब अपने हाथों में चेक की तस्वीर देखें, चेक पाने पर खुशी मनाएं, चेक के लिए धन्यवाद दें और अपने मस्तिष्क में बनी पूरी मानसिक फिल्म की सहजता अनुभव करते हुए सो जाएं। आपको इस तरह काम करना है, जैसे यह सच हो चुका हो। ऐसा करने से अवचेतन मन पर इसकी छाप बन जाएगी। फिर असीमित बुद्धिमत्ता उस खरीदार को आपकी ओर आकर्षित करेगा। आस्था होने पर मन में रखी मानसिक तस्वीर हकीकत बन जाएगी।

एक विशेष बॉडोइन तकनीक

चार्ल्स बॉडोइन फ्रांस के रूसो इंस्टीट्यूट में प्रोफेसर थे। वे न्यू नैन्सी स्कूल ऑफ हीलिंग के कुशल साइकोथेरेपिस्ट और शोध निदेशक थे। उन्होंने 1910 में पाया कि अवचेतन मन को

प्रभावित करने का सबसे अच्छा तरीका उनींदी, निष्क्रिय या नींद जैसी अवस्था में पहुंचना है, जहां सारे प्रयास कम से कम हो जाएं। फिर चिंतन द्वारा यह विचार शांत, निष्क्रिय, ग्रहणशील तरीके से अवचेतन तक पहुंचाया जाता है।

उनका एक फॉर्मूला है :

ऐसा करने (अवचेतन मन को भरने) का एक आसान तरीका सुझाई वस्तु के विचार को सघन करना है, इसे तत्काल याद होने वाले संक्षिप्त वाक्यांश में व्यक्त करना है और लोरी की तरह बार-बार दोहराना है।

कुछ साल पहले लॉस एंजेलिस की एक महिला लंबे और कटु पारिवारिक विवाद में उलझ गई थी। उसके स्वर्गीय पति ने पूरी जायदाद उसके नाम पर कर दी थी, लेकिन पहली शादी से उसके बेटे-बेटियों ने वसीयत को गैर-कानूनी ठहराने के लिए मुकदमा दायर कर दिया था। जब इस महिला ने मेरी मदद मांगी, तो मैंने उसे बॉडोइन तकनीक बताई। वह उसने इस प्रकार अपनाई:

वह कुर्सी पर आराम से बैठ गई और उनींदी अवस्था में पहुंच गई तथा सुझाए गए तरीके के अनुसार अपनी चाहत को छह शब्दों पर पिरोकर अवचेतन मन तक पहुंचाने का प्रयास करते हुए बोली, "यह दैवीय इच्छा के अनुरूप पूर्ण हुआ।" इन शब्दों से उसका मतलब था कि असीमित बुद्धि, जो उसके अवचेतन मन के नियमों द्वारा काम कर रही थी, सामंजस्य के सिद्धांत द्वारा निष्कर्ष निकालेगी। दस रातों तक हर रात वह उनींदी अवस्था में पहुंची, फिर उसने धीरे-धीरे, शांति और भाव से यह वाक्य बार-बार दृढ़ता से कहा, "यह दैवीय इच्छा के अनुरूप पूर्ण हुआ।"

उसे आंतिरिक शांति का अहसास हुआ; फिर वह गहरी, सामान्य नींद में सो गई। ग्यारहवें दिन सुबह जागने पर उसे सुखद अहसास हुआ। उसे विश्वास था कि यह सचमुच पूर्ण हो गया था। उसी दिन उसके वकील ने उसे फोन किया। विपक्षी वकील और उसके मुवक्किल समझौते के लिए तैयार हो गए थे। सामंजस्यपूर्ण समझौता हो गया और मुकदमा वापल ले लिया गया।

उनींदी नींद की तकनीक

उनींदी, निष्क्रिय अवस्था में प्रयास न्यूनतम हो जाते हैं। उनींदी अवस्था में चेतन मन काफी हद तक निष्क्रिय हो जाता है। इसका कारण यह है कि अवचेतन सोने से ठीक पहले और जागने के ठीक बाद ही सबसे शक्तिशाली होता है। इस अवस्था में आपकी इच्छा को अवचेतन मन तक पहुंचने से रोकने वाले नकारात्मक विचार मौजूद नहीं होते हैं।

मान लें, आप किसी विनाशक आदत से छुटकारा पाना चाहते हैं। इसके लिए आरामदेह मुद्रा अपना लें, अपने शरीर को शिथिल कर दें और स्थिर हो जाएं। उनींदी अवस्था में जाएं और बार-बार किसी लोरी की तरह दोहराते रहें, "मैं इस आदत से पूरी तरह आजाद

हूं; मैं सद्भाव और पूर्ण मानसिक शांति अनुभव कर रहा हूं।" इन शब्दों को रात और सुबह पांच-दस मिनट तक धीरे-धीरे, शांति और प्रेम से दोहराएं। बार-बार दोहराने से शब्दों का भावनात्मक महत्व बढ़ जाता है। जब नकारात्मक आदत हावी होने लगे, तो इस फॉर्मूले को तेज आवाज में दोहरा लें। इस तकनीक से आप अवचेतन को विचार स्वीकार करने के लिए प्रेरित करते हैं और उपचार हो जाता है।

"आभार" की तकनीक

बाइबल में पॉल यह सुझाव प्रकट करते हैं कि जब हम अपने आग्रहों के साथ प्रशंसा और धन्यवाद करेंगे तो प्रार्थना के इस आसान तरीके से असाधारण परिणाम मिलते हैं। कृतज्ञ हृदय ब्रह्मांड की रचनात्मक शक्तियों के हमेशा करीब रहता है, जिससे साझे संबंध के नियम तथा क्रिया और प्रतिक्रिया के ब्रह्मांडीय नियम के आधार पर इसकी ओर असंख्य नियामतें प्रवाहित होती हैं।

एक पिता ने बेटे को कॉलेज खत्म होने पर कार देने का वादा किया था। परंतु कॉलेज के बाद काफी समय तक उसे कार नहीं मिली थी। इसके बावजूद वह कृतज्ञ और खुश था। वह इस प्रकार खुश था जैसे उसे कार मिल ही चुकी हो। उसे पता था कि पिता अपना वादा जरूर पूरा करेंगे, भले उन्होंने अब तक न किया हो। परंतु इस विश्वास को उसने पूरी खुशी से मन में स्वीकार कर लिया था। फिर कुछ दिन बाद उसका विश्वास सत्य हो गया।

इस तकनीक का एक उदाहरण मिस्टर ब्रोक का है जिन्होंने इसे आजमाकर बेहतरीन परिणाम हासिल किए। वे बताते हैं, "मेरी नौकरी छूट गई थी और मैं दिवालिया था। मेरे तीन बच्चे थे, जिनका मुझे पेट पालना था। मैं नहीं जानता था कि मदद के लिए किधर जाऊं।" फिर मैंने करीब तीन सप्ताह तक इन शब्दों को दोहराया, "परम—पिता, मेरी दौलत के लिए धन्यवाद।" उसने यह काम शिथिल, शांत अवस्था में किया और तब तक करता रहा, जब तक कि कृतज्ञता की भावना उसके दिमाग पर हावी नहीं हो गई। उसने कल्पना की कि वह अपने भीतर की असीमित शक्ति और बुद्धिमत्ता का आह्वान कर रहा है, हालांकि जाहिर है, वह रचनात्मक बुद्धिमत्ता या असीमित मस्तिष्क को देख नहीं सकता था। वह आध्यात्मिक अनुभूति की अंदरूनी आंख से देख रहा था और उसे यह अहसास था कि धन ही उसकी विचार-छवि में पहला कारण था, जिससे उसे धन, प्रतिष्ठा और भोजन मिलेगा। उसकी विचार-भावना धन के विचार से ओत-प्रोत थी, जिस पर किसी तरह की परिस्थिति का प्रभाव नहीं पड़ा था। बार-बार "धन्यवाद, परम—पिता" दोहराकर उसका दिलो—दिमाग स्वीकृति के बिंदु तक पहुंच गया और अब उसके मन में कमी, गरीबी और रोग के विचार आते थे, तो वह कहता था, "धन्यवाद, परमपिता।" वह जानता था कि अगर वह कृतज्ञ नजरिया रखेगा, तो उसका दिमाग धन संपदा के विचार को ग्रहण कर लेगा। वही हुआ भी।

उस व्यक्ति की प्रार्थना का एक रोचक परिणाम मिला। प्रार्थना शुरू करने के कुछ समय बाद उसे रास्ते में उसकी पिछली कंपनी का मालिक मिला, जिससे वह 20 साल से नहीं मिला था। पूर्व नियोक्ता ने उसके सामने अच्छी तनख्वाह वाली नौकरी देने का प्रस्ताव

रखा। उसने उसे 500 डॉलर का कर्ज भी दिया, ताकि वह पहली तनख्वाह मिलने तक काम चला सके। अब मिस्टर ब्रोक उस कंपनी के वाइस प्रेसिडेंट हैं। उन्होंने हाल ही मुझसे कहा, "मैं 'धन्यवाद, परम—पिता' की अद्भुत शक्ति को कभी नहीं भूल पाऊंगा। इसने मेरे लिए चमत्कार किया है।"

सकारात्मकता की विधि

सकारात्मक घोषणा का प्रभाव काफी हद तक इसके शब्दों में निहित सत्य और अर्थ की आपकी समझ से तय होता है। प्रार्थना में निरर्थक दोहराव नहीं करें। सकारात्मक घोषणा की शक्ति निश्चित और स्पष्ट सकारात्मक बातों के बुद्धिमत्तापूर्ण अमल में है। एक उदाहरण देखें: स्कूल का कोई बच्चा तीन और तीन को जोड़कर ब्लैकबोर्ड पर सात लिख देता है। टीचर गणित की निश्चितता से घोषणा करता है कि तीन और तीन छह होते हैं; इसके बाद बच्चा उसी अनुरूप अंकों को बदल देता है। टीचर की घोषणा से तीन और तीन छह नहीं हुए। यह तो पहले से ही गणित की सच्चाई थी। इसी सच्चाई के कारण बच्चे ने ब्लैकबोर्ड के अंक बदल दिए।

बीमार होना असामान्य है और स्वस्थ होना सामान्य है। स्वास्थ्य आपके अस्तित्व की सच्चाई है। जब आप स्वास्थ्य, सामंजस्य और खुद के लिए या किसी दूसरे के लिए शांति की सकारात्मक घोषणा करते हैं तथा जब आपको यह अहसास होता है कि आपके अस्तित्व में शाश्वत सिद्धांत हैं, तो आप अवचेतन मन के नकारात्मक स्वरूप को अपनी आस्था और घोषणा के अनुसार दोबारा व्यवस्थित कर लेते हैं।

प्रार्थना की सकारात्मक घोषणा का परिणाम जीवन के सिद्धांतों पर बल देने पर निर्भर करता है, चाहे स्थिति कैसी भी दिखाई पड़ती हो। एक पल के लिए विचार करें कि गणित का एक सिद्धांत होता है, लेकिन गलती का कोई सिद्धांत नहीं होता। सच्चाई का एक सिद्धांत होता है, लेकिन बेईमानी का नहीं होता। बुद्धिमत्ता का एक सिद्धांत होता है, लेकिन अज्ञानता का नहीं होता। सामंजस्य का एक सिद्धांत होता है, लेकिन मनमुटाव का नहीं होता। स्वास्थ्य का एक सिद्धांत होता है, लेकिन बीमारी का नहीं होता और समृद्धि का एक सिद्धांत होता है, लेकिन गरीबी का नहीं।

इंग्लैंड के एक अस्पताल में गॉलस्टोन्स हटाने के लिये मेरी बहन का ऑपरेशन होने वाला था। तब मैंने सकारात्मक घोषणा के तरीके का प्रयोग करने का निश्चय किया। अस्पताल की जांचों और एक्स-रे में उसके रोग की पुष्टि हो चुकी थी। उसने मुझसे अपनी सेहत के लिए प्रार्थना करने को कहा। मैं करीब साढ़े छह हजार मील दूर था, लेकिन मैं जानता था कि मस्तिष्क-सिद्धांत में समय और दूरी का कोई महत्व नहीं होता है। असीमित मन या बुद्धिमत्ता एक ही समय में हर बिंदु पर पूरी तरह मौजूद रहती है। मैंने अपने मन से बहन के रोग के लक्षणों और उसके शारीरिक व्यक्तित्व के विचार को दूर किया। फिर मैंने इस तरह सकारात्मक घोषणा की :

यह प्रार्थना मैं अपनी बहन कैथरीन के लिए कर रहा हूं। वह आराम और चैन से है, संतुलित और पूरी तरह शांत। अवचेतन मन की जिस उपचारक बुद्धि ने उसके शरीर को बनाया है, वह अब उसके अस्तित्व की हर कोशिका, स्नायु, ऊतक, मांसपेशी और हड्डी को आदर्श स्वरूप के अनुरूप बदल रही है। खामोशी से उसके अवचेतन मन के सभी विकृत विचार हट रहे हैं और घुल रहे हैं। उसके अस्तित्व के हर अणु में जीवन सिद्धांत की जीवंतता, पूर्णता और सुंदरता प्रकट हो रही है। वह अब उन उपचारक तरंगों को ग्रहण कर रही है, जो उसमें नदी की तरह प्रवाहित हो रही हैं तथा उसे पूर्ण स्वास्थ्य, सामंजस्य और शांति दे रही हैं। सारी नकारात्मकता और कुरूप छवियां अब उसमें प्रवाहित हो रहे प्रेम तथा शांति के असीमित समुद्र में धुल रही हैं और यह ऐसा ही है।

उपरोक्त घोषणा मैंने दिन में कई बार की। दो सप्ताह बाद मेरी बहन की एक बार फिर जांच हुई जिसमें आश्चर्यजनक बात यह थी कि उसकी हालत में उल्लेखनीय सुधार हुआ था और उसके एक्स—रे में कोई गड़बड़ नहीं निकली।

सकारात्मक घोषणा का मतलब यह कहना है कि ऐसा ही है। जब आप सारे विपरीत प्रमाणों के बावजूद इस मानसिक नजरिए को सच मानते हैं, तो आपको अपनी प्रार्थना का जवाब जरूर मिलता है। आपका विचार सिर्फ सकारात्मक घोषणा करता है, यदि आप किसी चीज से इनकार करते हैं, तब भी आप दरअसल उस चीज की उपस्थिति को स्वीकार कर रहे होते हैं। सकारात्मक घोषणा को दोहराना, यह जानना कि आप क्या कह रहे हैं और क्यों कह रहे हैं, मस्तिष्क को चेतन की उस अवस्था की ओर ले जाता है, जहां यह आपकी कही बात को सच मान लेता है। जीवन की सच्चाईयों की तब तक सकारात्मक घोषणा करते रहें, जब तक कि आपको मनचाही अवचेतन प्रतिक्रिया ना मिल जाए।

तर्क-वितर्क तकनीक

यह तकनीक इसके नाम के अनुरूप है। यह मैन निवासी डॉ. फिनीज पार्कहर्स्ट क्विम्बी के कार्य से विकसित हुई है। डॉ. क्विम्बी मानसिक और आध्यात्मिक उपचार के क्षेत्र में अग्रणी थे और एक सदी पहले बेलफास्ट, मैन में इलाज करते थे। डॉ. क्विम्बी के बारे में पुस्तक "द क्विम्बी मनुस्क्रिप्ट" से जानकारी मिलती है जो 1921 में थॉमस क्रोवेल कंपनी, न्यूयॉर्क द्वारा प्रकाशित की गई थी। इसका संपादन होरेटियो ड्रेसर ने किया था। इसमें अखबार की खबरों के संकलन से पता चलता है कि उन्होंने रोगियों को किस प्रकार प्रार्थना उपचार से अद्भुत परिणाम दिए। क्विम्बी ने बाइबल के कई उपचारों को दोहराकर दिखाया था। संक्षेप में कहा जाए तो तर्कपूर्ण विधि, जिसका प्रयोग क्विम्बी ने इतनी सफलता से किया था, आध्यात्मिक तर्क पर आधारित है। इसमें आप मरीज और खुद को यह विश्वास दिला देते हैं कि रोग आपके अवचेतन मन के झूठे विश्वासों, निराधार डरों और नकारात्मक स्वरूपों के कारण है। आप अपने मस्तिष्क में स्पष्टता से इस पर तर्क करते हैं और रोगी को विश्वास दिला देते हैं

कि बीमारी, विचार के एक विकृत, ऐंठन भरे ढांचे, गलत विश्वास, अब रोग के रूप में बाहर आ गया है, लेकिन विचारों को बदलकर रोग का उपचार किया जा सकता है।

आप रोगी के सामने स्पष्ट करते हैं कि विश्वास का परिवर्तन ही हर उपचार का आधार है। आप यह भी बताते हैं कि अवचेतन मन ने शरीर और इसके सभी अंगों को बनाया है, इसलिए यह जानता है कि इसका कैसे उपचार होता है, इसीलिए यह इसका उपचार कर सकता है और यह आपके बोलते समय भी ऐसा ही कर रहा है। अपने मन की अदालत में आप बहस करते हैं कि रोग मस्तिष्क के विकृत विचार की छाया है। आप अंदरूनी उपचारक शक्ति के समर्थन में जितने भी तर्क और प्रमाण जुटा सकते हैं, उतने जुटाते हैं, क्योंकि इसी शक्ति ने सभी अंगो की रचना की है और इसमें ही हर कोशिका, स्नायु और ऊतक के आदर्श स्वरूप का ज्ञान संग्रहित है। फिर आप अपने मस्तिष्क की अदालत में अपने या अपने रोगी के पक्ष में फैसला सुनाते हैं। आप आस्था और आध्यात्मिक समझ द्वारा रोगी को मुक्त करते हैं। आपका मानसिक और आध्यात्मिक प्रमाण अजेय है। चूंकि सिर्फ एक ही मस्तिष्क है, इसलिए आप जिसे सच मानते हैं, वह रोगी के अनुभव में प्रकट हो जाता है। यह प्रक्रिया असल में तर्क-वितर्क विधि है जिसे डॉ. क्विम्बी ने मैन में रहने के दौरान 1849 से 1869 के बीच कई बार प्रयोग की थी।

आधुनिक ध्वनि तरंग के इलाज की तरह है परम विधि

दुनिया भर में कई लोग इस विधि से प्रार्थना उपचार करते हैं और उन्हें अद्भुत परिणाम मिले हैं। परम विधि का प्रयोग करने वाला व्यक्ति रोगी का नाम लेता है जैसे – "जॉन जोन्स", फिर वह शांति से ईश्वर और उसके गुणों के बारे में विचार करता है, जैसे - ईश्वर परम आनंद है, असीमित प्रेम है, असीमित बुद्धिमत्ता है, सर्वशक्तिमान है, असीमित ज्ञान है, पूर्ण सद्भाव है, अवर्णनीय सौंदर्य और पूर्णता है। जब वह इस तरह सोचता है, तो उसकी चेतना ऊपर उठकर एक नए आध्यात्मिक धरातल पर पहुंच जाती है जहां वह महसूस करता है कि ईश्वरीय प्रेम का महासागर रोगी के मन और शरीर में मौजूद हर चीज को डुबा रहा है, जिसे दूर करने के लिए वह प्रार्थना कर रहा है। वह महसूस करता है कि ईश्वर की सारी शक्ति और प्रेम अब जॉन पर केंद्रित हो रही है और जो भी कष्टकारी या परेशानी भरा है, वह जीवन और प्रेम के असीम महासागर की मौजूदगी में अब पूरी तरह गायब हो चुका है।

प्रार्थना की परम विधि, चिकित्सा में इस्तेमाल होने वाली ध्वनि तरंग के उपचार की तरह हैं। लॉस एंजेलिस की एक विख्यात डॉक्टर ने मुझे हालही में इसके बारे में बताया। उसके पास एक अल्ट्रा साउंड वेव मशीन थी, जो शरीर के असामान्य ऊतक वाले हिस्सो पर केंद्रित करने पर हाई-फ्रिक्वेंशी की सशक्त ध्वनि तरंगें उत्पन्न करती हैं। इन ध्वनि तरंगों को नियंत्रित किया जा सकता है। इस प्रक्रिया के जरिए उन्हें हड्डियों में जमे कैल्शियम को हटाने और अन्य परेशानियों को ठीक करने में सफलता मिली थी।

ईश्वर के गुणों पर विचार करके हम चेतना में जितना ऊपर उठते हैं, सद्भाव, सेहत और शांति की उतनी ही आध्यात्मिक लहरें उत्पन्न करते हैं। प्रार्थना की इस तकनीक से कई अद्भुत उपचार हुए हैं।

जब अपंग चलने लगा

डॉ. फिनीज पार्कहर्स्ट क्विम्बी, जिनके बारे में पहले भी हम इस अध्याय में चर्चा कर चुके हैं, अपने उपचारक कॅरियर में परम विधि का अक्सर प्रयोग करते थे। वे मनोदैहिक चिकित्सा के जनक थे और पहले मनोविश्लेषक थे। उनमें मरीजों के कष्ट और दर्द के कारण को अतींद्रिय तरीके से भापने की अद्भुत क्षमता थी।

क्विम्बी की मैनुस्क्रिप्ट से उनके द्वारा एक अपंग के उपचार का रोचक उदाहरण मिलता है जो इस प्रकार है:

क्विम्बी को उस महिला को देखने के लिए बुलाया गया, जो अपाहिज थी, बूढ़ी थी और बिस्तर पर पड़ी थी। वे बताते हैं कि उसकी बीमारी का कारण छोटे धर्ममत में कैद होना था जिससे वह खड़ी भी नहीं हो सकती थी और चल भी नहीं सकती थी। वह डर और अज्ञान की कब्र में रह रही थी। चूंकि उसने बाइबल को शब्दशः लिया, इसलिए इससे डर गई। क्विम्बी ने कहा, "इस कब्र में वह ईश्वर की मौजूदगी और शक्ति बंधनों को तोड़ने तथा मृत्यु से लौटने की कोशिश कर रही थी।"

जब महिला ने दूसरों से बाइबल के एक प्रसंग का अर्थ पूछा, तो जवाब बेहद सख्त मिला। तभी से महिला जीवन में फिर से रूचि लेने लगी। डॉ. क्विम्बी ने उसके मामले का निदान करते हुए कहा कि उसका दिमाग रोमांच और डर के कारण अवरुद्ध हो गया है, इसलिए वह बाइबल के उस प्रसंग का अर्थ स्पष्ट नहीं समझ पाई। इससे उसके शरीर में भारी और मंद भाव आ गया, जो लकवे में बदल गया।

फिर क्विम्बी ने उससे पूछा कि बाइबल की इन पंक्तियों का क्या मतलब है:

थोड़े समय के लिए मैं तुम्हारे साथ हूं और फिर मैं उस परम—पिता के पास चला जाऊंगा, जिसने मुझे भेजा है। तुम मुझे खोजोगे, लेकिन मैं तुम्हें नहीं मिलूंगा : और जहां मैं हूं, वहां तुम आ नहीं सकते।

जॉन 7:33-34

उसने जवाब दिया कि इसका मतलब यह है कि ईसा मसीह स्वर्ग चले गए। क्विम्बी ने उसे इसका वास्तविक अर्थ समझाया। उन्होंने बताया कि *उसके साथ थोड़े समय* रहने का मतलब उसके लक्षणों, भावनाओं और कारणों का स्पष्ट रूप से जानना था। उसे उस महिला की हालत पर करुणा और सहानुभूति होती है, लेकिन वह इस मानसिक अवस्था में नहीं रह सकता। अगला कदम उसके पास जाना है, *जिसने हमें भेजा है।* क्विम्बी ने बताया कि इसका इशारा हम सभी में मौजूद ईश्वर की रचनात्मक शक्ति की ओर है।

क्विम्बी ने तत्काल अपने मन की यात्रा की और दैवीय संपूर्णता पर मनन किया : यानी, ईश्वर की जीवंतता, बुद्धिमत्ता, सद्भाव और शक्ति बीमार व्यक्ति में काम कर रही है। इसलिए उन्होंने महिला से कहा, "जहां मैं हूं, वहां तुम नहीं आ सकतीं, क्योंकि तुम अपने संकरे, संकुचित विश्वास में रोगग्रस्त मौजूद हो, जबकि मैं स्वस्थ हूं।"

इस प्रार्थना और स्पष्टीकरण का तत्काल परिणाम मिला और उस महिला के दिमाग में परिवर्तन महसूस हुआ। वह बिना बैसाखियों के चलने लगी। क्विम्बी ने कहा कि यह उनके सभी उपचारों में सबसे अनूठा था। वह बिलकुल गलत थी और उसे सजीव करना या सत्य समझाना मुर्दे को जीवित करने जैसा था। क्विम्बी ने ईसा मसीह के पुनर्जीवन को उस महिला के खुद के स्वास्थ्य पर लागू किया। इसका उस महिला पर सशक्त प्रभाव पड़ा। क्विम्बी ने यह भी स्पष्ट किया कि उसने जो सच स्वीकार किया था, वह ऐसा देवदूत या विचार था, जो डर, अज्ञान और अंधविश्वास के पत्थर को लुढ़का देता था। इससे ईश्वर की उपचारक शक्ति मुक्त हुई, जिसने उसे स्वस्थ कर दिया।

आदेशात्मक तकनीक

हमारे शब्दों में शक्ति, उनके पीछे की भावना और विश्वास के अनुरूप आती है। जब हमें यह अहसास होता है कि दुनिया को चलाने वाली शक्ति हमारे पक्ष में कार्य कर रही है और हमारे शब्दों को साकार कर रही है, तो हमारा आत्मविश्वास बढ़ जाता है। आप इसमें और ज्यादा शक्ति जोड़ने की कोशिश नहीं करते हैं। इसलिए इसमें किसी तरह का मानसिक दबाव, बल प्रयोग या मानसिक कुश्ती नहीं होनी चाहिए।

एक युवती ने आदेश विधि का इस्तेमाल एक युवक पर किया, जो लगातार उसे फोन करके तंग कर रहा था, डेट पर चलने के लिए दबाव डाल रहा था और युवती के दफ्तर आकर मिलने का प्रयास करने लगा। उससे छुटकारा पाना युवती को बहुत मुश्किल लग रहा था। फिर उसने इस प्रकार आदेश दिया,

"मैं... को ईश्वर के हवाले करती हूं। वह हर समय अपनी सही जगह पर है। मैं स्वतंत्र हूं और वह स्वतंत्र है। मैं अब आदेश देती हूं कि मेरे शब्द असीमित मस्तिष्क में पहुंचकर इसे वास्तविक बना दें। ऐसा ही हो।"

उसने बताया कि युवक उसकी जिंदगी से तत्काल गायब हो गया। वह उस युवती को दोबारा नहीं दिखा। वह आगे कहती है, "ऐसा लगा, जैसे उसे जमीन निगल गई हो।"

तुम किसी चीज का आदेश दोगे, तो यह तुम्हारे सामने रख दी जाएगी और रोशनी के माध्यम से तुम्हारे लिए रास्ते खुल जाएंगे।

जॉब 22:28

विज्ञान सम्मत तथ्यों से लाभ लें :

1. मानसिक इंजीनियर बनें और अधिक व्यापक तथा महान जीवन के लिए आजमाई हुई सफल तकनीकों का प्रयोग करें।

2. आपकी इच्छा आपकी प्रार्थना है। इसी समय अपनी चाह पूरी होने की कल्पना करें और उसकी वास्तविकता महसूस करें। आपको वही खुशी प्राप्त होगी जो प्रार्थना के जवाब मिलने पर होती।

3. चीजों को मानसिक विज्ञान की मदद से, आसान तरीके से हासिल करने की इच्छा करें।

4. आप अपने मन में सोचे गए विचारों से अच्छी सेहत, सफलता और खुशी को हकीकत में साकार कर सकते हैं।

5. वैज्ञानिक रूप से प्रयोग करते रहें, जब तक कि आप खुद को यह साबित नहीं कर देते कि आपकी चेतन सोच पर आपके अवचेतन मन की असीमित बुद्धिमत्ता की हमेशा सीधी प्रतिक्रिया होती है।

6. अपनी इच्छा की निश्चित सफलता के पूर्वानुमान में खुशी और आराम अनुभव करें। आप अपने मस्तिष्क में जो कल्पना कर रहें हैं, वह उन चीजों की होनी चाहिए, जिनकी उम्मीद तो हो, लेकिन प्रमाण नहीं हो।

7. एक कल्पना हजार शब्दों के बराबर है। आप आस्था से अपने मन में जिस कल्पना को करेंगे, आपका अवचेतन मन उसे हकीकत में बदल देगा।

8. प्रार्थना में किसी तरह की जबरन कोशिश या मानसिक दबाव का प्रयोग नहीं करें। इस विचार के साथ सोने जाएं कि आपकी प्रार्थना का जवाब मिलेगा। इस पर विचार करते हुए उनींदी, निष्क्रिय अवस्था में पहुंच जाएं।

9. याद रखें, कृतज्ञ हृदय हमेशा ब्रह्मांड की समृद्धि के करीब होता है।

10. सकारात्मक घोषणा करने का मतलब यह कहना है कि ऐसा ही है और विपरीत प्रमाणों के बावजूद जब आप इस मानसिक नजरिए को सच मानते हैं। तब आपको प्रार्थना का जवाब मिलेगा।

11. ईश्वर के प्रेम और महिमा के बारे में सोचकर सद्भाव, सेहत और शांति की लहरें उत्पन्न करें।

12. आप जो आदेश करते हैं और जिसे सच महसूस करते हैं, वह सच हो जाएगा। सद्भाव, सेहत, शांति और समृद्धि का आदेश दें।

7

जीवन की ओर रुचिमय है अवचेतन मन

आपके मानसिक जीवन का 90 प्रतिशत से अधिक अवचेतनमय है। अगर आप इस अद्भुत शक्ति का प्रयोग नहीं कर पाते हैं, तो आपको संकीर्ण सीमाओं में ही जीवन गुजारना होता है।

आपकी अवचेतन प्रक्रियाएं हमेशा जीवन और सृजनात्मकता की तरफ होती हैं। आपका अवचेतन आपके शरीर का निर्माता है और इसके सभी महत्वपूर्ण कार्य करता है। यह हर दिन 24 घंटे काम करता है और कभी नहीं सोता है। यह हमेशा आपकी मदद करने और आपको नुकसान से बचाने की कोशिश करता है।

आपका अवचेतन मन असीम जीवन और असीम बुद्धिमत्ता के संपर्क में रहता है। इसके आवेग और विचार हमेशा जीवन की ओर होते हैं। अधिक व्यापक व उदात्त जीवन की महत्वकांक्षाएं, प्रेरणाएं और सपने अवचेतन से ही उत्पन्न होते हैं।

आपके सबसे गहन विश्वास वे होते हैं, जिनके बारे में आप तर्क-वितर्क नहीं करते, क्योंकि वे आपके चेतन मन से नहीं, बल्कि आपके अवचेतन मन से आते हैं। आपका अवचेतन आपसे अंतर्ज्ञान, आवेगों, अनुभूतियों, संकेतों, मनोकामनाओं और विचारों के जरिए बात करता है और यह हमेशा आपको प्रेरित करता है कि उठो, बाधाएं पार करो, विकास करो, आगे बढ़ो, रोमांच हासिल करो और ज्यादा से ज्यादा ऊंचाई तक पहुंचो। प्रेम करने या दूसरों का जीवन बचाने की चाहत आपके अवचेतन की गहराइयों से आती है। उदाहरण के लिए, 18 अप्रैल 1906 को सेन फ्रांसिस्को के भीषण भूकंप तथा अग्निकांड के दौरान ऐसे बहुत से लोग जो सालों से बीमार होकर बिस्तर पर थे, वे भी संकट की इस घड़ी में उठ बैठे और उन्होंने बहादुरी तथा शक्ति के कई आश्चर्यजनक काम कर दिखाए। उनमें दूसरो को हर कीमत पर बचाने की प्रबल इच्छा जाग्रत हुई और उनके अवचेतन ने उसके अनुरूप प्रतिक्रिया की।

महान कलाकार, संगीतकार, कवि, वक्ता और लेखक अपनी अवचेतन शक्तियों के साथ सामंजस्य बना लेते हैं और कल्पनाओं की सहायता से प्रेरित होते हैं। उदाहरण के

लिए रॉबर्ट लुई स्टीवेंसन का उदाहरण देखते हैं। वे सोने से पहले अपने अवचेतन को प्रेरित करते थे कि नींद के दौरान वह उनके लिए कहानियां खोजें। जब भी उनके बैंक खाते से पैसे कम हो जाते थे, तो वे हमेशा अपने अवचेतन को एक अच्छा, बिकने वाला उपन्यास देने को कहते थे। स्टीवेंसन ने बताया है कि उनके अवचेतन मन की बुद्धिमत्ता ने उन्हें कहानी का हर एक हिस्सा उपलब्ध कराया है। इससे पता चलता है कि आपका अवचेतन आपके माध्यम से कितनी महान और समझदारी भरी बातें व्यक्त करता है, जिनके बारे में आपका चेतन मन जरा भी नहीं जानता है।

मार्क ट्वेन ने कई बार दुनिया को बताया था कि उन्होंने जीवन में कभी काम नहीं किया। उनका सारा हास्य और महान लेखन अवचेतन मन के अथाह भंडार का लाभ उठाने की योग्यता का परिणाम था।

मस्तिष्क के कार्यों को शरीर किस तरह दर्शाता है

आपके चेतन और अवचेतन मन की अंतर्क्रिया के लिए तंत्रिकाओं के सामंजस्यपूर्ण प्रबंधन के बीच भी उसी तरह की अंतर्क्रिया की जरूरत होती है। सेरिब्रोस्पाइनल तंत्र या स्वैच्छिक तंत्र चेतन मन का अंग है और संवेदी सिस्टम अवचेतन मन का अंग है। सेरिब्रोस्पाइनल तंत्र द्वारा आप अपनी शारीरिक इंद्रियों से अनुभूति पाते हैं और शरीर की गतिविधियों पर संवेदी नियंत्रण करते हैं। इस सिस्टम की तंत्रिकाएं मस्तिष्क में होती हैं जो एक प्रकार के नियंत्रण केंद्र के रूप में कार्य करती हैं।

संवेदी तंत्र को कई बार अनैच्छिक तंत्रिका तंत्र भी कहा जाता है। इसकी गतिविधि का केंद्र पेट के पिछले हिस्से में स्थित गैंगलियोनिक मास में होता है जिसे हम आमतौर पर सोलर प्लेक्सस कहते हैं। इसे एब्डोमिनल ब्रेन भी कहते हैं। यह मानसिक रूप से होने वाले उन कार्यों का एक जरिया है जो कि शरीर की महत्वपूर्ण प्रक्रिया के संचालन में मददगार होता है।

ये तंत्र अलग-अलग या एक साथ काम कर सकते हैं। जज थॉमस ट्रोवार्ड कहते हैं, "वेगस तंत्रिका सेरेब्रेल क्षेत्र से गुजरती है जो कि सेरेब्रोस्पिनल सिस्टम का हिस्सा है। इसके जरिए हम बोलने में मददगार अंगों को नियंत्रित कर पाते हैं। इसके बाद यह थोरेक्स के करीब से गुजरती है जिसके बाद हृदय और फेफड़ों की ओर यह बंट जाती है। अंत में डायफ्राम तक पहुंचती है जहां इसकी ऊपरी सतह में बदलाव देखने को मिलता है और उसे स्वैच्छिक तंत्रिका के रूप में पहचान पाना मुश्किल होता है। यह संवेदी तंत्र का हिस्सा प्रतीत होती है, परंतु यह दोनों सिस्टम के बीच एक महत्वपूर्ण कड़ी है जो इंसान को शारीरिक रूप से एक यूनिट के रूप में दर्शाती है।"

इसी प्रकार मस्तिष्क के अलग-अलग क्षेत्र मन के यथार्थवादी और कल्पनावादी कार्यों से जुड़े हैं। हम कह सकते हैं कि मस्तिष्क का सामने का हिस्सा यथार्थवादी गतिविधियों से

और पीछे का हिस्सा कल्पनावादी गतिविधियों के कार्य संचालित होता है। इनके बीच का स्थान दोनों प्रकार की गतिविधियों को कर पाने में सक्षम रहता है।

मानसिक और शारीरिक अंतर्संबंध को देखने का एक आसान तरीका यह अहसास करना है कि आपका चेतन मन किसी विचार को पकड़ लेता है, जो आपकी तंत्रिकाओं के स्वैच्छिक तंत्र में सिग्नल पहुंचाकर अपना कार्य शुरू कर देता है। आपकी तंत्रिका के अनैच्छिक तंत्र में भी इसी प्रकार का एक प्रवाह उत्पन्न होता है, जिससे विचार आपके अवचेतन मन तक पहुंचा दिया जाता है, जो एक रचनात्मक साधन है। इस तरह आपके विचार वस्तुओं में बदल जाते हैं।

आपके चेतन मन द्वारा सोचा और स्वीकार किया गया हर विचार आपके मस्तिष्क से सोलर प्लेक्स तक भेजा जाता है जो कि आपके अवचेतन मन के मस्तिष्क के रूप में कार्य करता है। फिर अवचेतन मन इसे आपके शरीर में बनाता है और वास्तविकता के रूप में आपके संसार में लाता है।

शरीर की देखभाल बुद्धि करती है

जब आप कोशिकाओं और अंगों की संरचना का अध्ययन करते हैं, जैसे आंखें, कान, दिल, लिवर, ब्लैडर आदि, तो आप पाते हैं कि उनमें कोशिकाओं का समूह सामूहिक बुद्धि का निर्माण करता है, ताकि सामंजस्य में काम हो सके। वे आदेश लेने और मास्टर माइंड (चेतन मस्तिष्क) के सुझावों का पालन करने में सक्षम होते हैं।

एक कोशीय जीव के अध्ययन से यह पता चलता है कि आपके जटिल शरीर में क्या चलता रहता है। हालांकि एक कोशीय जीव में कोई अंग नहीं होते, लेकिन इसके बावजूद यह गति, पाचन, पोषण, उत्सर्जन के मूलभूत कार्यों के द्वारा मस्तिष्क की क्रिया और प्रतिक्रिया के प्रमाण देता है।

कई लोग कहते हैं कि एक बुद्धि आपके शरीर की देखभाल करती है, बशर्ते आप इसे काम करने दें। यह एक तरह से सच है, परंतु मुश्किल यह है कि चेतन मन हमेशा बाहरी अनुभूति और इंद्रियगत प्रमाण के कारण इसमें हस्तक्षेप करता है। इससे झूठे विश्वास, भय और विचार बलवान हो जाते हैं। जब आपके अवचेतन मन में मनोवैज्ञानिक, भावनात्मक कंडीशनिंग द्वारा भय, झूठे विश्वास और नकारात्मक ढांचे दर्ज होते हैं, तो अवचेतन मन के पास इसे दिए जा रहे ब्लूप्रिंट पर काम करने के अलावा कोई रास्ता नहीं बचता है।

अवचेतन मन भले के लिए ही कार्य करता है

आपके भीतर का कल्पनावादी मन निरंतर सामान्य हित में काम करता है और सभी चीजों के पीछे सामंजस्य के निहित सिद्धांत को प्रदर्शित करता है। आपके अवचेतन मन की अपनी खुद की इच्छा है और यह अपने आप में बहुत वास्तविक है। यह दिन-रात काम करता है,

आप चाहें या नहीं चाहें। यह आपके शरीर का निर्माता है, लेकिन आप इसके निर्माण को देख, सुन या महसूस नहीं कर सकते है। यह एक खामोश प्रक्रिया है। आपके अवचेतन का अपना खुद का जीवन है, जो हमेशा सामंजस्य, सेहत और शांति की ओर होता है। इसके भीतर दैवीय मानदंड है, जो आपके माध्यम से हर समय अभिव्यक्ति चाहता है।

सद्भाव के सहज सिद्धांत में इंसान का हस्तक्षेप

सही या वैज्ञानिक तरीके से सोचने के लिए हमें "सत्य" मालूम होना आवश्यक है। सच्चाई का ज्ञान होना अवचेतन मन की असीमित बुद्धि और शक्ति के सामंजस्य में रहना है, क्योंकि अवचेतन का झुकाव हमेशा जीवन की दिशा की ओर रहता है। असमंजस में किया गया कोई भी विचार या कर्म विभिन्न प्रकार के विवाद और सीमाएं पैदा कर देता है।

वैज्ञानिक बताते हैं कि हर 11 महीनों में आपका शरीर नया बन जाता है, जिसका अर्थ है कि शारीरिक दृष्टि से आप सिर्फ 11 महीने बूढ़े हैं। अगर आप शरीर में डर, क्रोध, ईर्ष्या और दुर्भावना के विचारों से दोबारा दोष आने देते हैं, तो इसमें आपके सिवा और कोई दोषी नहीं है।

एक प्रकार से आप अपने विचारों से ही बने हैं। आप नकारात्मक विचारों और कल्पनाओं को रखने से इनकार कर सकते हैं। अंधेरे से छुटकारा पाने का तरीका रोशनी है। ठंड से उबरने का तरीका गर्मी है। नकारात्मक सोच से उबरने का तरीका सकारात्मक विचार रखना है। अच्छाई की घोषणा करें, बुराई अपने आप गायब हो जाएगी।

स्वस्थ, जीवंत और शक्तिशाली रहना सामान्य क्यों है

आमतौर पर हर बच्चा जन्म के समय बिलकुल स्वस्थ होता है और इसके सभी अंग अच्छी तरह से काम करते हैं। यही सामान्य अवस्था है और हमें स्वस्थ, जीवंत और शक्तिशाली ही रहना चाहिए। आत्म-रक्षा की अनुभूति मानव प्रकृति की सबसे प्रबल अनुभूति है और यह आपके स्वभाव में निहित सबसे शक्तिशाली, हमेशा मौजूद और लगातार काम करने वाली सच्चाई है। जब आपके विचार और विश्वास हमेशा आपकी रक्षा करने वाले जीवन-सिद्धांत के सामंजस्य में होंगे, तो वे अधिक क्षमता से कार्य करेंगे। इससे यह निष्कर्ष निकलता है कि असामान्य परिस्थितियों के बजाय सामान्य परिस्थितियां ज्यादा आसानी और निश्चितता से वापस पाई जा सकती है।

बीमार होना असामान्य है

बीमार होना असामान्य है। बीमारी का यह अर्थ है कि आप जीवन की धारा के विपरीत जा रहे हैं और नकारात्मक सोच रहे हैं। जीवन का नियम विकास का नियम है। पूरी प्रकृति खामोशी से लगातार धीरे-धीरे विकास करके इस नियम को अभिव्यक्त करती है। जहां

भी विकास और अभिव्यक्ति है, वहां जीवन है। जहां जीवन है, वहां सामंजस्य है और जहां सामंजस्य है, वहां आदर्श स्वास्थ्य है।

अगर आपकी सोच आपके अवचेतन मन के रचनात्मक सिद्धांत के सामंजस्य में है, तो आप सामंजस्य के निहित सिद्धांत का लाभ उठा रहे हैं। अगर आपके विचार सामंजस्य के सिद्धांत के अनुरूप नहीं हैं तो यह आपसे चिपक जाएंगे, आपको सताएंगे, आपको चिंतित करेंगे और अंततः बीमारी उत्पन्न कर देंगे। इसके बाद भी इन विचारों को ना छोड़ा जाए, तो शायद मृत्यु भी हो जाएगी।

बीमारी के उपचार में आपको अपने पूरे तंत्र में अवचेतन मन की महत्वपूर्ण शक्तियों का प्रवाह और फैलाव बढ़ाना होगा। इसके लिए डर, चिंता, तनाव, ईर्ष्या, नफरत और अन्य हर विनाशक विचार को हटा दें, क्योंकि ये विचार आपकी तंत्रिकाओं और ग्रंथियों को कमजोर तथा नष्ट कर देते हैं, जो सारे अवशिष्ट पदार्थों के उत्सर्जन को नियंत्रित करता है और शरीर को साफ रखता है।

पॉट्स की बीमारी ठीक हुई

नॉटिलस पत्रिका द्वारा मार्च 1917 में एक लेख प्रकाशित किया गया, जिसमें पॉट्स डिसीज या रीढ़ की टी.बी. से पीड़ित बच्चे और उसके चमत्कारिक उपचार के बारे में विस्तार से बताया गया था। उस बच्चे का नाम फ्रेडरिक एलियास एंड्रूज था जो इंडियाना के इंडियानापोलिस में रहता था। डॉक्टर ने इस बीमारी को लाइलाज घोषित कर दिया। एंड्रूज प्रार्थना करने लगा और जल्द ही वह अपंग और विकृत व्यक्ति जिसे हाथों और घुटने के बल चलना पड़ता था वह अब ताकतवर और पूरी तरह स्वस्थ काया वाले इंसान में तब्दील हो गया था। उसने अपनी सकारात्मक घोषणा तैयार की और मानसिक रूप से आवश्यक गुणों को ग्रहण किया।

वह दिन में कई बार सकारात्मक सुझाव खुद को देता था,

"मैं पूर्ण, आदर्श, सशक्त, प्रेमपूर्ण, सामंजस्यपूर्ण और खुश हूं।"

रात में सोने से पहले और दिन में जागने के बाद सबसे पहले वह यही प्रार्थना दोहराता था। वह दूसरों के लिए भी प्रार्थना करता था और प्रेम तथा सेहत के विचार भेजता था। मानसिक नजरिया और प्रार्थना का यह तरीका कई गुना होकर उसके पास लौटा। आस्था और लगन ने उसे बहुत अधिक लाभ दिया। मन में जब डर, क्रोध, ईर्ष्या या जलन के विचार आते तो वह तत्काल सकारात्मक घोषणा करने लगता था। उसके अवचेतन मन ने उसकी आदतन सोच की प्रकृति के अनुरूप प्रतिक्रिया की।

बाइबिल के इस कथन का यह अर्थ है :

अपने रास्ते जाओ, तुम्हारी आस्था ने तुम्हें पूर्ण बना दिया है।

मार्क 10:52

आस्था आपको स्वस्थ बनाती है

एक युवक अवचेतन मन की उपचारक शक्ति पर मेरे लेक्चर्स सुनने आता था। उसकी आंखों में एक गंभीर समस्या थी, जिसे ठीक करने के लिए नेत्र विशेषज्ञ ने उससे ऑपरेशन कराने को कहा। परंतु इस युवक ने खुद से कहा, "मेरे अवचेतन ने मेरी आंखें बनाई हैं, यह मेरा उपचार कर सकता है।"

हर रात सोने से पहले वह निष्क्रिय, ध्यान की अवस्था में जाता था, जो कि उनींदी जैसी अवस्था थी। उसने कल्पना में डॉक्टर को देखा और यह कहते सुना, "चमत्कार हो गया है।" उसने हर रात सोने से पहले पांच मिनट तक यह बार-बार सुना। तीन सप्ताह बाद वह एक बार फिर नेत्र विशेषज्ञ के पास गया, जिसने उसकी आंखों की जांच की। डॉक्टर को जब यकीन नहीं हुआ, तो उसने उसकी दोबारा जांच की और हैरानी से बोला, "चमत्कार हो गया।"

आप आश्चर्य में शायद पूछें यह क्या हुआ? इस व्यक्ति ने कल्पना में नेत्र विशेषज्ञ के माध्यम से अपने अवचेतन मन पर छाप छोड़ी थी, ताकि इसे विश्वास दिलाया जा सके और विचार पहुंचाया जा सके। दोहराव, आस्था और उम्मीद से उसने अपने अवचेतन मन में यह विचार भरा। अवचेतन मन ने आंख बनाई थी, वह अंदरूनी स्वरूप से वाकिफ था, इसलिए आसानी से उसकी आंखों का उपचार कर दिया। यह उदाहरण इस बात का प्रमाण है कि अवचेतन की उपचारक शक्ति आपका इलाज कर सकती है।

समीक्षात्मक विचार :

1. आपका अवचेतन आपके शरीर का निर्माता है और यह हर दिन 24 घंटे कार्य करता है। आप नकारात्मक विचारों द्वारा इसके जीवनदायी ब्लूप्रिंट में हस्तक्षेप करते हैं।

2. सोने जाने से पहले अपने अवचेतन को किसी समस्या का जवाब खोजने का काम सौंपे। यह उसे कर देगा।

3. अपने विचारों पर नजर रखें। जिस विचार को सच मान लिया जाता है, उसे आपका मस्तिष्क सोलर कॉर्टेक्स यानि एब्डोमिनल ब्रेन तक भेजता है और फिर यह वास्तविकता में साकार होकर एक सच्चाई बन जाता है।

4. जान लें कि आप अपने अवचेतन मन को नया ब्लूप्रिंट देकर खुद को दोबारा बना सकते हैं।

5. आपके अवचेतन का झुकाव हमेशा जीवन की तरफ होता है। ऐसे में चेतन मन के साथ आपका काम बढ़ जाता है। अपने अवचेतन मन तक वे बातें पहुंचाएं जिसे आप सच करना चाहते हों। आपका अवचेतन हमेशा आपके आदतन मानसिक विचारों के अनुरूप परिणाम देगा।

6.	आपका शरीर हर ग्यारह महीने में नया बन जाता है। अपने विचार बदलकर अपने शरीर बदल दें। इस प्रकार आगे भी बदलाव को जारी रख सकते हैं।

7.	स्वस्थ होना सामान्य है। बीमार होना असामान्य है। यही सामंजस्य का निहित सिद्धांत है।

8.	ईर्ष्या, डर, चिंता, और तनाव के विचार आपकी तंत्रिकाओं तथा ग्रंथियों को कमजोर या नष्ट कर देते हैं, जिससे सभी तरह की मानसिक और शारीरिक बीमारियां उत्पन्न होती हैं।

9.	आप चेतन रूप से जिसमें विश्वास करेंगे और जिसे सच मानेंगे, वह आपके मस्तिष्क, शरीर और परिस्थितियों में प्रकट हो जाएगा। अच्छाई की घोषणा करें और जीवन में खुशहाली पाएं।

8

मनचाहे नतीजे पाएं

प्रार्थनाएं कई बार मनचाहे परिणाम नहीं देती हैं। इसके पीछे प्रमुख कारण विश्वास की कमी और अत्यधिक प्रयास करना होता है। बहुत से लोग प्रार्थना के जवाब को अनजाने में भी कार्य करने से रोक देते हैं, क्योंकि वे अवचेतन मन की कार्यविधि को ठीक से समझ ही नहीं पाते हैं। जब आपको मस्तिष्क के कार्य करने के तरीके की जानकारी होती है तो आपमें विश्वास का स्तर ऊंचा होता है।

हमेशा याद रखें, जब भी आपका अवचेतन मन किसी विचार का सुझाव स्वीकार करता है, वह उसे तुरंत साकार करने की प्रक्रिया की शुरुआत कर देता है। यह उस लक्ष्य को पाने में पूरा जोर लगा देता है। यह आपके अधिक गहरे मन के सभी मानसिक और आध्यात्मिक नियमों को सक्रिय कर देता है। यह नियम अच्छे विचारों के साथ-साथ बुरे विचारों पर भी लागू होता है। अगर आप अपने अवचेतन मन का नकारात्मक प्रयोग करते हैं, तो यह मुश्किल, असफलता और दुविधा पैदा करता है। जब आप इसका सृजनात्मक प्रयोग करते हैं, तो यह मार्गदर्शन, स्वतंत्रता और मानसिक शांति प्रदान करता है।

अगर आपके विचार सकारात्मक, सृजनात्मक और प्रेमपूर्ण हैं, तो सही जवाब जरूर मिलेगा। इससे यह स्पष्ट हो जाता है कि आपको असफलता से उबरने के लिए बस एक ही काम करना है और यह काम है अपने विचार या आग्रह को अपने अवचेतन से स्वीकृत करवाना। इसकी वास्तविकता को महसूस करें, बाकि का काम आपके मस्तिष्क का नियम कर देगा। अपने आग्रह को आस्था और विश्वास से आगे बढ़ाएं, तभी आपका अवचेतन उस पर काम करेगा और सकारात्मक प्रतिक्रिया देगा।

जब भी आप अपने अवचेतन मन पर किसी काम को करने का दबाव डालेंगे, तो आप असफल हो जाएंगे। आपका अवचेतन मन मानसिक दबाव पर प्रतिक्रिया नहीं करता है। यह तो आपकी आस्था या चेतन मन की स्वीकृति पर प्रतिक्रिया करता है।

परिणाम पाने में असफल होने का कारण यह भी हो सकता है कि आप मानसिक रूप से ऐसी बातें कह रहे हों :

* "चीजें बिगड़ती जा रही हैं।"

- "मेरी इच्छा कभी पूरी नहीं होगी।"

- "मुझे कोई रास्ता नहीं दिख रहा है।"

- "कोई उम्मीद नहीं है।"

- "मुझे नहीं पता कि क्या करना है।"

- "मैं पूरी तरह फंस चुका हूं।"

जब आप इस तरह की बातें सोचते हैं, तो आपको अवचेतन मन की ओर से कोई प्रतिक्रिया या सहयोग नहीं मिलता है। समय काटते सैनिक की तरह ना तो आप आगे बढ़ते हैं, ना ही पीछे हटते हैं। दूसरे शब्दों में, आप कहीं नहीं पहुंच पाते हैं।

मान लीजिए, यदि आप किसी टैक्सी में बैठें और चलने के लिए पांच मिनट में ड्राइवर को आधा दर्जन अलग-अलग जगहें बता दें तो वह बौखला जाएगा और हो सकता है, वह आपको कहीं भी ले जाने से इन्कार कर दे। अवचेतन मन इसी प्रकार कार्य करता है। आपके मन में एक स्पष्ट विचार होना चाहिए। आपके मन में यह बात पूरी तरह साफ होनी चाहिए कि क्या समस्या है और इसका समाधान भी है। आपके अवचेतन की असीमित बुद्धिमत्ता ही सिर्फ इसका सही जवाब जानती है। जब आप अपने चेतन मन में इस स्पष्ट निष्कर्ष पर पहुंचते हैं, तो आपका मस्तिष्क फैसला कर लेता है और आपको अपने विश्वास के अनुरूप फल मिलता है।

यह बहुत आसान है

एक बार एक व्यक्ति एक मैकेनिक पर नाराज हो रहा था, क्योंकि मैकेनिक ने खराब अंगीठी को ठीक तो किया परंतु उसके बदले मालिक को 200 डॉलर का बिल थमा दिया था।

इस पर मैकेनिक बोला, "मैंने उस गायब पुर्जे के तो आपसे सिर्फ 5 सेंट्स ही लिए हैं। बाकि 199 डॉलर और 95 सेंट्स तो यह जानने के हैं कि गड़बड़ी क्या थी और उसे कैसे ठीक किया जाए।"

इसी प्रकार, आपका अवचेतन मन मास्टर मैकेनिक है। वह सबसे समझदार है। वह आपके शरीर के किसी भी अंग को ठीक करने के रास्ते और तरीके जानता है। सेहत का आदेश दें -

आपका अवचेतन सेहत का निर्माण कर देगा, लेकिन इस काम को आराम से करना जरूरी है। "आराम से काम अच्छी तरह होता है।"

विस्तृत विवरण और साधनों के बारे में सोच-सोचकर हताश होने की जरूरत नहीं है, बस अंतिम परिणाम को मन में रखें। अपनी समस्या के सुखद समाधान को महसूस करें, चाहे यह सेहत, पैसे या लोक-व्यवहार से संबंधित हो। याद रखें कि गंभीर बीमारी से ठीक होने पर आपको कैसा महसूस हुआ था। यह कभी नहीं भूलें कि आपकी भावना अवचेतन

प्रदर्शन का पैमाना है। आपको नए विचार को साकार रूप में पूरी निष्ठा से महसूस करना चाहिए, भविष्य में होने वाली घटना की तरह नहीं, बल्कि इस तरह जैसे यह दरअसल, इसी समय हो रही हो।

कल्पनाशक्ति का अधिक प्रयोग करें

अवचेतन मन की शक्ति का उपयोग किसी बाधा के खिलाफ संघर्ष करने की तरह नहीं है। आप अंत की और स्वतंत्रता की कल्पना करें। आप पाएंगे कि आपकी बुद्धि राह तलाशना शुरू कर देगी, परंतु आपको एक बच्चे की भांति अपने चमत्कारिक विश्वास पर टिके रहना होगा। यह कल्पना करें कि आपको कोई रोग या समस्या नही है। अपनी मनचाही स्थिति की, भावनात्मक संतुष्टि की कल्पना करें। इस प्रक्रिया की सारी जटिलताएं हटा दें। सरल तरीका सबसे अच्छा होता है।

अनुशासित कल्पनाशीलता के चमत्कार

अपने अवचेतन मन से प्रतिक्रिया पाने का एक अद्भुत तरीका अनुशासित या वैज्ञानिक कल्पनाशक्ति का प्रयोग करना है। जैसा कि हम पहले देख चुके हैं, आपका अवचेतन मन शरीर का निर्माता है और यह आपकी सभी महत्वपूर्ण कार्यप्रणालियों को नियंत्रित करता है।

बाइबल कहती है, *आप प्रार्थना में जो भी मांगेंगे, विश्वास करने पर आपको मिलेगा।* विश्वास करना किसी चीज को सच स्वीकार करना है, इसके होने की उम्मीद मे जीना है। जब आप इस अवस्था में रहते हैं, तो आपकी प्रार्थना पूरी हो जाती है।

प्रार्थना की सफलता में तीन कदम

ये तीन मूलभूत कदम हैं :

1. समस्या का सामना कर स्वीकार करें।

2. समाधान की ओर देखें जो कि केवल आपका अवचेतन मन ही जानता है।

3. गहन विश्वास की शांत अनुभूति रखें कि यह काम हो चुका है।

अपनी प्रार्थना को यह कहकर कमजोर न करें, "काश! मैं ठीक हो जाता", "मुझे उम्मीद तो है," जो काम होना है, उसके बारे में आपकी भावना से ही परिणाम तय होता है। विश्वास करें कि आपको सामंजस्य अवश्य मिलेगा। आपको सेहत अवश्य मिलेगी।

अवचेतन मन की असीमित उपचारक शक्ति का जरिया बनकर आप बुद्धिमान बनें। सेहत के विचार को अवचेतन मन तक पूरे विश्वास के साथ पहुंचाएं; फिर आराम से बैठ जाएं। खुद को इसकी शक्ति के भरोसे छोड़ दें। हर स्थिति और परिस्थिति में कहें, "यह भी

गुजर जाएगा।" आराम और विश्वास के साथ आप अवचेतन मन में विचार भरते हैं जिससे विचार के पीछे की गतिमान ऊर्जा को क्रियाशील होने और विचार को साकार करने का सामर्थ्य मिलता है।

जो चाहते हैं वो क्यों नहीं मिलता

कूए एक मशहूर फ्रांसीसी मनोवैज्ञानिक हैं, जो करीब चालीस वर्ष पहले अमेरिका गए तो वहां विपरीत प्रयास का नियम लोगों के सामने इस तरह रखा :

"जब आपकी इच्छाओं और कल्पना में संघर्ष होगा, तो हर बार आपकी कल्पना की जीत होगी।"

उदाहरण के तौर पर मान लें,

आपसे जमीन पर रखे एक पतले पटिए पर चलने को कहा जाए तो आप बिना कोई सवाल किए ऐसा आसानी से कर लेंगे। लेकिन मान लें, वही पटिया बीस फुट ऊंची दो दीवारों के बीच रखा हो तो क्या आप उस पर *चलेंगे?*

क्या आप ऐसा कर पाएंगे? तब शायद आपकी पटिए को पार करने की इच्छा, आपकी गिर जाने की कल्पना से संघर्ष करेगी। गिरने का विचार आपके मन पर विजय प्राप्त कर लेगा। हो सकता है पटिए पर चलने का आपका बहुत मन हो, लेकिन गिरने का डर आपको रोक देगा। आप अपनी कल्पना पर विजय हासिल करने या इसे दबाने की जितनी कोशिश करेंगे, गिरने का डर का उतना ही मजबूत होगा।

मानसिक प्रयास अक्सर आत्म-पराजय की ओर ले जाता है और चाहे गए परिणाम का विपरीत परिणाम उत्पन्न कर देता है। "मैं अपनी *असफलता* से उबरने के लिए इच्छा शक्ति का प्रयोग करूंगा" का विचार असफलता के विचार को प्रबल बनाता है। इच्छाशक्ति लगाने पर ध्यान केंद्रित करना इस बात पर जोर देना है कि आपमें शक्ति की कमी है। आपका अवचेतन मन दो विपरीत विचारों में से अधिक शक्तिशाली विचार को स्वीकार करता है। इसलिए प्रयासहीन तरीका अधिक उपयोगी है।

यदि आप कहें,

- "मैं सेहत चाहता हूं; पर मुझे यह नहीं मिलती है,"

- "मैं बहुत कोशिश कर रहा हूं,"

- "स्वयं को प्रार्थना के लिए विवश कर रहा हूं,"

- "मुझे अपनी सारी इच्छा शक्ति का प्रयोग करना होगा"

आपको यह अहसास करना होगा कि आपके प्रयास में ही कमी है। कभी भी अपने अवचेतन को किसी विचार को स्वीकार करने के लिए मजबूर करने की कोशिश नहीं करें। इस तरह की कोशिशों का नाकामयाब होना तय है। इस तरह अक्सर आपको उस चीज की विपरीत चीज मिलती है, जिसके लिए अपने प्रार्थना की है।

इसे सामान्य उदाहरण से समझें। छात्र जब किसी परीक्षा में बैठते हैं और पेपर पढ़ते हैं, तो एका—एक सब कुछ भूला हुआ महसूस करते हैं। विषय का सारा ज्ञान अचानक आपका साथ छोड़ जाता है। आपको एक भी बात याद नहीं आती है। आप अपने दांत भींचते हैं और अपनी सारी इच्छाशक्ति का आह्वान करते हैं, लेकिन आप जितनी ज्यादा कोशिश करते हैं, ज्ञान उतना ही ज्यादा दूर पहुंच जाता है। परंतु जब आप परीक्षा कक्ष से बाहर निकलते हैं तो जिन जवाबों की आप कुछ मिनट पहले तक इतनी बेताबी से तलाश कर रहे थे, अचानक वे अपने आप आपके दिमाग में प्रवाहित होने लगते हैं। आपकी गलती यह थी कि आपने याद रखने के लिए खुद को मजबूर करने की कोशिश की। विपरीत प्रयास के नियम के अनुसार इससे सफलता नहीं, बल्कि असफलता मिली। आपको उसका ठीक विपरीत परिणाम मिला, जो आपको चाहिए था या जिसके लिए आपने प्रार्थना की थी।

इच्छाओं और कल्पनाओं का संघर्ष खत्म करें

मानसिक शक्ति या इच्छा शक्ति का प्रयोग करना यह मान लेना है कि कहीं न कहीं विरोध है। जब आपका मन समस्या के समाधान को खोजने पर ध्यान केंद्रित करता है, तो यह अवरोध के बारे में विचार करना बंद कर देता है।

मैथ्यू 18:19 में लिखा है :

अगर आपमें से दो लोग दुनिया में किसी भी बात पर सहमत हो जाएं और मांगे, तो *स्वर्ग में बैठे मेरे पिता उन्हें दे देंगे।*

मैथू 18:19

ये दो कौन हैं? ये किसी विचार, इच्छा या मानसिक छवि पर आपके चेतन और अवचेतन के बीच के सामंजस्यपूर्ण मेल या सहमति के प्रतीक हैं। जब आपके मस्तिष्क के अलग-अलग हिस्सों में कोई संघर्ष नहीं होगा, तो आपकी प्रार्थना का परिणाम मिलेगा। जो दो लोग सहमत हैं, वे हो सकता हैं आप और आपकी इच्छा हों, आपका विचार और भावना या भाव हों, आपकी इच्छा और कल्पना हों।

अपनी इच्छाओं और कल्पनाओं के सारे संघर्ष से बचने का तरीका निष्क्रिय उनींदी अवस्था में पहुंचना है, जो सारे प्रयास को न्यूनतम कर देती है। चेतन मन उनींदी अवस्था में काफी हद तक डूब जाता है। आपके अवचेतन मन तक विचारों को पहुंचाने का सबसे अच्छा समय सोने से ठीक पहले का है। ऐसा इस कारण है, क्योंकि अवचेतन सोने से ठीक पहले और जागने के ठीक बाद सबसे ज्यादा सशक्त होता है। इस अवस्था में वे नकारात्मक

विचार और तस्वीरें नहीं रहती हैं, जो आपकी इच्छा को नकारती हैं और आपके अवचेतन मन द्वारा स्वीकृति को रोकती हैं। जब आप मनोकामना पूरी होने की वास्तविकता की कल्पना करते हैं और उपलब्धि का रोमांच महसूस करते हैं, तो आपका अवचेतन आपकी मनोकामना पूरी कर देता है।

बहुत से लोग अपनी सारी दुविधाओं और समस्याओं को अपनी नियंत्रित, निर्देशित तथा अनुशासित कल्पना से सुलझा लेते हैं। वे जानते हैं कि वे जो कल्पना करते हैं और जिसे सच महसूस करते हैं, वह होगा और अवश्य होगा।

यह उदाहरण बताता है किस प्रकार एक युवा महिला इच्छा और कल्पना के बीच संघर्ष से उबर पाई। उसकी सबसे गहन इच्छा मुकदमें का समंजस्यपूर्ण समाधान थी, जबकि उसकी मानसिक तस्वीरें असफलता, हानि, दिवालियापन और गरीबी से भरी थीं। इस तरह मुकदमा और पेचीदा हो गया और एक के बाद एक तारीख आगे बढ़ती रही।

मेरे सुझाव पर वह हर रात सोते समय खुद को उनींदी, निष्क्रिय अवस्था में ले आती थी और अपनी समस्या के सबसे अच्छे संभावित अंत की कल्पना करने लगती थी। वह जानती थी कि इससे दिमाग की छवि आखिरकार उसके दिल की इच्छा के अनुरूप बन जाएगी। निष्क्रिय होने पर वह बहुत चित्रात्मक तरीके से यह कल्पना करने लगी कि मुकदमा खत्म होने के बाद वह अपने वकील से मिल रही है, परिणाम के बारे में सवाल पूछ रही थी और उसके स्पष्टीकरण सुन रही थी। उसने सुना कि वकील उससे बार-बार कह रहा था, "मुकदमें का कोर्ट से बाहर समझौता हो गया है। यह बिलकुल उचित समाधान है।" दिन में जब डर के विचार उसके दिमाग में आते थे, तो वह मानसिक वीडियोटेप चला देती थी, जिसमें शब्द और हाव-भाव भी थे। उसने वकील की मुस्कुराहट, उसके अंदाज, उसकी आवाज, उसके विशिष्ट शब्दों की कल्पना की। उसने यह इतनी ज्यादा बार और इतनी निष्ठा से किया कि डर दिमाग में घुसने से पहले ही खत्म हो गया। कुछ सप्ताह बाद उसके वकील ने उसे फोन किया। उसने वही कहा जिसकी वह कल्पना कर रही थी और सच मान रही थी।

लेखक का यही अर्थ था, जब उसने लिखा था :

मेरे शब्द (आपके विचार और मानसिक छवियों) और मेरे हृदय का मनन (आपकी भावना, प्रकृति, भाव) आप स्वीकार करें, हे ईश्वर (आपके अवचेतन मन का नियम), मेरी शक्ति और मेरे उद्धारक (आपके अवचेतन मन की शक्ति और बुद्धिमत्ता, जो बीमारी, बंधन तथा दुख से आपका उद्धार कर सकती है)।

पद्य 19:14

स्मरणीय विचार :

1. मानसिक दबाव या बहुत ज्यादा प्रयास तनाव और डर को दर्शाते हैं जो आपकी प्रार्थना के जवाब को अवरूद्ध करते हैं, क्योंकि आराम से ही काम बेहतर होता है।

2. जब आपका मन निष्क्रिय अवस्था में हो और आप किसी विचार को स्वीकार करते हैं, तो आपका अवचेतन उस विचार को साकार करने में जुट जाता है।

3. पारंपरिक तरीकों से मुक्त होकर सोचें और योजना बनाएं। याद रखें, हमेशा हर सवाल का जवाब होता है और हर समस्या का समाधान होता है।

4. अपने दिल की धड़कनों, फेफड़ों के सांस लेने या शरीर के किसी अंग के कार्य को लेकर ज्यादा चिंतित नहीं हों। अपने अवचेतन पर पूरा भरोसा करें और घोषणा करें कि दैवीय विधान के अनुरूप सही काम हो रहा है।

5. सेहत की भावना से सेहत उत्पन्न होती है, धन-संपदा की भावना से धन-दौलत उत्पन्न होती है। आपकी भावना क्या है?

6. कल्पना आपकी सबसे बड़ी आंतरिक शक्ति है। अच्छी और सुंदर चीजों की कल्पना करें। आप वैसे ही हैं, जैसी आप खुद के बारे में कल्पना करते हैं। उनींदी अवस्था में चेतन और अवचेतन मन के बीच संघर्ष नहीं होता हैं। सोने से पहले अपनी इच्छा के पूर्ण होने की बार-बार कल्पना करें। शांति से सोएं और खुशी से जागें।

9

कैसे अवचेतन मन की शक्ति से अमीर बनें

अगर आप किसी आर्थिक संकट में हैं, छोटी-मोटी जरूरतों के लिए भी संघर्ष कर रहे हैं, तो इसका मतलब यह है कि आपने अपने अवचेतन मन को यह विश्वास नहीं दिलाया है कि आप हमेशा समृद्धि में रहेंगे और बचत भी करेंगे। आपने ऐसे कई लोग देखे होंगे, जो हफ्ते में कुछ घंटे काम करते हैं, लेकिन बहुत अच्छा कमाते हैं। वे ज्यादा मेहनत नहीं करते हैं। यह विश्वास करना बंद करें कि अमीर बनने का इकलौता तरीका खून-पसीना बहाना और कड़ी मेहनत करना है। ऐसा नहीं है; जीवन का प्रयासरहित तरीका सबसे अच्छा है। वह काम करें, जो आपको करना अच्छा लगता है। इसे अपनी खुशी और रोमांच के लिए करें।

मैं लॉस एंजेलिस के एक एक्ज़ीक्यूटिव को जानता हूं, जिसकी तनख्वाह 75 हजार डॉलर है। पिछली साल उसने क्रूज से नौ महीने तक दुनिया की सैर की। उसने मुझे बताया कि उसने अपने अवचेतन मन को विश्वास दिला दिया था कि वह इतनी ज्यादा तनख्वाह का हकदार है। उसने बताया कि उसकी कंपनी में ऐसे लोग भी हैं, जिनकी तनख्वाह उसकी तुलना में पांच प्रतिशत है, जबकि वे बिजनेस के बारे में उससे ज्यादा जानते हैं और शायद बेहतर प्रबंधन भी कर सकते हैं। परंतु उनमें न तो महत्वाकांक्षा है, न ही रचनात्मक विचार और अपने अवचेतन मन के आश्चर्यों में तो उनकी रुचि बिलकुल भी नहीं है।

दिमाग की दौलत

दौलत मनुष्य के अवचेतन के विश्वास से ज्यादा और कुछ नहीं होती है। आप यह कहकर लखपति नहीं बन सकते, "मैं लखपति हूं, मैं लखपति हूं।" असल में अपनी मानसिकता में दौलत और समृद्धि के विचार रखकर आप दौलत की चेतना विकसित करते हैं।

आपका एक अदृश्य सहयोगी

अधिकतर लोगों के साथ दिक्कत यह है कि उनके पास कोई अदृश्य सहारा नहीं होता है। जब बिजनेस कमजोर हो जाता है, स्टॉक मार्केट गिरने लगता है और उनके निवेशों में नुकसान होने लगता है, तो वे बेबस नजर आते हैं। इस असुरक्षा का कारण यह है कि वे अवचेतन मन का इस्तेमाल करना नहीं जानते हैं। वे अपने भीतर कभी न खत्म होने वाले भंडार से बिलकुल ही अंजान हैं।

गरीबी की मानसिकता वाला व्यक्ति खुद को गरीब परिस्थितियों में पाता है। वहीं, जिसका मस्तिष्क दौलत के विचारों से भरा होता है, वह तमाम सुख—सुविधाओं में जीता है। ईश्वर कभी नहीं चाहता कि हम गरीबी में दिन काटें। आप दौलत और अपनी जरूरत की हर चीज पा सकते हैं। आप बहुत सारी दौलत पा सकते हैं। आपके शब्दों में इतनी शक्ति है कि वे आपके मस्तिष्क से गलत विचार साफ करके सही विचार भर दे।

खुद में अमीर बनने की चेतना विकसित करें

यह अध्याय पढ़ते समय आप सोच रहे होंगे, "मुझे दौलत और सफलता चाहिए।" आप यह काम करें : रोजाना तीन—चार बार पांच मिनट तक यह दो शब्द दोहराएं, "दौलत, सफलता।" इन शब्दों में जबर्दस्त शक्ति है। ये अवचेतन मन की आंतरिक शक्ति को दर्शाते हैं। अपने मस्तिष्क को अपने भीतर की इस प्रबल शक्ति पर स्थिर कर लें। इसके बाद उनकी प्रकृति और गुण से मेल खाती परिस्थितियां आपके जीवन में प्रकट हो जाएंगी। आप यह नहीं कह रहे हैं, "मैं दौलतमंद हूं," आप सिर्फ अपने अंदर की वास्तविक शक्तियों पर भरोसा कर रहे हैं। दौलत" कहने पर आपके मस्तिष्क में कोई दुविधा नहीं होती है। यही नहीं, जब आप दौलत के बारे में विचार करेंगे, तो आपके भीतर इसकी भावना प्रबल हो जाएगी।

दौलत की भावना ही दौलत उत्पन्न होती है। इस बात को हमेशा ध्यान रखें। आपका अवचेतन मन एक बैंक की तरह है – एक तरह का शाश्वत वित्तीय संस्थान। यह हर उस चीज को बढ़ा देता है, जो भी आप इसमें जमा करते हैं या जिसकी भी आप इस पर छाप छोड़ते हैं, भले ही यह दौलत का विचार हो या गरीबी का। तो आप दौलत को ही चुनें।

अमीर बनने की कोशिशें कामयाब क्यों नहीं होती

मैंने पिछले 35 वर्षों में कई लोगों से बात की, जिनकी आम शिकायत यह होती है, "मैं कई हफ्तों और महीनों से कह रहा हूं, 'मैं दौलतमंद हूं, मैं समृद्ध हूं।' लेकिन कुछ नहीं हुआ। मैंने पाया कि जब वे कहते थे, 'मैं दौलतमंद हूं, मैं समृद्ध हूं,' तो उन्हें मन ही मन लगता था कि वे खुद से झूठ बोल रहे थे।"

एक व्यक्ति ने मुझे बताया, "मैंने घोषणा की कि मैं अमीर हूं। यह मैंने तब तक दोहराई जब तक कि मैं थक नहीं गया। चीजें अब पहले से ज्यादा खराब हैं। जब मैं यह घोषणा कर

रहा था तब मैं जानता था कि मैं स्वयं से झूठ बोल रहा हूं।" इस तरह के कथनों को चेतन मन स्वीकार नहीं करता है। इसी कारण उसने बाहर से जो घोषणा की और जिसका दावा किया, उसे उसका विपरीत परिणाम मिला।

आपकी सकारात्मक घोषणा तब सबसे अच्छी तरह सफल होती है, जब यह विशिष्ट हो और मानसिक संघर्ष या विवाद ना हो। इस व्यक्ति के कथन से स्थिति और बिगड़ गई, क्योंकि उसमें वित्तीय तंगी की भावना थी। आपका अवचेतन सिर्फ वह स्वीकार करता है, जिसे आप सचमुच सच मानते हैं, न कि निरर्थक शब्दों या वाक्यों को। अवचेतन मन हमेशा प्रबल विचार या विश्वास को स्वीकार करता है।

दिमाग के संघर्ष से कैसे बचा जाये

मानसिक संघर्ष से उबरने का आदर्श तरीका यहां दिया गया है। यह व्यावहारिक कथन बार-बार दोहराएं, खास तौर पर सोने से ठीक पहले, "दिन-रात में अपनी सभी रुचियों में समृद्ध हो रहा हूं।" इस सकारात्मक घोषणा से कोई बहस नहीं होगी, क्योंकि यह आपके अवचेतन मन की वित्तीय कमी की छाप का विरोध नहीं करती है।

मैंने एक बिजनेसमैन को सुझाव दिया जिसकी बिक्री व आर्थिक स्थिति बहुत खराब थी और वह बहुत चिंतित था। मैंने उससे कहा कि वह अपने ऑफिस में शांत होकर बैठ जाए और बार-बार दोहराए: "मेरी बिक्री हर दिन बढ़ रही है।" इस कथन के कारण उसके चेतन और अवचेतन मन मिलकर काम करने लगे। बाद में अच्छे परिणाम मिले।

बिना जानें चेक पर हस्ताक्षर न करें

यह एक तरह से कोरे चेक पर साइन करने जैसा है, जब आप कहते हैं, "काम चलाने के लिए पर्याप्त पैसे नहीं हैं", "काफी तंगी है", "कर्ज की किश्त नहीं चुकाने के कारण मैं अपना घर गंवा दूंगा" आदि। यदि आप भविष्य के बारे में डरते हैं, तो आप एक कोरा चेक लिख रहे होते हैं और नकारात्मक परिस्थितियों को अपनी ओर आकर्षित कर रहे हैं। आपका अवचेतन मन आपके डर तथा नकारात्मक कथन को आपके आग्रह के रूप में स्वीकार करता है। फिर यह अपने तरीके से काम शुरू कर देता है, जिससे आपके जीवन में बाधाएं, विलंब, कमी और सीमाएं पैदा हो जाती हैं।

अवचेतन मन चौगुना लाभ देगा

जिसमें दौलत की भावना है, उसे अधिक दौलत दी जाएगी; जिसमें कमी की भावना है, उसे और कम दिया जाएगा। आप जिस चीज को अपने अवचेतन मन में जमा करते हैं, यह उस चीज को कई गुना बढ़ा देता है। आप प्रत्येक सुबह समृद्धि, सफलता, दौलत और शांति के विचार जमा करेंगे और इन अवधारणाओं पर सोचेंगे तो आपका मस्तिष्क अधिकतम व्यस्त

रहेगा। ये सृजनात्मक विचार जमा राशि की तरह आपके अवचेतन मन में पहुंच जाएंगे और प्रचुरता तथा समृद्धि ले आएंगे।

कुछ भी नहीं हुआ

आप कहते होंगे, "ओह, मैंने यह किया था, लेकिन कुछ नहीं हुआ।" आपको परिणाम इसलिए नहीं मिले, क्योंकि शायद दस मिनट बाद ही आप डर के विचार में डूब गए थे और आपने उस अच्छे विचार को नकार दिया था, जिसकी आपने घोषणा की थी। जब आप जमीन में कोई बीज बोते हैं, तो आप उसे तुरंत खोदकर वापस नहीं निकालते हैं। आप उसे जड़ें जमाने और बढ़ने का मौका देते हैं।

उदाहरण के लिए, मान लें कि आप कहने वाले हैं, "मैं उस चीज के पैसे अदा नहीं कर पाऊंगा।" इससे पहले कि आप "मैं-मैं" से आगे बढ़ें, वहीं रूक जाएं। इसे बदलकर सृजनात्मक कर दें, जैसे मैं सभी तरीकों से समृद्ध बनूंगा।"

अमीर बनने का जरिया

आपके अवचेतन मन में विचारों की कभी कमी नहीं होती है। इसके भीतर असंख्य विचार हैं, जो आपके चेतन मन में प्रवाहित होने और असंख्य तरीकों से आपकी जेब में पैसे भरने के लिए तैयार हैं। यह प्रक्रिया आपके दिमाग में चलती रहेगी, भले ही शेयर बाजार ऊपर जाए या नीचे, भले ही पौंड, स्टर्लिंग या डॉलर का भाव मूल्य ज्यादा गिर जाए। दरअसल, आपकी दौलत कभी बॉन्ड, स्टॉक या बैंक के पैसे पर निर्भर नहीं रहती है; ये तो सिर्फ प्रतीक है – आवश्यक और उपयोगी, लेकिन सिर्फ प्रतीक हैं।

मैं जिस बात पर जोर देना चाहता हूं, वह यह है कि अगर आप अपने अवचेतन मन को विश्वास दिला दें कि दौलत आपकी है और यह आपके जीवन में हमेशा प्रवाहित हो रही है, तो हमेशा और अपने आप यह आपको मिल जाएगी, चाहे यह कैसा ही रूप ले।

तंगी का असल कारण

कई लोग यह दावा करते हैं कि वे तंगी में दिन गुजार रहे हैं। उन्हें अपने खर्च पूरे करने के लिए बहुत संघर्ष करना पड़ता है। क्या आपने कभी उनकी बातचीत सुनी? वे उन लोगों की बुराई करते हैं, जो जीवन में सफल हुए हैं और जिन्होंने अपने आप को ऊंचा उठा लिया है। वे इस तरह कहते हैं, "ओह! वह आदमी बदमाश है; वह क्रूर है; वह तो धूर्त है।"

इसीलिए उनके पास कमी बनी रहती है। वे लगातार उसी चीज की निंदा कर रहे हैं, जिसे वे चाहते हैं। वे अपने अधिक दौलतमंद सहयोगियों की आलोचना इसलिए करते हैं, क्योंकि वे उनकी समृद्धि से जलते हैं। दौलत को दूर भगाने का सबसे तीव्र तरीका अपने से ज्यादा दौलतमंद लोगों की आलोचना और निंदा करना है।

पैसा कमाने में असल रुकावट

एक भावना है जो बहुत से लोगों के जीवन में दौलत की कमी का मुख्य कारण है। अधिकतर लोग इसे मुश्किल तरीके से सीख पाते हैं। यह ईर्ष्या है। उदाहरण के लिए अगर आप अपने किसी प्रतिस्पर्धी को बैंक में बहुत सारे पैसे जमा करते देखते हैं, जबकि आपके पास जमा करने के लिए छोटी राशि है, तो क्या इससे आपको जलन होती है? इस भाव से उबरने के लिए खुद से कहें, "यह कितनी अच्छी बात है। मुझे उस व्यक्ति की समृद्धि पर खुशी होती है। मैं चाहता हूं कि वह और अधिक कमाए।"

ईर्ष्या के विचारों को रखना विनाशक होता है क्योंकि वे आपको नकारात्मक स्थिति में रखते हैं। इसलिए दौलत आपके पास आने के बजाय आपसे दूर भाग चली जाती है। यदि आपको किसी की दौलत या समृद्धि से चिढ़ महसूस हो, तो तत्काल दावा करें कि आप सचमुच उसे हर संभव तरीके से ज्यादा दौलतमंद देखना चाहते हैं। यह आपके मस्तिष्क के नकारात्मक विचारों को हटा देगा और अवचेतन मन के नियम द्वारा आपको अधिक दौलत प्रदान कर देगा।

दौलत के मानसिक अवरोध को करें दूर

अगर आप इस बारे में चिंतित हैं या किसी की आलोचना कर रहे हैं कि कोई अपना पैसा बेईमानी से कमा रहा है, तो उसके बारे में चिंता करना छोड़ दें। आप जानते हैं कि इस तरह का व्यक्ति मस्तिष्क के नियम का नकारात्मक प्रयोग कर रहा है। मस्तिष्क का नियम उसे सबक सिखा ही देगा। सावधान रहें, उसकी आलोचना नहीं करें। याद रखे, दौलत की राह में अवरोध आपके अपने मस्तिष्क में है। आप हर एक के साथ अच्छे मानसिक संबंध बनाकर उस मानसिक अवरोध को नष्ट कर सकते हैं।

आराम करें और अमीर बनें

रात को सोने के लिए जाते समय इस तकनीक का अभ्यास करें। "दौलत" शब्द को शांति, सरलता और पूरी भावना से दोहराएं। ऐसा बार-बार करें, किसी लोरी की तरह। "दौलत" शब्द बोलते हुए सोएं। आप परिणाम देखकर हैरान रह जाएंगे। दौलत आपकी ओर प्रवाहित होगी। यह आपके अवचेतन मन की जादुई शक्ति का एक उदाहरण है।

अपनी मानसिक शक्तियों का लाभ लें :

1. सरलता से दौलतमंद बनने का फैसला करें। इसमें आपका अवचेतन मन सहायता करेगा।

2. खून पसीने और कड़ी मेहनत से दौलत इकट्ठी करने की कोशिश करेंगे तो बुढ़ापे में ही अमीर बन पाएंगे।

3. दौलत अवचेतन मन का विश्वास है। अपनी मानसिकता में दौलत का विचार बनाएं।

4. अधिकतर लोगों के साथ समस्या यह है कि उनके पास अदृश्य सहारा नहीं है।

5. सोने से पहले पांच मिनट तक "दौलत" शब्द धीरे-धीरे और शांति से दोहराएं और आपका अवचेतन मन आपके जीवन में दौलत ले आएगा।

6. दौलत की भावना से दौलत पैदा होती है। इसे हमेशा याद रखें।

7. आपके चेतन और अवचेतन दोनों मन सहमत होने चाहिए। आपका अवचेतन उस चीज को स्वीकार करता है, जिसे आप सच मानते हैं। आपका अवचेतन मन हमेशा प्रबल विचार स्वीकारता है। आपका प्रबल विचार अमीरी होना चाहिए, न कि गरीबी।

8. आप यह घोषणा करके दौलत के बारे में किसी भी मानसिक संघर्ष से उबर सकते हैं, "दिन और रात, मैं अपनी सभी रूचियों में अमीर बन रहा हूं।"

9. इस वाक्य को बार-बार दोहराकर अपनी बिक्री बढ़ाएं, "मेरी बिक्री हर दिन बढ़ रही है; मैं हर दिन तरक्की कर रहा हूं, मैं आगे बढ़ रहा हूं और हर दिन ज्यादा दौलतमंद बन रहा हूं।"

10. इस तरह के कोरे चेक लिखना बंद कर दें, जैसे "काम चलाने के लिए पर्याप्त पैसे नहीं है" या "बड़ी तंगी है" आदि। इस तरह के वाक्य आपकी तंगी को और बढ़ाते हैं।

11. अपने अवचेतन मन में समृद्धि, दौलत और सफलता के विचार जमा करें। यह आपको चक्रवृद्धि ब्याज के साथ लौटाएगा।

12. आप चेतन रूप से जो सकारात्मक घोषणा करते हैं, उसे कुछ पल के बाद ही मानसिक रूप से ना नकारें। वरना वह अच्छाई खत्म हो जाएगी, जिसकी आपने घोषणा की है।

13. दौलत का सच्चा स्रोत आपके मन के विचार हैं। आपके एक विचार का मूल्य लाखों डॉलर भी हो सकता है। आपका अवचेतन मन आपको आपका चाहा गया विचार ही देता है।

14. ईर्ष्या और जलन दौलत के प्रवाह में अवरोध हैं। दूसरों की समृद्धि पर भी खुश हों।

15. दौलत का अवरोध आपके मस्तिष्क में है। सभी के साथ अच्छे मानसिक संबंध बनाकर उस अवरोध को तुरंत नष्ट करें।

10

अमीर बनना आपका मुकद्दर है

अमीर बनना आपका अधिकार है। आप इस दुनिया में समृद्ध जीवन जीने और खुश, स्वस्थ तथा स्वतंत्र रहने के लिए आए हैं। इसलिए आपके पास उतना पैसा होना चाहिए, जितने से आप पूर्ण, सुखी और समृद्ध जीवन जी सकें।

आप इस दुनिया में विकास करने, व्यापक बनने और स्वयं को आध्यात्मिक, मानसिक तथा भौतिक रूप से प्रकट करने के लिए आए हैं। आपको अपनी सभी संभावनाओं का पूरा विकास करने और आत्म अभिव्यक्ति का पूर्ण अधिकार है। आपको सुंदरता और विलासिता के बीच होना चाहिए।

जब आप अपने अवचेतन मन की मदद से अमीरी का आनंद ले सकते हैं, तो फिर कम से क्यों संतुष्ट हों? इस अध्याय में आप पैसे से दोस्ती करना सीखेंगे। तब आपके पास अपनी जरूरत का सारा पैसा होगा, बल्कि ज्यादा होगा। अमीर बनने की अपनी इच्छा पूर्ण, खुश और अद्भुत जीवन जीने की इच्छा है। यह पूरे ब्रह्मांड की इच्छा है। यह न सिर्फ अच्छी है, बल्कि बहुत अच्छी है।

पैसा, सिर्फ एक जरिया है

धन, सिर्फ विनिमय का जरिया है। आपके लिए यह न सिर्फ कमी से आजादी का प्रतीक है, बल्कि सुंदरता, विलासिता, समृद्धि और सभ्यता का भी प्रतीक है। यह किसी राष्ट्र की आर्थिक सेहत का प्रतीक है। जब रक्त आपके शरीर में मुक्त रूप से प्रवाहित होता है, तो आप शारीरिक दृष्टि से स्वस्थ हैं। जब धन आपके जीवन में मुक्त रूप से प्रवाहित हो रहा हो, तो आप आर्थिक दृष्टि से स्वस्थ हैं। जब लोग धन संचय करने लगते हैं, इसे डिब्बों में बंद करने लगते हैं और इसके जाने से डरते या आशांकित होते हैं, तो वे आर्थिक दृष्टि से बीमार बन जाते हैं। धन के प्रतीक सदियों से रूप बदलते रहे हैं। आपके विचार में आने वाली लगभग हर चीज ने इतिहास में किसी न किसी समय और किसी न किसी जगह धन का

काम किया है। इनमें नमक, मनके और कई सस्ती चीजें भी शामिल रही हैं। प्राचीन काल में लोगों की दौलत अक्सर उनकी भेड़ों और बैलों से आंकी जाती थी। अब हम मुद्रा और अन्य आसान साधनों का प्रयोग करते हैं जैसे - बिल चुकाने के लिए अपने साथ कुछ भेड़ों को लेकर चलने के बजाए चेक लिखना ज्यादा सुविधाजनक है।

अमीर बनने की राह पर आगे बढ़ने का तरीका

जब आपको अपने अवचेतन मन की शक्तियों का ज्ञान हो जाता है, तो आपके लिए आध्यात्मिक, मानसिक और वित्तीय – सभी तरह की अमीरी का शाही रास्ता खुल जाता है। जो भी मस्तिष्क के नियमों को सीख लेता है, वह निश्चित रूप से जानता और मानता है कि उसे कभी किसी चीज की कमी नहीं पड़ेगी। आर्थिक संकटों, स्टॉक मार्केट के उतार-चढ़ावों, मंदियों, हड़तालों या यहां तक कि युद्ध के दौरान भी उसे चिंतित नहीं कर पाएंगे।

इसका कारण यह है कि उसने दौलत का विचार अपने अवचेतन मन तक पहुंचा दिया है, इसीलिए उसका मन उसे दौलत देता रहता है, चाहे वह जहां भी रहे। उस व्यक्ति ने अपने मस्तिष्क को विश्वास दिला दिया है कि धन उसके जीवन में मुक्तता से प्रवाहित हो रहा है और उसके पास हमेशा जरूरत से बहुत ज्यादा पैसे रहेंगे। अगर कल उसके आसपास वित्तीय रूप से तबाही हो जाए और उसके आसपास की हर चीज मूल्यहीन हो जाए, तब भी वह दौलत को आकर्षित करेगा, फिर दौलत किसी भी रूप में हो सकती है।

क्यों आपके पास पैसा नहीं है?

यह अध्याय पढ़ते समय शायद आप सोच रहे हों, "जो मुझे मिल रहा है, मैं उससे ज्यादा आय का हकदार हूं।" मेरी राय में अधिकांश लोग सचमुच ज्यादा आमदनी के हकदार होते हैं। इन लोगों के पास अधिक पैसे नहीं होने का एक बहुत महत्वपूर्ण कारण यह है कि वे मन ही मन या खुलकर इसकी निंदा करते हैं। वे धन को "गंदा" कहते या मानते हैं कि "धन ही सारी बुराइयों की जड़ है।" उनके दौलतमंद न बन पाने का एक कारण यह भी है कि उनके अवचेतन में कहीं न कहीं यह भाव छिपा होता है कि गरीबी में कोई खास गुण हैं। यह अवचेतन भाव बचपन की नसीहत या फिर धर्मग्रंथों के गलत विश्लेषण के चलते बन जाता है।

पैसा और आरामदायक जिंदगी

एक बार एक आदमी ने मुझसे कहा, "मैं टूट चुका हूं। मुझे पैसा पसंद नहीं है। यह सारी बुराइयों की जड़ है।" ये कथन दुविधाग्रस्त, न्यूरोटिक मानसिकता को दर्शाते हैं। धन का प्रेम अगर बाकी हर चीज से ज्यादा हो जाए, तो इससे आप एकतरफा और असंतुलित हो सकते हैं। यहां पर आपको अपनी शक्ति का समझदारी से प्रयोग करना चाहिए। कुछ लोग शक्ति

के भूखे होते हैं, कुछ लोग धन के भूखे होते हैं। अगर आप सिर्फ धन पर पूरा ध्यान लगाते हैं और कहते हैं, "मैं सिर्फ धन चाहता हूं। मैं अपना पूरा ध्यान धन संग्रह पर केंद्रित करूंगा। बाकि कोई चीज मेरे लिए महत्वपूर्ण नहीं है," तो आप धन कमा लेंगे और ढेर सारा जमा भी कर लेंगे। लेकिन आप शायद भूल चुके हैं कि आप दुनिया में संतुलित जीवन जीने के लिए आए हैं। आपको मानसिक शांति, सद्भाव, प्रेम, खुशी और संपूर्ण स्वास्थ्य की भूख को भी संतुष्ट करना चाहिए।

धन-संग्रह का एकमात्र लक्ष्य बनाकर आप गलत चुनाव करते हैं। हो सकता है, आप सोचते हों कि आप सिर्फ धन ही चाहते हैं, लेकिन तमाम कोशिशों के बाद आप पाते हैं कि आपको सिर्फ धन की ही जरूरत नहीं है। आप अपनी छिपी हुई प्रतिभाओं की सच्ची अभिव्यक्ति, जीवन में सच्ची जगह पाने, सुंदरता और दूसरों की सफलता तथा कल्याण में योगदान देने की खुशी की इच्छा भी करते हैं। अपने अवचेतन मन के नियम सीखकर आप करोड़ो डॉलर कमा सकते हैं, और साथ ही मानसिक शांति, सद्भाव, संपूर्ण स्वास्थ्य और आदर्श अभिव्यक्ति भी पा सकते हैं।

मानसिक रोग है गरीबी

गरीबी में कोई खास गुण नहीं है। यह किसी अन्य मानसिक रोग की तरह है। अगर आप शारीरिक रूप से बीमार हैं, तो आपको यह अहसास होगा कि आपके साथ कुछ न कुछ गड़बड़ है। आप मदद लेना चाहेंगे और एक बार स्थिति को ठीक करने की कोशिश करेंगे। इसी तरह, अगर आपके जीवन में धन का पर्याप्त प्रवाह नहीं हो रहा है, तो आपके साथ कोई न कोई मूलभूत गड़बड़ है।

जीवन-सिद्धांत की दिशा आपके भीतर विकास, विस्तार और जीवन को अधिक समृद्ध बनाने की ओर है। आप यहां पर किसी दड़बे में रहने, फटे कपड़े पहनने और भूखों मरने के लिए नहीं आए हैं। आपको खुश, समृद्ध और सफल रहना चाहिए।

कभी धन की आलोचना न करें

धन के बारे में सारे अजीब विश्वास और अंधविश्वास अपने दिमाग से निकाल दें। कभी भी धन को बुरा या गंदा नहीं मानें। ऐसा करने पर यह पंख लगाकर आपसे दूर उड़ जाएगा। याद रखें, आप जिसकी बुराई करते हैं, उसे खो देते हैं। जिसकी आलोचना करते हैं, उसे आप अपनी ओर आकर्षित नहीं कर सकते हैं।

धन को लेकर सही दृष्टिकोण रखें

यहां एक आसान तरीका बताया जा रहा है, जिसके प्रयोग से आप अपने जीवन में धन को कई गुना कर सकते हैं। दिन में कई बार इस कथन को दोहराएं :

"मुझे धन पसंद है। मैं इससे प्रेम करता हूं। मैं इसका समझदारी से, सृजनात्मक तरीके से न्यायपूर्ण प्रयोग करता हूं। मेरे जीवन में धन का लगातार प्रवाह हो रहा है। मैं खुशी से इसे जाने देता हूं और यह अद्भुत तरीके से कई गुना होकर वापस आता है। यह अच्छा है, बहुत अच्छा है। धन बहुत बड़ी मात्रा में मेरी तरफ प्रवाहित हो रहा है। मैं इसका प्रयोग सिर्फ भलाई के लिए करता हूं। मैं अपनी आर्थिक समृद्धि तथा मानसिक दौलत के लिए कृतज्ञ हूं।"

वैज्ञानिक चिंतकों की धन को लेकर राय

उदाहरण के लिए मान लें कि आप सोने, चांदी, जस्ते, तांबे या लोहे की समृद्ध खदान खोज लेते हैं। क्या आप यह कहेंगे कि ये चीजें बुरी हैं? सारी बुराई इंसानों की अंधकारमय समझ, अज्ञानता, जीवन के झूठे विश्लेषण और अवचेतन मन के दुरुपयोग के कारण पैदा होती है।

लेनदेन में यूरेनियम, सीसा या कोई अन्य धातु का भी इस्तेमाल किया जा सकता है। परंतु हम पेपर बिल, जस्ता या चांदी का इस्तेमाल करते हैं। इनमें से कोई भी बुरा नहीं है। कोई भी भौतिक विज्ञान शास्त्री या रसायनशास्त्री बता देगा कि इनमें केवल नम्बर और केंद्र के ईर्द-गिर्द घूमते अणुओं की संख्या का अंतर है। किसी धातु के टुकड़े पर कणों की धारा छोड़कर आप इसे दूसरी धातु में बदल सकते हैं। सोने को आप विशेष प्रक्रिया के जरिए पारे में बदल सकते हैं। मुझे उम्मीद है भविष्य में वैज्ञानिक लैब में इन धातुओं के निर्माण में सफलता पा लेंगे। वर्तमान में शायद इसे बनाने का खर्च अधिक हो, परंतु भविष्य में यह जरूर संभव हो जाएगा। मुझे नहीं लगता कि किसी समझदार व्यक्ति को अणुओं में बुराई दिखाई देगी।

आपकी जेब में रखा कागज का टुकड़ा परमाणु और अणु से बना है जिसके इलेक्ट्रान और प्रोटोन अलग तरह से व्यवस्थित हैं। उनकी संख्या और गति का तरीका भिन्न है। आपकी जेब का कागज बस इसी तरह किसी अन्य धातु से भिन्न है।

जरूरी पैसा कैसे कमायें

कई साल पहले मैं ऑस्ट्रेलिया में एक युवक से मिला जो डॉक्टर बनना चाहता था, परंतु उसके पास पर्याप्त पैसे नहीं थे। मैंने उसे बताया कि जमीन में बोया गया बीज हर उस चीज को आकर्षित करता है, जिसकी इसे सही तरीक से उगने में जरूरत होती है। उसे बस बीज से सबक लेना चाहिए और अपने अवचेतन मन में अपेक्षित विचार का बीज बोना चाहिए। उस समय तक वह युवा आय के लिये डॉक्टर के दफ्तर की सफाई, खिड़की-दरवाजे पोछने और अन्य छोटे-मोटे कार्य करता था।

उसने मुझे बताया कि हर रात सोने से पहले यह युवक एक मेडिकल डिप्लोमा सर्टिफिकेट की तस्वीर देखता था, जिसमें उसका नाम बड़े-बड़े अक्षरों में लिखा रहता था। उसने डिप्लोमा की वह तस्वीर मन में बसा ली और उसे विकसित करने लगा। चार महिनों

तक वह प्रत्येक रात डिप्लोमा की तस्वीर देखता रहा और अंत में उसे उसका परिणाम भी मिल गया।

इस कहानी का आगे का हिस्सा और भी रोचक है। एक डॉक्टर उससे कुछ प्रभावित हुआ और उसने उस लड़के को एक प्रशिक्षण कार्यक्रम में भेजने का खर्च उठाया, जहां उसने बहुत सी चिकित्सा – संबंधी योग्यताएं सीखीं। इसके बाद डॉक्टर ने उसे अपना सहयोगी बना लिया। वह इस युवक की प्रतिभा और संकल्प से इतना प्रभावित हुआ कि उसने उसे बाद में मेडिकल कॉलेज भेजने में भी मदद की। आज वह युवक मॉन्ट्रियल, कनाडा में एक शीर्षस्थ डॉक्टर है। इस युवक ने आकर्षण का नियम सीख लिया था। उसने यह जान लिया था कि अपने अवचेतन मन का सही तरीके से प्रयोग कैसे करना है। उसने युगों पुराना वह नियम अपनाया, जो कहता है, "अंत की कल्पना के साथ ही उसकी प्राप्ति के साधन की भी आप इच्छा कर लेते हैं।" इस मामले में अंत डॉक्टर बनना था।

वह युवक डॉक्टर बनने की कल्पना कर पा रहा था, इसकी तस्वीर देख रहा था और इसकी वास्तविकता महसूस कर रहा था। वह इस विचार के साथ जिया और उसने इसे बनाए रखा, पोषण दिया और प्रेम किया। यह विचार उसके अवचेतन मन की परतों को भेदकर पहुंच गया और विश्वास बन गया। इस विश्वास ने उसकी ओर हर उस चीज को आकर्षित किया, जो उसके सपने को साकार करने के लिए जरूरी थी।

आखिर कई लोगों का वेतन क्यों नहीं बढ़ता

अगर आप किसी बड़ी कंपनी में काम करते हैं। आपको लगता है कि आपको कम तनख्वाह मिलती है। आप इस बात से नाराज होते हैं कि आपके कार्य को सराहा नहीं जाता है। आप लगातार सोचते हैं कि आप ज्यादा तनख्वाह और महत्व के हकदार हैं। इस तरह आप मानसिक विरोध रखकर आप अवचेतन रूप से उस कंपनी से अपने बंधन तोड़ रहे हैं। आप एक प्रक्रिया शुरू कर रहे हैं जिसके अंत में एक दिन आपका मैनेजर आपसे कहेगा, "अब आपको जाना पड़ेगा।" यहां दरअसल आपने ही खुद को निकलवाया है। आपका मैनेजर तो सिर्फ एक साधन के रूप में काम कर रहा है, जिससे आपकी ही नकारात्मक मानसिक अवस्था की पुष्टि हुई है। यह क्रिया और प्रतिक्रिया के नियम का एक उदाहरण है। क्रिया आपका विचार है और प्रतिक्रिया आपके अवचेतन मन का जवाब है।

धनी बनने में आने वाले अवरोध

आपने शायद कई बार किसी को यह कहते सुना होगा, "वह बदमाश है।" "वह गलत तरीकों से पैसे कमाता है।" "वह झूठा है।" "मैं उसे तब से जानता हूं जब उसके पास कुछ नहीं था।" "वह चोर, अपराधी, धोखेबाज है।" अगर आप इस तरह से बोलने और सोचने वाले का विश्लेषण करें तो पाएंगे कि वह आमतौर पर भूखा, वित्तीय बदहाली का शिकार और बीमार होगा। वह अपने दोस्तों के प्रति ईर्ष्यालु होगा, जो ज्यादा सफल तथा दौलतमंद

बन गए हैं। उसकी गरीबी का यही एक कारण है। उन दोस्तों के बारे में नकारात्मक विचार रखकर और उनकी दौलत की निंदा करके वह दौलत और समृद्धि को खुद से दूर कर रहा है। वह व्यक्ति उसी चीज को दूर भगा रहा है, जिसके लिए वह प्रार्थना कर रहा है।

वह दो प्रार्थनाएं कर रहा है। एक तरफ तो वह कह रहा है, "मैं चाहता हूं कि अब दौलत मेरी ओर प्रवाहित हो।" लेकिन अगली ही सांस में वह कह रहा है, "उस आदमी की दौलत बुरी है।" इस बात का खास ध्यान रखें कि आप दूसरे व्यक्ति की दौलत पर हमेशा खुश हों।

खुद का निवेश सुरक्षित करें

अगर आप निवेश संबंधी मार्गदर्शन चाहते हों या अपने शेयरों या बॉण्ड्स के बारे में चिंतित हो, तो धीरे से दावा करें, "असीमित बुद्धि मेरे सभी वित्तीय मामलों का नियंत्रण और निगरानी करती है। हर हाल मे, मैं समृद्ध रहूंगा।" अगर आप इसे बार-बार पूरी आस्था और विश्वास से करेंगे, तो आप पाएंगे कि आपका अवचेतन मन समझदारी भरे निवेशों की ओर आपको ले जाएगा। यही नहीं, आपको नुकसान भी नहीं होगा, क्योंकि नुकसान होने से पहले ही आपको जोखिम भरे शेयरों को बेचने का संदेश मिल जाएगा।

बिना दिए कुछ नहीं मिलता

बड़ी दुकानों में जासूसों को रखा जाता है, ताकि वे सामान चुराने वालों को रोक सकें। हर दिन वे कुछ लोगों को चोरी करते हुए पकड़ते हैं, जो बिना पैसे के सामान ले जाना चाहते हैं। इस तरह की चोरी करने वाले कमी और सीमा के मानसिक माहौल में रहते हैं। असल में वे अपनी ही शांति, सद्भाव, आस्था, ईमानदारी, सत्यनिष्ठा, सद्भावना और विश्वास को चुरा रहे होते हैं। यही नहीं, वे अपनी ओर हर प्रकार के नुकसान को आकर्षित कर रहे होते हैं जैसे : चरित्र, छवि, सामाजिक प्रतिष्ठा और मानसिक शांति का नुकसान। ये लोग यह नहीं समझते हैं कि उनका दिमाग कैसे काम करता हैं और उन्हें आपूर्ति के स्रोत में आस्था नहीं होती है। अगर वे मानसिक रूप से अपने अवचेतन मन की शक्तियों का आह्वान करे और यह दावा करे कि उनकी सच्ची अभिव्यक्ति हो रही है, तो उन्हें सफलता और समृद्धि मिलेगी। फिर ईमानदारी, सत्यनिष्ठा और लगन से वे खुद को और समाज को आसानी से लाभ पहुंचा पाएंगे।

पैसों की क्रमिक आपूर्ति

आप जान गए होंगे कि स्वतंत्रता, आराम और आवश्यक दौलत की सतत् आपूर्ति आपके अवचेतन मन की शक्तियों और आपके विचार या मानसिक छवि की रचनात्मक शक्ति को पहचानने में है। अपने मस्तिष्क में समृद्धि से भरे जीवन को स्वीकार करें। दौलत की

मानसिक स्वीकृति और आशा का अपना गणित तथा अभिव्यक्ति का तंत्र होता है। जब आप समृद्धि की मानसिकता में कदम रखते हैं तो उस समृद्ध जीवन को संभव बनाने वाली चीजें होने लगती हैं।

इसकी प्रतिदिन घोषणा करें और इसे अपने दिल पर लिख लें : मैं अपने अवचेतन मन की असीमित समृद्धि के साथ एकाकार हूं। अमीर, खुश और सफल बनना मेरा अधिकार है। धन मेरी ओर मुक्तता से, प्रचुरता से और अनंत रूप से प्रवाहित हो रहा है। मैं हमेशा अपने सच्चे मूल्य के प्रति सचेत हूं। मैं अपनी प्रतिभाओं को मुक्तता से देता हूं और मुझे अत्यधिक वित्तीय वरदान मिलते हैं। यह अद्भुत है।

इन बिंदुओं पर चलकर अमीर बनें :

1. यह दावा करने का साहस जुटाएं कि आपको अमीर बनने का अधिकार है। आप पाएंगे कि आपका अवचेतन मन इस दावे को साकार कर देगा।

2. आप जैसे-तैसे गुजारा नहीं करना चाहते हैं। आप इतना पैसा चाहते हैं जिससे आप जब चाहें अपनी मनचाही चीजें कर सकें। अपने अवचेतन मन की दौलत को पहचानें।

3. अगर धन आपके जीवन में मुक्तता से प्रवाहित हो रहा है, तो आप आर्थिक दृष्टि से स्वस्थ हैं। धन को ज्वार की तरह देखेंगे, तो यह आपके पास हमेशा बहुत सारा रहेगा। ज्वार का आना और जाना लगातार होता है। जब ज्वार चला भी जाए, तो भी आपको पूरा विश्वास होता है कि यह जरूर लौटेगा।

4. अवचेतन मन के नियम जानने के बाद आपको हमेशा धन मिलता रहेगा, भले यह किसी भी रूप में मिले।

5. कई मनुष्य तंगी में जीते हैं और उनके पास पर्याप्त पैसे नहीं होते हैं क्योंकि वे धन की निंदा करते हैं। आप जिसकी निंदा करते हैं, वह पंख लगाकर दूर उड़ जाता है।

6. धन को भगवान मत बनाएं। यह सिर्फ एक प्रतीक है। याद रखें, सच्ची दौलत आपके दिमाग में हैं। आप यहां संतुलित जीवन जीने के लिए आए हैं – इसमें आपकी जरूरत का सारा धन हासिल करना शामिल हैं।

7. धन को एकमात्र लक्ष्य न बनाएं। दौलत, खुशी, शांति, सच्ची अभिव्यक्ति और प्रेम का दावा करें और सबके प्रति प्रेम और सद्भाव रखें। फिर आपका अवचेतन मन इन सभी क्षेत्रों में आपको चक्रवृद्धि ब्याज देगा।

8. गरीबी में कोई खास गुण नहीं है। यह एक मानसिक रोग है। आपको इस मानसिक संघर्ष या बीमारी से तुरंत उबरना चाहिए।

9.	आप यहां पर किसी दड़बे में रहने, फटे कपड़े पहनने या भूखों मरने के लिए नहीं आए हैं। आप यहां समृद्ध जीवन जीने के लिए आए हैं।

10.	कभी भी "गंदा पैसा" जैसे शब्दों का प्रयोग नहीं करें या ना ही यह कहें, "मैं धन से नफरत करता हूं।" आप जिसकी आलोचना करते हैं, उसे खो देते हैं। धन अपने आप में बुरा या अच्छा नहीं है, इसके बारे में जैसा सोचेंगे यह वैसा बन जाएगा।

11.	बार-बार दोहराएं, "मैं धन को पसंद करता हूं। मैं इसका प्रयोग समझदारी, सृजनात्मक और न्यायपूर्ण तरीके से करूंगा। मैं इसे खुशी के साथ जाने देता हूं और यह हजार गुना होकर वापस लौट आता है।"

12.	धन तांबे, जस्ते, टिन या लोहे से ज्यादा बुरा नहीं है, जिसे आप जमीन के भीतर से निकालते हैं। सभी बुराइयां मस्तिष्क की शक्तियों के अज्ञान और दुरुपयोग के कारण आती हैं।

13.	अपने मस्तिष्क में अंतिम परिणाम की तस्वीर बनाने से आपका अवचेतन आपकी मानसिक तस्वीर पर प्रतिक्रिया करता है और उसे वास्तविकता में ला देता है।

14.	बिना कुछ दिए कुछ पाने की कोशिश छोड़ दें। मुफ्त लंच जैसी कोई चीज नहीं होती है। आपको कुछ पाने के लिए कुछ देना होगा। आप अपने लक्ष्यों, आदर्शों और कामों पर मानसिक ध्यान देंगे, तो आपका अवचेतन मन हमेशा आपका साथ देगा। दौलत की कुंजी अवचेतन मन के नियमों को लागू करना और इसमें दौलत के विचार के बीज बोने में है।

11

आपका अवचेतन मन आपकी सफलता का सहयोगी

सफलता अर्थ अच्छा जीवन जीना है। इस धरती पर दीर्घकालीन शांति, खुशी और सुख पाने को सफलता कहा जा सकता है। इनका अनुभव ही वह अनंत जीवन है, जिसके बारे में ईसा मसीह ने कहा है। जीवन की सच्ची चीजें जैसे शांति, सद्भाव, सत्यनिष्ठा, सुरक्षा और खुशी अमूर्त हैं। वे इंसान के गहरे स्वरूप से उत्पन्न होती हैं। इन गुणों पर ध्यान केंद्रित करने से स्वर्ग के ये खजाने हमारे अवचेतन में उतर आते हैं। यही वह जगह है, जहां

> ...घुन या जंग कमजोर नहीं करती है और जहां चोर धावा बोलकर चुराते नहीं हैं।

मैथ्यू 6:20

सफलता तीन कदम दूर

चलिए सफलता के तीन महत्वपूर्ण कदमों की चर्चा करते हैं। पहला कदम उस काम का पता लगाना है, जिससे आप प्रेम करते हैं, फिर उसे करना है। काम से प्रेम में सफलता छिपी है। अगर कोई मनोचिकित्सक हो, तो डिप्लोमा लेकर उसे दीवार पर टांग लेना ही काफी नहीं है। वह उस क्षेत्र में आगे काम करे, सम्मेलनों में भाग ले और मस्तिष्क तथा इसकी कार्यविधि का अध्ययन करे। एक सफल मनोचिकित्सक दूसरे क्लिनिकों में जाता है और नवीनतम वैज्ञानिक जर्नल पढ़ता है। दूसरे शब्दों में, वह इंसानी कष्ट को कम करने के नवीनतम तरीकों के बारे में ज्ञान हासिल करता है, क्योंकि वह अपने रोगियों के हितों को सर्वोच्च प्राथमिकता देता है।

यह पढ़कर शायद आप सोचें, "मैं पहला कदम कैसे आगे बढ़ाऊं? मुझे पता ही नहीं है कि मुझे क्या काम करना चाहिए?" अगर आपकी स्थिति यह है, तो मार्गदर्शन के लिए इस तरह प्रार्थना करें :

112

"मेरे अवचेतन मन की असीमित बुद्धिमत्ता जीवन में मेरी सच्ची जगह मेरे सामने प्रकट कर रही है।"

इस प्रार्थना को धीरे-धीरे, सकारात्मक तरीके और प्रेम से अपने अवचेतन मन के सामने दोहराएं। जब आप आस्था और विश्वास के साथ प्रयास जारी रखेंगे, तो आपको भावना, संकेत या किसी निश्चित दिशा में प्रवृत्ति के रूप में जवाब मिलेगा। यह स्पष्टता और शांति से तथा आंतरिक मौन जागरुकता से आपके सामने प्रकट हो जाएगा।

सफलता की दूसरा कदम काम की किसी विशिष्ट शाखा में विशेषझता प्राप्त करना और उसमें उत्कृष्ट बनने की चाह रखना है। उदाहरण के लिए मान लें, कोई विद्यार्थी केमिस्ट्री के क्षेत्र को प्रोफेशन के तौर पर चुनता है तो उसे इस क्षेत्र की किसी एक शाखा पर अपना ध्यान केंद्रित करना चाहिए और ताकि वह उसका विशेषझ बन जाए। उसे इतना उत्साही होना चाहिए कि वह अपने क्षेत्र में ज्यादा से ज्यादा जानकारी करे। अगर संभव हो, तो वह बाकी सबसे ज्यादा जानकार बने। उसे अपने काम में बहुत उत्साहपूर्ण तरीके से दिलचस्पी लेना चाहिए और उसके मन में दुनिया की सेवा करने की इच्छा होनी चाहिए।

जो आप सबमें सबसे महान है, उसे सेवक बनना होगा। इस मानसिक नजरिए और उस व्यक्ति के नजरिए में बहुत बड़ा अंतर है, जो जैसे-तैसे आजीविका कमाना चाहता है। "जैसे-तैसे जीवन चलाना सच्ची सफलता नहीं है। मनुष्य का उद्देश्य ज्यादा महान, उदात्त और परोपकारी होना चाहिए। उन्हें दूसरों की सेवा करनी चाहिए और उसका ढिंढोरा नहीं पीटना चाहिए।

तीसरा कदम सबसे महत्वपूर्ण है। आपको यह सुनिश्चित करना चाहिए कि आप जो करना चाहते हैं, वह सिर्फ आपको ही सफल नहीं बनाए। आपकी इच्छाएं सिर्फ स्वयं के लिए नहीं होनी चाहिए। इससे मानवता को लाभ होना चाहिए। सर्किट पूरा होना चाहिए। दूसरे शब्दों में, आपका उद्देश्य दुनिया की सेवा करना या लाभ पहुंचाना होना चाहिए। यह फिर आपके पास वापस आता है। अगर आप सिर्फ अपने ही लाभ के लिए काम करते हैं, तो आप इस अनिवार्य सर्किट को पूरा नहीं करते हैं। बल्कि आप जीवन में शॉर्ट सर्किट को महसूस कर पाएंगे जिससे आपकी कमी और बीमारी मिलेगी।

सच्ची सफलता का पैमाना

एक उदाहरण है, जिसके बारे में लोग कह सकते हैं, "मिस्टर जेम्स ने धोखेबाजी करके तेल के शेयर बेचे और बहुत सारा धन कमाया, उसका क्या।" उस व्यक्ति को देखकर लग सकता है कि उसने सफलता पाई है, लेकिन धोखे से हासिल धन अक्सर पंख लगाकर उड़ जाता है। इसके अलावा जब हम किसी दूसरे को लूटते हैं, तो हम खुद को लूटते हैं क्योंकि हम कमी और सीमा की मानसिकता से व्यवहार कर रहे हैं और वह हमारे शरीर, पारिवारिक जीवन और लोगों के साथ हमारे संबंधों में भी खुद को प्रकट करती है। जो भी हम सोचते और महसूस करते हैं, वही होता है।

हम जो विश्वास करते हैं, वही होता है। धोखे से दौलत इकट्ठी करने वाले व्यक्ति को सफल नहीं माना जा सकता। मानसिक शांति के बिना कोई सफलता नहीं होती है। व्यक्ति की दौलत किस काम की अगर वह रात को चैन से सोने ना दे, बीमार कर दे या अपराधबोध ला दे।

मैं एक बार लंदन में एक व्यक्ति से मिला जिसने मुझे अपने कुछ कारनामें बताए। वह एक पेशेवर चोर हुआ करता था और उसने बहुत सारी दौलत इकट्ठी कर ली थी। गर्मियों में वह फ्रांस के घर में विलासिता का जीवन गुजारता था, वहीं बाकि समय अपने लंदन के घर में गुजारता था। लेकिन उसे हमेशा डर लगा रहता था कि स्कॉटलैंड यार्ड उसे कभी भी गिरफ्तार कर लेगी। उसे कई आंतरिक बीमारियां थीं, जो निश्चित रूप से उसके सतत डर और मन की गहराई में जमे अपराधबोध से उत्पन्न हुई थीं। वह जानता था कि उसने गलत काम किए हैं। अपराध के इस गहरे अहसास ने उसके लिए बहुत सी मुश्किलों को आकर्षित किया। बाद में उसने खुद को पुलिस के हवाले कर दिया और जेल की सजा काटी। जेल से छूटने के बाद उसने मनोवैज्ञानिक और आध्यात्मिक सलाह ली, जिससे उसका कायापलट हो गई। वह नौकरी करने लगा और कानून का पालन करने वाला ईमानदार नागरिक बन गया। उसे वह मिल गया जो उसे अच्छा लगता था, अब वह खुश था।

सफल व्यक्ति अपने काम से प्रेम करता है और खुद को पूरी तरह अभिव्यक्त करता है। सफलता सिर्फ दौलत इकट्ठी करना नहीं है, बल्कि जीवन को उच्च आदर्शों के साथ व्यतीत करना है। सफल वह है जिसने गहन मनोवैज्ञानिक और आध्यात्मिक समझ हासिल कर ली है। आज के कई महान बिजनेसमैन सफलता के लिए अपने अवचेतन मन के सही उपयोग पर बल देते हैं।

कुछ समय पहले फ्लेगलर के बारे में एक लेख प्रकाशित हुआ था। फ्लेगलर ऑइल इंडस्ट्री के सबसे प्रभावी बिजनेसमैन थे। उन्होंने बताया कि उनकी सफलता का रहस्य यह है कि वे प्रोजेक्ट को पहले ही पूरा होते हुए देखते हैं। वे अपने बारे में बताते हैं कि वे आंख बंद करके, बड़ी ऑइल फैक्टरी की कल्पना करते हैं जिसमें ट्रेनों में तेल लाया और ले जाया जा रहा है, हॉर्न की आवाज गूंज रही है और धुंआ उठ रहा है। उसकी साकार तसवीर देखने और अपनी प्रार्थनाओं के परिणाम को महसूस करने के बाद उनका अवचेतन मन उस प्रोजेक्ट को पूरा कर देता है। अगर आप किसी लक्ष्य की स्पष्टता से कल्पना कर सकें, तो आपको आवश्यक चीजें मिल जाएंगी। ये चीजें अवचेतन मन की चमत्कारी शक्ति द्वारा ऐसे तरीकों से मिलेंगी, जिनके बारे में आप कुछ नहीं जानते हैं।

सफलता के तीन कदमों पर विचार करते समय आपको अपने अवचेतन मन की रचनात्मक शक्तियों को कभी नहीं भूलना चाहिए क्योंकि वही सफल योजना के पीछे की शक्ति है। आपका विचार रचनात्मक है। विचार भावना के साथ मिलकर कल्पनावादी आस्था या विश्वास बन जाता है।

...और तुम्हारे विश्वास के अनुरूप तुम्हें दिया जाएगा।

मैथ्यू 9:29

जब आप समझ लेते हैं कि आपके भीतर एक प्रबल शक्ति है, जो आपकी सारी इच्छाओं को साकार करने में सक्षम है, तो आपको आत्मविश्वास और शांति का अहसास होता है। आप चाहें जो काम करते हों, आपको अपने अवचेतन मन के नियम अवश्य सीखने चाहिए। जब आप जानते हैं कि अपने मन की शक्तियों का कैसे प्रयोग करना है, जब आप खुद को पूरी तरह अभिव्यक्त कर रहे हों और अपनी प्रतिभा से दूसरों को लाभ पहुंचा रहे हों, तो सफलता के सही मार्ग पर चल रहे हैं। अगर आप ईश्वर के काम या इसके किसी हिस्से में जुटे हैं, तो ईश्वर आपके साथ है। ऐसे में कौन आपके सामने आ सकता है? इस समझदारी के साथ धरती या आसमान में ऐसी कोई शक्ति नहीं, जो आपको सफलता तक पहुंचने से रोक सके।

उसने सपना कैसे सच किया

एक फिल्म अभिनेता ने मुझे बताया कि वह बहुत कम पड़ा लिखा था, पर इसके बावजूद उसने अभिनेता बनने का सपना देखा। उसने बताया कि जब मैं बाहर खेतों में काम करता था या खलिहान में गायों को वापस लाता था, तब भी मैं सारे समय कल्पना करता था, "मेरा नाम एक बड़े थिएटर के बाहर बड़े-बड़े अक्षरों में लिखा है।

मैंने हर चीज स्पष्टता से देखी – प्रशंसकों की भीड़ शोर मचा रही है, इंटरव्यू लेने वाले मुझे घेरे हुए हैं। मैं यह तसवीर बरसों तक देखता रहा। आखिरकार, मैंने घर छोड़ दिया। मैं मुझे फिल्मों तथा टीवी कार्यक्रमों में एक्स्ट्रा का काम मिल गया। आखिरकार, एक दिन मैंने अपना नाम बड़े-बड़े अक्षरों में रोशनी से चमकता देखा जैसी मैंने बचपन में कल्पना की थी।" उसने आगे कहा, "मैं जानता हूं कि लगातार की गई कल्पना की शक्ति सफलता दिला सकती है।"

फार्मेसी का सपना सच हुआ

करीब तीस साल पहले मैं एक युवा फार्मासिस्ट से मिला था, जिसकी आय प्रति सप्ताह 40 डॉलर थी। उसने मुझे बताया, "25 साल बाद मैं रिटायर लूंगा और पेंशन भी मिलेगी।"

मैंने उससे पूछा, "तुम खुद का मेडिकल स्टोर क्यों नहीं खोल लेते। इसे छोड़कर कुछ बड़ा प्रयास करो। अपने बच्चों के बेहतर भविष्य का सपना देखो। शायद तुम्हारा बेटा डॉक्टर बनना चाहे या बेटी गायिका बनना चाहे।"

उसने जवाब दिया कि उसके पास इसके लिए पैसे नहीं हैं। परंतु तभी उसे अहसास हुआ कि जो वह सच मानकर विश्वास करेगा चीजे वैसी ही होने लगेंगी।

इसमें अपना लक्ष्य पाने के लिए पहला कदम अपनी अवचेतन की शक्तियों को पहचानना है। मैंने उसे इसके बारे में विस्तार से जानकारी दी। फिर मैंने उसे बताया कि सफलता का विचार उसे अपने अवचेतन मन तक पहुंचाना होगा जिसके बाद यह स्वयं उसे साकार कर देगा।

वह कल्पना करने लगा कि वह अपने खुद के स्टोर में था। उसने मानसिक रूप से बोतलें जमाई, पर्चों पर दवाई लिखी और कर्मचारी ग्राहकों का इंतजार कर रहे हैं, इस दृश्य की कल्पना की। उसने बड़े बैंक बैलेंस की तसवीर भी देखी। मानसिक रूप वह अपने काल्पनिक स्टोर में काम करने लगा। अच्छे अभिनेता की तरह उसने अपनी भूमिका अच्छी तरह निभाई। *मैं जैसा अभिनय करूंगा, वैसा ही बन जाऊंगा। वह अभिनय में पूरे दिल से जुट गया।* वह इस तरह जी रहा था, चलता था और काम करता था, जैसे वह स्टोर का मालिक हो।

कहानी में असल रोचकता कुछ समय बाद आई। उसने वह नौकरी छोड़ दी। इसके बाद वह एक बड़े शोरूम में काम करने लगा जहां पहले वह मैनेजर बना, फिर एरिया मैनेजर। करीब चार साल में उसने इतना पैसा बचा लिया जिससे वह खुद का ड्रग स्टोर खोल सकता था। उसने इसे “ड्रीम फार्मेसी” नाम दिया। आखिरकार उसका ड्रग स्टोर खुल गया।

वह बताती है, “यह ड्रग स्टोर वैसा ही था जैसा उसने कल्पना में देखा था।” उसने अपने पसंद के कार्यक्षेत्र में सफलता पाई और खुशी से उस कार्य को करने लगी।

व्यापार में अवचेतन मन का इस्तेमाल

कुछ साल पहले मैंने बिजनेसमैन के एक समूह के सामने कल्पना और अवचेतन मन की शक्तियों पर भाषण दिया। इस भाषण में मैंने यह बताया कि जर्मन कवि गेटे मुश्किलें और समस्याएं आने पर अपनी कल्पना का किस तरह प्रयोग करते थे।

गेटे की जीवनी के लेखक बताते हैं कि वे घंटों तक अकेले काल्पनिक बातचीत किया करते ते। वे कल्पना करते थे कि उनका कोई दोस्त उनके सामने बैठा है और उन्हें सही जवाब दे रहा है। दूसरे शब्दों में, वे जब भी किसी समस्या में होते तो वे यह कल्पना करते थे कि उनका दोस्त इस बारे में उन्हें सही या उचित सलाह दे रहा है। वे दोस्त की सामान्य हाव भाव और बोलने के खास अंदाज की कल्पना भी करते थे। वे इस पूरे काल्पनिक दृश्य को जितना वास्तविक और स्पष्ट बना सकते थे, बना लेते थे।

इस भाषण में एक युवा स्टॉक ब्रोकर भी मौजूद था। उसने गेटे की तकनीक अपना ली। वह कल्पना करने लगा कि उसे एक करोड़पति निवेशक उसके बेहतरीन सुझावों के लिए बधाई दे रहा है। उसने इस बातचीत का तब तक अभिनय किया, जब तक कि उसके मन में यह मनोवैज्ञानिक विश्वास के रूप में अंकित नहीं हो गया।

इस ब्रोकर की आंतरिक बातचीत और नियंत्रित कल्पना उसके लक्ष्य के अनुरूप भी थी क्योंकि उसका काम अपने क्लाएंट्स को अच्छे निवेश का सुझाव देना था। जीवन में उसका लक्ष्य था कि वह अपने क्लाइंट्स को ज्यादा से ज्यादा लाभ पहुंचाए और अपनी समझदारी भरी सलाह से उन्हें आर्थिक रूप से समृद्ध बनाए। वह अब भी अपने बिजनेस में अवचेतन मन का उपयोग कर रहा है और अपने क्षेत्र में बहुत सफल है।

बच्चे ने असफलता को सफलता में बदला

स्कूल में पढ़ने वाले एक बच्चे ने एक बार मुझे बताया, "परीक्षा में मेरे बहुत कम नंबर आ रहे हैं। मैं भूलने लगा हूं। मैं नहीं जानता कि ऐसा क्यों हो रहा है।" बातचीत में मुझे पता चला कि उस बच्चे का नजरिया ही गड़बड़ था क्योंकि वह अपनी पढ़ाई के बारे में उदासीन था और अपने कुछ टीचर्स तथा सहपाठियों के प्रति द्वेष भी पाले था। मैंने उसे सिखाया कि पढ़ाई में सफल होने के लिए वह अपने अवचेतन मन का इस्तेमाल कैसे कर सकता है।

वह दिन में कई बार कुछ बातों की घोषणा करने लगा, विशेष तौर पर सोने से ठीक पहले और सुबह जागने से ठीक बाद। अवचेतन मन तक विचार पहुंचाने के लिए ये सबसे अच्छे समय होते हैं।

उसने इस प्रकार सकारात्मक घोषणा की :

"मुझे अहसास है कि मेरा अवचेतन मन यादों का भंडार है। यह हर उस चीज को याद रखता है, जो मैंने पढ़ी है या शिक्षकों से सुनी है। मेरी याद्दाश्त आदर्श है। मेरे अवचेतन मन की असीमित बुद्धिमत्ता मुझे वह हर चीज लगातार बताती है, जो मुझे परीक्षा में जानने की जरूरत है, चाहे वह लिखित हो या मौखिक। मैं अपने सभी शिक्षकों और सहपाठियों के प्रति प्रेम और सद्भाव दर्शाता हूं। मैं सचमुच चाहता हूं कि वे सफल हों और उन्हें सभी अच्छी चीजें मिलें।"

वह अब पहले से बहुत ज्यादा स्वतंत्रता का आनंद ले रहा है। उसे अब हर विषय में "ए" ग्रेड मिल रहा है। वह लगातार कल्पना करता है कि उसके शिक्षक और माता-पिता पढ़ाई में उसकी सफलता पर उसे बधाई दे रहे हैं।

खरीदने और बेचने में सफल कैसे बनें

खरीदते या बेचते समय याद रखें कि आपका चेतन मन एक स्टार्टर है और आपका अवचेतन मन मोटर है। स्टार्टर से काम लेने के लिए आपको मोटर चालू करनी पड़ेगी। इसी प्रकार आपका चेतन मन आपके अवचेतन मन की शक्ति को जगाता है।

अपनी स्पष्ट इच्छा, विचार या छवि को अपने गहरे मन तक पहुंचाने का पहला कदम उसे शांत करना है, ध्यान को स्थिर करना है और शांत बनना है। यह शिथिल, निष्क्रिय और शांत मानसिक नजरिया बाहरी मामलों तथा गलत विचारों को अवचेतन मन तक पहुंचने और लक्ष्य में हस्तक्षेप करने से रोकता है। सिर्फ इतना ही नहीं, मस्तिष्क के शांत, निष्क्रिय और ग्रहणशील नजरिए में न्यूनतम प्रयास की जरूरत होती है।

दूसरा कदम, मनचाहे परिणाम की वास्तविकता के लिए कल्पना की शुरुआत करना है। उदाहरण के लिए, हो सकता है आप कोई मकान खरीदना चाहते हो। अपनी शिथिल अवस्था में आप इस तरह घोषणा करें:

"मेरे अवचेतन मन की असीम बुद्धिमत्ता परम बुद्धिमान है। यह मेरे लिए एक आदर्श मकान सुझा रही है जो मेरी जरूरतों के अनुरूप है और जिसे मैं खरीद सकता हूं। मैं अब इस आग्रह को अपने अवचेतन मन को सौंप रहा हूं। मैं जानता हूं कि यह मेरे आग्रह की प्रकृति के अनुरूप प्रतिक्रिया करेगा। मैं इस आग्रह को पूर्ण आस्था और विश्वास के साथ उसी तरह मुक्त कर रहा हूं, जिस तरह किसान जमीन में बीज बोता है, इस विश्वास के साथ कि विकास का नियम कार्य करेगा और यह विकसित होगा।

आपकी प्रार्थना का जवाब अखबार के किसी विज्ञापन या दोस्त से मिल सकता है या हो सकता है कि आप किसी खास मकान की तरफ अपने आप ही खिंचे चले जाएं, जो ठीक वैसा ही होगा, जैसा आप चाहते हों। प्रार्थना का जवाब कई तरीकों से मिल सकता है। यहां मुख्य बात यह है कि जवाब हमेशा मिलता है, इसके लिए आपको अपने गहरे मन के काम करने पर पूरा विश्वास रखना होगा।

हो सकता है, खरीदने के बजाय आप कोई मकान, जमीन या जायदाद बेचना चाहते हों। एक रियल स्टेट ब्रोकर से बात करते हुए मैंने उसे एक तरीका बताया जिससे मैंने अपना मकान बेचा था। फिर वे भी इस तकनीक का इस्तेमाल करने लगे और इससे उन्हें शानदार परिणाम मिले। वह तकनीक इस प्रकार थी : मैंने अपने मकान के सामने घास पर एक साइनबोर्ड लगाया, जिस पर लिखा था, "बेचना है।" उस रात सोने से ठीक पहले मैंने खुद से पूछा, "मान लो तुम्हें घर के लिए खरीदार मिल गया, तो फिर तुम क्या करोगे? जवाब था, 'मैं बेचना है' के साइनबोर्ड को कचरे में फेंक दूंगा।"

मैंने कल्पना में देखा कि मैंने साइनबोर्ड पकड़ा, उसे जमीन से उखाड़ा, अपने कंधे पर रखा और गैराज में गया और वहां पटक दिया और साइनबोर्ड का मजाक उड़ाते हुए बोला, "अब मुझे तुम्हारी जरूरत नहीं है।" इससे मुझे गहरी संतुष्टि हुई कि काम पूरा हो गया था।

अगले दिन एक आदमी ने मुझे उस मकान के लिए एक हजार डॉलर का बयाना दे दिया और कहा, "अब आप उस साइनबोर्ड को हटा दें क्योंकि हमारे बीच एग्रीमेंट हो गया है।" मैंने तुरंत साइनबोर्ड उखाड़ा और उसे गैराज में रख दिया। इस प्रकार आंतरिक क्रिया साकार हो गई। इसके बारे में नया कुछ नहीं है। जैसा भीतर, वैसा बाहर जिसका अर्थ है आपके अवचेतन मन पर छपी तसवीर जैसी होगी, वैसा ही दृश्य आपके जीवन के पर्दे पर उभरेगा। बाहरी स्वरूप आंतरिक स्वरूप का प्रतिबिंब है। बाहरी कर्म आंतरिक कर्म का अनुसरण करते हैं।

यहां घर, जमीन या जायदाद बेचने के लिए एक और प्रभावी तरीका बताया जा रहा है। धीरे-धीरे, शांति से और भावना के साथ यह सकारात्मक घोषणा करें : "असीमित बुद्धिमत्ता इस मकान के लिए उस खरीदार को मेरी ओर आकर्षित कर रही है, जो इसे चाहता है और इसमें समृद्ध बनेगा। इस खरीदार को मेरे पास मेरे अवचेतन मन के रचनात्मक ज्ञान द्वारा भेजा जा रहा है, जो कभी गलतियां नहीं करता है। वह खरीदार शायद कई और मकान भी देखे, लेकिन मेरा मकान ही उसे पसंद आएगा और वह इसे ही खरीदेगा क्योंकि उसका मार्गदर्शन मेरी असीमित बुद्धिमत्ता कर रही है। मैं जानता हूं कि खरीदार सही है, समय सही

है और कीमत भी सही है। इसके बारे में हर चीज सही है। मेरे अवचेतन मन की अधिक गहरी धारा कार्य कर रही है और अब हम दोनों को दैवी विधान में एक साथ ला रही है। मैं जानता हूं कि यह ऐसा ही है।"

हमेशा याद रखें, आप जिसे खोज रहे हैं, वह भी आपको खोज रहा है। कोई न कोई हमेशा रहता है, जो उसी मकान या जायदाद को खरीदना चाहता है, जिसे आप बेचना चाहते हैं। अपने अवचेतन मन की शक्तियों का सही इस्तेमाल करके आप मस्तिष्क से प्रतिस्पर्धा का अहसास और खरीदने-बेचने की सभी चिंताओं को खत्म कर देते हैं।

वह जो चाहती थी, उसे पाने में सफल कैसे बनी

एक युवा महिला नियमित रूप से मेरे भाषणों और क्लासों में आती थी। अपने घर से यहां तक आने के लिए उसे तीन बार बस बदलनी पड़ती थी। उसे करीब डेढ़ घंटा लग जाता था। एक दिन अपने भाषण में मैंने बताया कि किस प्रकार एक युवक जिसे नौकरी के लिए कार की जरूरत थी और उसे वह मिल गई।

वह घर गई और भाषण में सुनी तकनीक आजमाने लगी। फिर उसने मुझे चिट्ठी लिखकर बताया कि उसने मेरे तरीकों को कैसे लागू किया और उसके बाद क्या हुआ। वह चिट्ठी मैं उसकी अनुमति से यहां प्रस्तुत कर रहा हूं :

प्रिय डॉ. मर्फी,

इस प्रकार मुझे मेरी पसंद की कैडिलेक कार मिली जिसकी मैंने चाहत की थी ताकि मैं आपके भाषण सुनने नियमित रूप से आ सकूं। अपनी कल्पना में मैंने वे सारे कदम उठाए, जो मैं करती, अगर मैं सचमुच कार खरीदती और चलाती। मैंने खुद को शोरूम में जाते देखा और सेल्समैन ने मुझे उस गाड़ी का टेस्ट ड्राइव कराया। मैंने बार-बार दोहराया किया कि कैडिलेक कार ही मेरी कार है। मैंने कार में बैठने, उसे चलाने, उसके डैशबोर्ड को छूने की मानसिक तसवीर दो सप्ताह तक देखी। पिछले सप्ताह में कैडिलेक चलाकर आपका भाषण सुनने आई थी। इंगलवुड में रहने वाले मेरे अंकल की मृत्यु हो गई थी और वे अपनी कैडिलेक तथा सारी संपत्ति मेरे नाम कर गए थे।

व्यापारी एवं उच्च पदाधिकारियों द्वारा अपनाई गई सफलता की तकनीक

कई प्रतिष्ठित बिजनेसमैन दिन में कई बार "सफलता" शब्द का तब तक इस्तेमाल करते हैं, जब तक कि उन्हें यह विश्वास नहीं हो जाता कि उन्हें सफलता मिल गई है। वे जानते हैं कि सफलता के विचार में सफलता के सभी अनिवार्य तत्व शामिल हैं। इसी तरह, आप भी

"सफलता" शब्द को आस्था और विश्वास के साथ दोहराना शुरू करें। आपका अवचेतन मन इसे आपके बारे में स्वीकार कर लेगा और आपको सफलता के लिए प्रेरित करेगा।

आप अपने कल्पनावादी विश्वासों, छापों और विश्वासों को व्यक्त करने के लिए मजबूर हैं। सफलता से आप क्या अर्थ समझते हैं? बेशक आप अपने घरेलू जीवन और दूसरों के साथ संबंधों में सफल बनना चाहते हैं। आप अपने काम या व्यवसाय में सर्वश्रेष्ठ बनना चाहते हैं। आप एक शानदार घर और खूब सारी दौलत चाहते हैं, ताकि आप आराम और सुख से रह सकें। आप अपने प्रार्थना-जीवन और अपने अवचेतन मन की शक्तियों के संपर्क में सफल बनना चाहते हैं।

आप एक बिजनेसमैन भी है, क्योंकि आप जीने के व्यवसाय में हैं। आप जो करना चाहते हैं और जो पाना चाहते हैं, उसकी कल्पना करके सफल बिजनेसमैन बनें। कल्पनाशील बनें; सफलता की वास्तविक तसवीर में मानसिक रूप से हिस्सा लें। इसकी आदत डालें। हर रात को सफल और पूर्ण संतुष्टि के अहसास के साथ सोने जाएं और अंततः आप अपने अवचेतन में सफलता का विचार बोने में कामयाब हो जाएंगे। विश्वास रखें कि सफल होने के लिए आपका जन्म हुआ है और प्रार्थना करने से चमत्कार जरूर होंगे।

लाभदायक बिंदु :

1. सफलता का मतलब सफल जीवन है। जब आप शांत, खुश, सुखी होते हैं और अपनी पसंद का काम कर रहे हों, तो आप सफल हैं।

2. पता लगाएं कि आपको कौन सा काम पसंद है, फिर उसे करें। अगर आप अपनी सच्ची अभिरुचि नहीं जानते हैं, तो मार्गदर्शन के लिए प्रार्थना करें और आपको जवाब मिल जाएगा।

3. अपने विशिष्ट क्षेत्र के विशेषज्ञ बनें और इसके बारे में किसी अन्य व्यक्ति से ज्यादा जानने की कोशिश करें।

4. सफल व्यक्ति स्वार्थी नहीं होते हैं। उनके जीवन का मुख्य उद्देश्य मानवता की सेवा होता है।

5. बिना मानसिक शांति के कोई सच्ची सफलता नहीं मिलती है।

6. एक सफल व्यक्ति के पास गहरी मनोवैज्ञानिक और आध्यात्मिक समझ होती है।

7. अगर आप किसी उद्देश्य की स्पष्ट कल्पना करते हैं, तो अवचेतन मन की चमत्कारी शक्ति आपको सारी आवश्यक वस्तुएं प्रदान कर देगी।

8. आपका विचार भावना के साथ जुड़कर कल्पनावादी विश्वास बन जाता है और आपके विश्वास के अनुसार वह आपको मिलेगा।

9. लगातार कल्पना करने से आपके अवचेतन मन की चमत्कारी शक्तियां प्रेरित होती हैं।

10. आप नौकरी में पदोन्नति चाहते हैं, तो कल्पना करें कि आपका मालिक, सुपरवाइजर या कोई प्रियजन पदोन्नति पर आपको बधाई दे रहा है। इस तसवीर को स्पष्ट और वास्तविक बनाएं। आवाज सुनें, हाव भाव देखें और वास्तविकता को महसूस करें। ऐसा लगातार करते रहें। बार-बार दोहराने से आपकी मनोकामना सुखद रूप से पूरी हो जाएगी।

11. आपका अवचेतन मन यादों का भंडार है। आदर्श याद्दाश्त के लिए सकारात्मक घोषणा दोहराएं : " मेरे अवचेतन मन की असीमित बुद्धिमत्ता मुझे वह हर चीज याद दिलाती है, जिसे मेरे लिए कभी भी, कहीं भी, जानने की जरूरत है।"

12. अगर आप मकान या जायदाद बेचना चाहते हैं, तो धीरे-धीरे, शांति से और भावना से यह सकारात्मक घोषणा करें : "असीमित बुद्धिमत्ता इस मकान के खरीदार को मेरी ओर आकर्षित कर रही है, जो इसे चाहता है और इसमें समृद्ध बनेगा। "इस जागरुकता को कायम रखें और आपके अवचेतन मन का अधिक गहरा प्रवाह इसे हकीकत में बदल देगा।

13. सफलता के विचार में सफलता के सभी तत्व निहित हैं। आप "सफलता" शब्द बार-बार आस्था और विश्वास के साथ दोहराएंगे, तो अवचेतन मन आप पर सफल होने के लिए दबाव डालने लगेगा।

12

वैज्ञानिकों द्वारा अवचेतन मन का इस्तेमाल

बहुत से वैज्ञानिक अवचेतन मन के सच्चे महत्व को जानते थे। एडिसन, मार्कोनी, कैटरिंग, पोइनकेरे, आइंस्टीन और कई अन्य वैज्ञानिक अवचेतन मन का प्रयोग कर चुके थे। इन प्रयोगों के द्वारा उन्होंने ऐसा ज्ञान और "जानकारी" प्राप्त की, जिससे वे आधुनिक विज्ञान और औद्योगिक जगत के लिए महान उपलब्धियां पा सके। शोध बताते हैं कि अवचेतन मन की शक्ति को कर्म में बदलने की योग्यता महान वैज्ञानिकों और शोधकर्ताओं की सफलता का राज है।

एक उदाहरण मशहूर केमिस्ट फ्रेडरिक वॉन स्ट्रैडोनिट्ज के जीवन का है। उन्होंने अवचेतन मन के इस्तेमाल से अपनी के बड़ी समस्या हल की थी जो कि इस प्रकार है: वे काफी समय से बेंजीन नामक हाइड्रोकार्बन के छह कार्बन और छह हाइड्रोजन को व्यवस्थित करने के लिए कड़ी मेहनत कर रहे थे, परंतु वे उसका उपाय नहीं खोज पा रहे थे। आखिरकार थक हारकर उन्होंने मामले को अपने अवचेतन मन को सौंप दिया। कुछ ही समय बाद जब वे लंदन की बस में चढ़ने वाले थे, तो उनके अवचेतन ने उनके दिमाग में छवि प्रस्तुत की। इसमें उन्होंने सांप की छवि देखी, जो अपनी ही पूंछ को काट रहा था और चक्के की तरह गोल-गोल घूम रहा था। अवचेतन मन के इस जवाब के जरिए उन्हें हल मिल गया और उन्होंने परमाणुओं का गोलाकार संयोजन किया, जिसे अब बेंजीन रिंग नाम से जाना जाता है।

कैसे एक प्रसिद्ध वैज्ञानिक ने अपने आविष्कार किए

निकोला टेस्ला विद्युत के क्षेत्र में बहुत प्रतिभाशाली इलेक्ट्रिकल साइंटिस्ट थे जिन्होंने अद्भुत आविष्कार किए। उनके मन में जब नए आविष्कार के लिए विचार आता तो वे उस पर अपनी कल्पनाएं गढ़ने लगते क्योंकि वे जानते थे कि अवचेतन मन उसे पूरी तरह तैयार कर चेतन मन तक पहुंचा देगा जिससे वास्तविक रूप से बनाना संभव हो जाएगा। हर संभावित सुधार पर शांति से मनन करने की वजह से गलतियां सुधारने में उनका बिलकुल भी समय

122

नहीं लगा और अपने साथ काम करने वाले तकनीशियों को वे अपने मस्तिष्क से निकला आदर्श पूर्ण प्रॉडक्ट दे पाए।

वे बताते हैं, "मेरा यंत्र हमेशा मेरी कल्पना के अनुरूप ही काम करता है। पिछले बीस सालों में इसका एक भी अपवाद नहीं है।"

कैसे एक प्रसिद्ध प्रकृति वैज्ञानिक ने अपनी समस्या सुलझाई

प्रसिद्ध अमेरिकी प्रकृति वैज्ञानों में से एक प्रोफेसर एगैसिज ने अवचेतन मन की लगातार कार्य करने की क्षमता को नींद में महसूस किया। निम्नलिखित उदाहरण एगैसिज की जीवनी से लिया गया है, जिसे उनकी विधवा पत्नी ने लिखा है।

वे दो सप्ताह से एक पत्थर के टुकड़े पर संरक्षित फॉसिल फिश की धुंधली छाप को समझने का प्रयत्न कर रहे थे। थकने और परेशान होने के बाद उन्होंने आखिरकार अपना काम एक तरफ रख दिय और उसे अपने दिमाग से निकालने की कोशिश की। कुछ दिन बाद, आधी रात को जब उनकी नींद खुली, तो उन्होंने पाया कि सपने में उन्होंने उसी मछली को देखा था, जिसमें सभी खोए हुए अंग पूरी तरह से दिख रहे थे। लेकिन जब उन्होंने उस छवि को याद करने की कोशिश की, तो वह उन्हें पूरी तरह याद नहीं आई। फिर वे यह सोचकर जार्डिन डेस प्लांटेस के पास एक बार फिर उस छाप को देखने गए, ताकि हो सकता है कि उससे उन्हें सपना याद आ जाए। यह प्रयास काम नहीं आया क्योंकि धुंधला रिकॉर्ड पहले जितना ही अस्पष्ट था। अगली रात को मछली उन्हें दोबारा दिखी, लेकिन परिणाम पहले से ज्यादा संतोषजनक नहीं थे। पहले की तरह ही जागने पर छवि गायब हो गई। इस उम्मीद में कि शायद वह छवि तीसरी बार भी दिखाई दे, तो उन्होंने सोने से पहले अपने पलंग के पास एक पेंसिल और कागज रख लिया, जिससे वे तुरंत उस तसवीर को उकेर सकें।

"उनके विचार के अनुरूप ही मछली एक फिर उनके सपने में आई, पहले तो अस्पष्टता से, लेकिन बाद में इतनी स्पष्टता से कि उन्हें इसके जैविक अंगों के बारे में जरा भी शंका नहीं रह गई थी। आधे सपने और पूरे अंधेरे में उन्होंने बिस्तर के पास रखे कागज पर मछली की आकृति बना ली। सुबह जब वे जागे, तो रात वाली स्कैच में ऐसे अंग देखकर हैरान रह गए, जिनके बारे में उन्हें लगता था कि फॉसिल में इनका मिलना असंभव था। वे जल्दी से जार्डिन डेस प्लांटेस के पास गए। स्केच के मार्गदर्शन से उन्होंने पत्थर की सतह को छेनी से छीला, जिसके नीचे मछली के बाकी अंग छिपे हुए थे। जब मछली पूरी तरह से बाहर आ गई, तो यह उनके सपने और स्केच के अनुरूप निकली तथा वे आसानी से इसका वर्गीकरण कर पाए।"

डॉक्टर ने डायबिटीज की समस्या सुलझाई

कुछ वर्ष पूर्व मुझे एक पत्रिका का लेख दिखाया गया जिसमें इंसुलिन के आविष्कार की जानकारी दी गई थी। लेख का सारांश कुछ इस प्रकार था।

करीब 40 वर्ष पूर्व मशहूर कनाडाई डॉक्टर और शोधकर्ता डॉ. फ्रेडरिक बैंटिंग अपना पूरा ध्यान डायबिटीज की समस्या का हल ढूंढने में लगा रहे थे। उस वक्त तक चिकित्सा विज्ञान इस बीमारी की रोकथाम का कोई प्रभावी उपाय नहीं सुझा पाया था। डॉ. बैंटिंग ने इस विषय पर प्रयोग करने और इस पर उपलब्ध अंतरराष्ट्रीय साहित्य के अध्ययन में काफी समय लगाया। एक रात को वे थककर सो गए थे। नींद में अवचेतन मन में उन्हें निर्देश दिया कि वे कुत्तों की खराब हो चुकी पैनक्रिएटिक डक्ट से अवशेष निकाल लें। इसी से प्रेरित होकर उन्होंने इन्सुलिन को खोज लिया, जो आज लाखों लोगों की मदद कर रही है ।

आप ध्यान दें, डॉ. बैंटिंग काफी समय से चेतन मन से इस समस्या को सुलझाने का प्रयास कर रहे थे। आखिरकार, उनके अवचेतन ने इसके अनुरूप प्रतिक्रिया कर दी।

हालांकि इससे यह तात्पर्य नहीं है कि आपको हमेशा रातोंरात जवाब मिल जाएगा। हो सकता है, जवाब कुछ समय तक नहीं मिले। लेकिन आप हताश नहीं हों। हर रात सोने से ठीक पहले समस्या अपने अवचेतन मन के हवाले इस तरह करते रहें, जैसे आपने यह काम पहले कभी नहीं किया हो।

समाधान में देर होने का एक कारण यह हो सकता है कि आप इसे बहुत बड़ी समस्या मान रहे हों। आपका शायद यह विश्वास हो कि इसका समाधान मिलने में बहुत समय लगेगा।

आपका अवचेतन मन समय और स्थान के बंधन से परे है। यह यकीन करते हुए सोने जाएं कि आपको जवाब अभी मिल गया है। यह घोषणा नहीं करे कि जवाब का भविष्य में इंतजार करना पड़ेगा। परिणाम में आस्था रखें। इस पुस्तक को पढ़ते समय अभी विश्वास करें कि आपकी समस्या का जवाब है, एक आदर्श समाधान है।

कैसे एक प्रसिद्ध वैज्ञानिक और भौतिकविद् रूस के कॉन्सनट्रेशन कैंप से बचकर निकले

डॉ. लोथार वॉन ब्लेंक-शमिट प्रतिभाशाली इलेक्ट्रॉनिक्स इंजीनियर थे और प्रतिष्ठित रॉकेट सोसायटी के सदस्य थे। उन्होंने बताया कि किस प्रकार वे अवचेतन मन के प्रयोग से रशियन कैंप से आजाद हुए और मृत्यु से बचे। वे लिखते हैं :

“मैं रूस की एक कोयला खदान में युद्धबंदी था और मैंने जेल में अपने चारो तरफ लोगों को मरते देख रहा था। क्रूर पहरेदार, दंभी अफसर और चालाक कम्युनिस्ट अफसर हम पर नजर रखते थे। कुछ मेडिकल जांचों के बाद हर व्यक्ति के लिए कोयले का कोटा तय कर दिया जाता था। मेरा कोटा तीन सौ पौंड प्रतिदिन था। अगर

कोई कैदी अपना कोटा पूरा नहीं करता था, तो उसे मिलने वाले थोड़े से राशन में भी कटौती कर दी जाती थी और कुछ समय में वह कब्र में पहुंच जाता था।"

"मैं वहां से भागने पर ध्यान केंद्रित कर रहा था। मैं जानता था कि मेरा अवचेतन मन किसी न किसी तरह कोई रास्ता खोज लेगा। जर्मनी में मेरा घर तबाह हो गया था। मेरा परिवार खत्म हो गया था। मेरे सभी मित्र और साथी या तो युद्ध में मर चुके थे या फिर कॉन्सेंट्रेशन कैंपों में थे।"

"मैंने अपने अवचेतन मन से कहा, 'मैं लॉस एंजेलिस जाना चाहता हूं और तुम्हें रास्ता खोजना होगा।' मैंने लॉस एंजेलिस की कल्पना की और मुझे कुछ सड़के और इमारतें बहुत अच्छी तरह याद थीं। मैं उन्हें याद करने लगा।"

"हर दिन, हर रात मैं कल्पना करता था कि मैं विलशायर रोड पर एक अमेरिकी लड़की के साथ टहल रहा हूं, जिससे मैं युद्ध से पहले बर्लिन में मिला था (अब वह मेरी पत्नी है)। मेरी कल्पना में हम स्टोर्स में गए, बसों में यात्रा की और रेस्त्रां में भोजन किया। हर रात मैं खास तौर पर अपनी काल्पनिक अमेरिकी कार में लॉस एंजेलिस की सड़कों पर इधर से उधर घूमता था। मैंने यह सब बहुत स्पष्ट और वास्तविक बना लिया। मेरे मस्तिष्क में ये तसवीरें उतनी ही वास्तविक थीं, जितना कि कॉन्सेंट्रेशन कैंप के बाहर लगा पेड़।"

हर सुबह प्रमुख पहरेदार लाइन में खड़े सभी कैदियों को गिनता था। एक दिन जब वह गिनती कर रहा था, "एक, दो, तीन..." आदि। जब सत्रह नंबर पुकारा गया, जो मेरा क्रम था, तो मैं अलग खड़ा हो गया। इस बीच पहरेदार को किसी ने एकाध मिनट के लिए बुलवा लिया और वापस लौटने पर उसने गलती से अगले आदमी को सत्रह नंबर के रूप में गिन लिया। जब शाम को कैदी लौटे, तो उनकी संख्या पूरी निकली। किसी को पता नहीं चला कि मैं गायब हूं और मैं जानता था कि यह पता चलने में उन्हें काफी समय लगेगा

इससे पहले कि किसी को पता चले मैं कैंप से बाहर निकल गया और चौबिस घंटे तक पैदल चलता रहा और अगले दिन मैंने एक खाली गांव में आराम किया। मैं मछली पकड़कर और कुछ जंगली पक्षियों का शिकार करके जिंदा रहा। मैंने पोलेंड जाने वाली कोयले की ट्रेनें देखीं और रात को उनमें चढ़ गया। आखिरकार, मैं पोलेंड पहुंच गया। कुछ दोस्तों की मदद से स्विट्जलैंड के लूसर्न पहुंचा।

"एक शाम लूसर्न के पैलेस होटल में मैंने एक अमेरिकी व्यक्ति और उसकी पत्नी से बात की। उस आदमी ने मुझसे पूछा कि क्या मैं सेंट, मोनिका, कैलिफोर्निया में उनके घर अतिथि के तौर पर आ सकता हूं। मैंने स्वीकार कर लिया। फिर लॉस एंजेलिस पहुंचने पर मैंने पाया कि उनका ड्राइवर मुझे विलशायर रोड तथा कई अन्य सड़कों से ले जा रह था, जिनकी स्पष्ट कल्पना मैंने रूसी कोयला खदान में महीनों तक की थी। मैंने उन इमारतों को पहचान लिया, जिन्हें मैंने अपने मन में इतनी बार देखा था। ऐसा लग रहा था, जैसे मैं पहले भी लॉस एंजेलिस आ चुका हूं। मैं अपनी मंजिल तक पहुंच गया था।"

"मैं कभी भी अवचेतन मन के चमत्कारों पर हैरान होना बंद नहीं करूंगा। सचमुच, इसके पास ऐसे तरीके हैं, जिनके बारे में हम कुछ नहीं जानते हैं।"

कैसे पुरातत्वविद् और जीवाश्म विज्ञानियों ने प्राचीन दृश्यों को बनाया

वैज्ञानिक जानते हैं कि आपके अवचेतन मन में इतिहास में हुई हर चीज की स्मृति है। जब वे प्राचीन खंडहरों और पूर्व संस्कृतियों के लोगों द्वारा छोड़ी गई असंख्य वस्तुओं का अध्ययन करते हैं तो काल्पनिक अनुभूति और अवचेतन मन प्राचीन दृश्यों के पुनर्निर्माण में उनकी सहायता करते हैं। मृत अतीत दोबारा सजीव बन जाता है। वैज्ञानिक इन प्राचीन इमारतों के टुकड़ों को देखकर और पूर्व सभ्यताओं के बर्तनों, मूर्तियों, औजारों तथा घरेलू सामानों का अध्ययन कर उस समय के बारे में बताते हैं जब भाषा भी नहीं हुआ करती थी। तब बातचीत के लिए प्रतीकों का इस्तेमाल होता था।

वैज्ञानिक की पैनी एकाग्रता और अनुशासित कल्पना अवचेतन मन की शक्तियों को जगा देती है और उसे प्राचीन स्तंभों पर छतों और इमारत के चारों तरफ बगीचों, तालाबों तथा फव्वारों की कल्पना करने में समर्थ बनाती है। कंकाल पर आंखे, नसों और मांसपेशियों का लबादा डाल दिया जाता है और वे एक बार फिर बोल तथा चल सकते हैं। मृत अतीत जीवंत वर्तमान बन जाता है और हम पाते हैं कि मस्तिष्क मे समय या स्थान की कोई दूरी नहीं होती है। अनुशासित, नियंत्रित और निर्देशित कल्पना से आप हर युग के सबसे महान वैज्ञानिकों और प्रेरित चिंतकों के साथी बन सकते हैं।

अपने अवचेतन मन से मार्गदर्शन कैसे पाएं

जब आपको कोई "मुश्किल निर्णय" लेना हो या जब आप अपनी समस्या का समाधान नहीं देख पा रहे हों, तो एक बार इसके बारे में सृजनात्मक तरीके से सोचने का प्रयास करें। अगर आप भयभीत और चिंतित रहेंगे, तो आप सचमुच नहीं सोच पाएंगे। सच्ची सोच डर से मुक्त होती है।

यहां पर एक आसान तकनीक दी जा रही है, जिसके द्वारा आप किसी भी विषय पर मार्गदर्शन पा सकते हैं :

- मस्तिष्क को शांत कर लें और शरीर को स्थिर कर लें। शरीर को आराम से रहने को कहें। इसे आपका आदेश मानना ही पड़ेगा क्योंकि इसकी कोई इच्छा, पहल या आत्म चेतना नहीं होती है। आपका शरीर सिर्फ एक भावनात्मक डिस्क है, जो आपके विश्वासों और प्रभावों का रिकॉर्ड रखती है।

- फिर अपने ध्यान को थोड़ा गतिशील करते हुए अपने विचार समस्या से समाधान की ओर ले जाएं।

- इसे अपने चेतन मन से सुलझाने की कोशिश करें।

- सोचें कि आप आदर्श समाधान पर किस तरह खुशी जाहिर करेंगे। अगर आपको आदर्श जवाब इसी समय मिल जाए, तो कल्पना करें कि आपको कैसा लगेगा।

- अपने मस्तिष्क को खुशी और संतुष्टि के इस मूड़ से शिथिल तरीके से खेलने दें; फिर सो जाएं।

- जागने पर अगर आपको जवाब नहीं मिले, तो किसी दूसरे काम में जुट जाएं। संभव है, किसी दूसरे काम में व्यस्त रहने पर जवाब खुद-ब-खुद आपके मस्तिष्क में आ जाए।

अवचेतन मन से मार्गदर्शन पाने के लिए इसे सरल तरीका से ही करना सबसे अच्छा है। इसका एक उदाहरण देखें : एक बार मेरी एक कीमती अंगूठी खो गई, जो पारिवारिक निशानी थी। मैंने हर जगह उसकी तलाश की, लेकिन वह कहीं नहीं मिली। उस रात मैंने अपने अवचेतन मन से उसी तरह बात की, जिस तरह मैं किसी और से बात करता हूं। सोने से पहले मैंने इससे कहा, "तुम सब कुछ जानते हो। तुम जानते हो कि वह अंगूठी कहां हैं और तुम मुझे बताओगे कि वह कहां है।"

सुबह मैं अचानक इन शब्दों की गूंज के साथ जागा, "रॉबर्ट से पूछो।"

यह मुझे बहुत अजीब लगा कि मैं रॉबर्ट जो नौ साल का बच्चा है उससे अंगूठी के बारे में पूछूं। लेकिन मैंने अपने अवचेतन की आंतरिक आवाज का पालन किया और रॉबर्ट से अंगूठी के बारे में पूछ लिया।

रॉबर्ट ने कहां, "हां, वह मुझे कल खेलते समय झाड़ियों में मिली तो मैंने इसे बस रख दिया। मुझे लगा यह किसी काम की नहीं है।"

अवचेतन मन आपको हमेशा जवाब दे देगा, बशर्ते आप इस पर भरोसा करें।

अवचेतन ने उसे पिता की वसीयत तक पहुंचाया

एक युवक जो मेरे भाषण सुनता था, उसने मुझे अवचेतन मन की शक्ति के बारे में अपना अनुभव बताया। उसके पिता का अचानक देहांत हो गया था और ऐसा लग रहा था कि उन्होंने कोई वसीयत नहीं छोड़ी थी। हालांकि उसकी बहन ने उसे बताया कि उनके पिता ने एक बार अपनी वसीयत बनाने का जिक्र किया था और उसे बताया था कि उन्होंने उसमें सभी के लिए न्यायपूर्ण बंटवारा किया था। युवक ने वसीयत को सभी जगहों पर हर तरीके से खोजा परंतु उसे वह नहीं मिली।

तब उसने सोने से पहले अपने अवचेतन मन से इस प्रकार बात की: "मैं अब इस आग्रह को अपने अवचेतन मन के हवाले करता हूं। मेरा अवचेतन मन जानता है कि मेरे पिता की वसीयत कहां है और यह मुझे वह जगह बता रहा है।" फिर उसने अपने आग्रह को

सारांश में कहा, "जवाब" उसने इसे बार-बार लोरी की तरह दोहराया। वह "जवाब" शब्दों के साथ सोने गया।

अगली सुबह जब वह जागा, तो उसके मन में प्रबल इच्छा जागी कि वह लॉस एंजेलिस के एक बैंक में जाए। वहां उसे उसके पिता के नाम का एक लॉकर मिला जिसमें रखे सामान को देख उसकी समस्या का समाधान हो गया था।

जब आप सोने जाते हैं, तो आपका विचार आपके भीतर की निहित शक्तियों को जगा देता है। मान लें, आप सोच रहे हों कि क्या आपको अपना मकान बेच देना चाहिए, कोई शेयर खरीद लेना चाहिए, किसी पार्टनरशिप को तोड़ देना चाहिए, न्यूयॉर्क जाकर बसना चाहिए या फिर लॉस एंजेलिस में ही रहना चाहिए, वर्तमान अनुबंध को खत्म कर देना चाहिए या नया अनुबंध कर लेना चाहिए। ऐसी उलझन हो, तो यह करें : शांति से अपनी कुर्सी या अपनी ऑफिस की डेस्क पर बैठ जाएं। याद रखें, यह क्रिया और प्रतिक्रिया का शाश्वत नियम है। क्रिया आपका विचार है। प्रतिक्रिया आपके अवचेतन मन का जवाब है। अवचेतन मन प्रतिक्रियाशील है; यह इसकी प्रकृति है। यह जवाब देता है, पुरस्कार देता है, लौटाता है। यह अनुरूपता के नियम का पालन करता है। यह विचार के अनुरूप प्रतिक्रिया करता है। जब आप सही कर्म पर मनन करते हैं, तो आपको अपने भीतर ऐसी प्रतिक्रिया महसूस होगी जो आपके अवचेतन मन का मार्गदर्शन या जवाब होगी।

जब आप मार्गदर्शन चाहते हैं तो उस समय आप शांति से सिर्फ सही कर्म के बारे में सोचें। इसका मतलब है कि आप अपने अवचेतन मन में रहने वाली असीमित बुद्धिमत्ता का उस बिंदु तक प्रयोग कर रहे हैं यहां यह आपका प्रयोग शुरू कर दे। उसके बाद आपके कार्य की दिशा आपके कल्पनावादी ज्ञान द्वारा निर्देशित और नियंत्रित होती है, जो सब कुछ जनता है और सर्वशक्तिमान है। आपका निर्णय सही होगा। आपका हर कार्य सही ही होगा, क्योंकि सही काम करने के लिए आप पर अवचेतन का दबाव है। मैं दबाव शब्द का विशेष रूप से प्रयोग कर रहा हूं, क्योंकि दबाव ही अवचेतन का नियम है।

मार्गदर्शन का रहस्य

मार्गदर्शन या सही कर्म का रहस्य का अर्थ मानसिक रूप से खुद को सही जवाब के प्रति निष्ठावान बनाना है, जब तक कि आपको अपने भीतर इसकी प्रतिक्रिया नहीं मिल जाए। प्रतिक्रिया एक भावना है, एक आंतरिक अहसास है, एक शक्तिशाली संकेत है जिससे आप जान जाते हैं कि आप जान चुके हैं। आपने इस शक्ति का उस बिंदु तक प्रयोग कर लिया है कि अब यह आपका प्रयोग करने लगी है।

अपने भीतर की कल्पनावादी बुद्धिमत्ता के मार्गदर्शन में काम करते समय आप असफल नहीं हो सकते या एक भी गलत कदम नहीं उठा सकते हैं। आप पाएंगे कि आपके सभी रास्ते खुशी से भरे हैं और ये शांति से भरे भी हैं।

याद रखने योग्य विचार :

1. याद रखें कि वह अवचेतन मन ही है जिसने सभी महान वैज्ञानिकों को अद्भुत सफलता और उपलब्धियां प्रदान की हैं।

2. किसी जटिल समस्या के समाधान की ओर ध्यान देकर आपका अवचेतन मन सभी आवश्यक जानकारी इकट्ठा करता है और फिर समस्या को सुलझाकर चेतन मन को सौंप देता है।

3. अगर आप किसी समस्या के जवाब के बारे में परेशान हों, तो इसे वस्तुनिष्ठ तरीके से सुलझाने की कोशिश करें। शोध और दूसरों से जितनी जानकारी हासिल कर सकते हों, हासिल करें। अगर कोई जवाब नहीं मिलता है, तो सोने से पहले इसे अवचेतन मन के हवाले कर दें। फिर आपको जवाब मिल जाएगा। यह कभी असफल नहीं होता है।

4. आपको हमेशा रातोंरात जवाब नहीं मिलेगा। इसलिए अपने अवचेतन से तब तक आग्रह करते रहें, जब तक कि सूरज नहीं निकल आए और छायाएं गायब नहीं हो जाएं।

5. जवाब में देरी आपके कारण होती है क्योंकि कई बार आप यह सोचते हैं कि इसमें बहुत समय लग जाएगा या यह बहुत बड़ी समस्या है। आपके अवचेतन के लिए कोई समस्या बड़ी नहीं है। यह हर समस्या का जवाब जानता है।

6. विश्वास करें कि जवाब आपके पास अभी है। जवाब की खुशी उसी तरह महसूस करें, जैसा आप वास्तव में जवाब मिलने पर करते। आपका अवचेतन आपकी भावना पर प्रतिक्रिया करेगा।

7. आस्था और लगन से देखी जाने वाली मानसिक तसवीर आपके अवचेतन की चमत्कार करने वाली शक्तियों के माध्यम से साकार होगी। भरोसा करें और इसकी शक्ति पर विश्वास करें और जब आप प्रार्थना करेंगे, तो चमत्कार होंगे।

8. आपका अवचेतन यादों का भंडार है और आपके अवचेतन में बचपन से लेकर आज तक के सभी अनुभव हैं।

9. प्राचीन लिपियों, मंदिरों, अवशेषों और अन्य प्रतिमाओं पर मनन करने वाले वैज्ञानिक अतीत के दृश्यों को दोबारा जीवंत बनाने में समर्थ इसलिए होते हैं, क्योंकि उनका अवचेतन मन उनकी सहायता करता है।

10. समाधान के अपने आग्रह को सोने से ठीक पहले अवचेतन मन को सौंपे। इस पर भरोसा करें, विश्वास करें, तो आपको जवाब जरूर मिलेगा। यह सब कुछ जानता है और सब कुछ देखता है। आप इसकी शक्तियों पर शंका या सवाल नहीं करें।

11. आपका कर्म विचार है, जिस पर आपका अवचेतन मन प्रतिक्रिया करता है। अगर आपके विचार समझदारी भरे हैं तो आपके काम और निर्णय भी समझदारी भरे होंगे।

12. मार्गदर्शन हमेशा भावना, आंतरिक जागरुकता, शक्तिशाली संकेत के रूप में आता है, जिससे आप जान जाते हैं कि आप जान चुके हैं। यह स्पर्श का एक आंतरिक अहसास है। इसका पालन करें।

<u>13</u>

आपका अवचेतन मन और नींद के चमत्कार

आप प्रतिदिन चौबीस घंटे में से आठ घंटे सोते हैं। इस तरह आप अपनी एक तिहाई जिंदगी सोने मे बिताते हैं। यह जीवन का अटूट नियम है। यह नियम सृष्टि में प्रत्येक जीव पर लागू होता है। यह एक दैवी नियम है और हमारी कई समस्याओं के जवाब हमें गहरी नींद में देता है।

कई लोग इस सिद्धांत का समर्थन करते हैं कि आप दिन में थक जाते हैं, इसलिए आप शरीर को आराम देने के लिए सोते हैं और सोते समय शरीर में मरम्मत की प्रक्रिया चलती है। परंतु नींद में शरीर कभी आराम नहीं करता है। सोते समय भी आपका हृदय, फेफड़े और सभी महत्वपूर्ण अंग लगातार काम करते हैं। अगर आप सोने से पहले खाते हैं, तो खाना पच जाता है और सभी अंगों तक पहुंच जाता है। आपकी त्वचासे पसीना आता है और नाखून तथा बाल बढ़ते रहते हैं।

इस प्रकार आपका अवचेतन मन न कभी सोता है न ही आराम करता है। यह हमेशा सक्रिय रहता है और जीवन के लिए महत्वपूर्ण शक्तियों को नियंत्रित करता है। नींद में उपचारक प्रक्रिया ज्यादा तेजी से काम करती है, क्योंकि तब आपका चेतन मनकोई व्यवधान नहीं डालता है। सबसे अच्छे समाधान या जवाब आपको नींद में ही मिलते हैं।

हम क्यों सोते हैं

नींद के बारे में शोध करने वाले प्रसिद्ध वैज्ञानिक डॉ. जॉन बिजेलो यह दर्शाने में सफल हुए कि रात को सोते समय आंख, कान, नाक और त्वचा की तंत्रिकाओं से आपको लगातार संवेग (संकेत) मिलते रहते हैं। मस्तिष्क का तंत्रिका संचार तंत्र भी सक्रिय रहता है। वे कहते हैं कि हमारे सोने का प्रमुख कारण है "आत्मा का बड़ा हिस्सा अमूर्तता के जरिए हमारी उच्च प्रकृति से एकाकार हो जाता है और ईश्वर के पूर्व ज्ञान का हिस्सेदार बनता है।"

डॉ. बिजेलो साथ ही बताते हैं, "मेरे अध्ययनों के परिणामों से मेरी इस सोच को बल मिला कि नींद का कार्य सिर्फ शरीर को सामान्य कार्यों से मुक्त रखना नहीं है, बल्कि आदर्श स्वरूप में आध्यात्मिक विकास करना है, जो जीवन का सबसे महत्वपूर्ण पहलू है। यही नींद के दौरान शरीर करता है।"

प्रार्थना एक प्रकार की नींद है

आपका चेतन मन पूरे समय चिंताओं, संघर्ष और विवादों में उलझा रहता है। इसे समय-समय पर इंद्रियों के प्रमाण और यथार्थवादी जगत से दूर हटने तथा अवचेतन मन की आंतरिक बुद्धिमत्ता से मौन संप्रेषण करने की जरूरत होती है। मार्गदर्शन, शक्ति और अधिक ज्ञान का दावा करके आप जीवन के हर क्षेत्र की हर मुश्किल से उबरने में कामयाब होंगे और अपनी दैनिक समस्याओं को सुलझा पाएंगे।

इंद्रिय प्रमाण और रोजमर्रा के शोर-शराबे व दुविधा से नियमित रूप से दूर होना भी नींद का एक प्रकार है यानी आप इंद्रियों की दुनिया के लिए सोए होते हैं और अपने अवचेतन मन की बुद्धिमत्ता तथा शक्ति के लिए जागे होते हैं।

नींद की कमी के बुरे प्रभाव

नींद की कमी आपको चिड़चिड़ा, तुनकमिजाज और निराशावादी बना सकती है। नेशनल हेल्थ फॉर मेंटल हेल्थ के डॉ. जॉर्ज स्टीवेंसन कहते हैं, "मेरा मानना है कि सभी इंसानों को स्वस्थ रहने के लिए कम से कम छह घंटे नींद की जरूरत होती है। अधिकतर लोगों को इससे ज्यादा की जरूरत होती है। जो लोग सोचते हैं कि वे इससे कम में काम चला सकते हैं, खुद को मूर्ख बना रहे हैं।"

मेडिकल शोधकर्ताओं ने नींद की प्रक्रियाओं और नींद की कमी पर शोध किया है, वे बताते हैं कि कुछ मामलों में नर्वस ब्रेकडाउन से पहले गंभीर अनिद्रा रोग प्रकट होता है। याद रखें, नींद के दौरान आप आध्यात्मिक रूप से ऊर्जा से भरे होते हैं। जीवन में खुशी और स्फूर्ति लाने के लिए पर्याप्त नींद अनिवार्य है।

आपको अधिक नींद की आवश्यकता है

रॉबर्ट ओ ब्रायन का लेख "शायद आपको अधिक नींद की जरूरत है।" में नींद से जुड़े इस प्रयोग के बारे में बताते हैं : "वाशिंगटन के वाल्टर रीड आर्मी इंस्टीट्यूट में तीन साल से किए जा रहे शोध में सैकड़ों आर्मी के जवान और आम लोग शामिल हुए हैं जिन्हें चार दिन तक जागे रखा गया। इसका उनके व्यक्तित्व और व्यवहार पर किस प्रकार असर पड़ा इसे लेकर कई जांचें की गईं जिनमें कई अद्भुत बातें निकलकर आईं।"

"वे जानते थे कि थका हुआ मस्तिष्क नींद पाने के लिए इतना बेताब रहता है कि वह किसी भी प्रकार की चीज त्याग सकता है। सामान्य से कुछ ही घंटे ज्यादा जागने पर अक्सर हम झपकियां लेना शुरू कर देते हैं। नींद की तरह ही झपकियों में हमारी आंखें बंद होने लगती हैं, हृदय गति मंद हो जाती है। ये झपकियां अक्सर कुछ सेकंड की होती हैं। कई बार ये झपकियां विचारशून्य होती हैं तो कई बार इसमें आप कुछ छवियों का सपनों को देखते हैं। आप जितना अधिक लम्बे समय तक जागते हैं आपकी झपकियां की लम्बाई और संख्या बढ़ती जाती है। तूफान के बीच चलते हवाई जहाज का चालक भी इन झपकियों को रोक नहीं पाता है।"

"नींद की कमी का सबसे बुरा प्रभाव याद्दाश्त पर पड़ता है। प्रयोग में कई लोगों में पाया गया कि नींद की कमी के चलते वे कुछ कार्यों को करना भूल गए थे जो उनसे करने को कहे गए थे। वे मस्तिष्क में कई चीजों के बारे में एक साथ विचार नहीं कर पा रहे थे जो वे सामान्यतः नींद पूरी होने पर आसानी से कर पाते थे"

नींद से सुझाव मिलते हैं

लॉस एंजेलिस की एक युवा महिला है, जो अक्सर रेडियो पर मेरे भाषण सुना करती है। उसने मुझे बताया कि उसे न्यूयॉर्क सिटी में एक नौकरी का प्रस्ताव मिला, जहां उसे वर्तमान नौकरी से दोगुनी तनख्वाह देने का प्रस्ताव रखा गया। वह फैसला नहीं कर पा रही थी कि नई नौकरी स्वीकार करे या नहीं। तब सोने जाने से पहले उसने इन शब्दों में प्रार्थना की :

"मेरे अवचेतन मन का रचनात्मक बुद्धिमत्ता जानती है कि मेरे लिए क्या सबसे अच्छा है। इसकी प्रवृत्ति हमेशा जीवन की ओर है और यह मुझे सही निर्णय बताती है, जिससे मुझे और सभी संबंधित लोगों को लाभ पहुंचेगा। मैं उस जवाब के लिए धन्यवाद देती हूं, जो मैं जानती हूं कि मुझे मिलेगा।"

उसने सोने से पहले इस आसान प्रार्थना को लोरी की तरह बार-बार दोहराया। सुबह उसे अहसास हुआ कि उसे नई नौकरी के प्रस्ताव को स्वीकार नहीं करना चाहिए। उसने इसे ठुकरा दिया। बाद की घटनाओं ने उसके अंदरूनी अहसास को सही साबित कर दिया, क्योंकि कुछ महीनों बाद ही वह कंपनी दिवालिया हो गई।

चेतन मन यथार्थवादी तथ्यों के मामले में सही हो सकता है, परंतु अवचेतन मन की सहज बोध की क्षमता को कंपनी की समस्याओं का अहसास था, इसलिए उसने उसे सही चेतावनी दी।

आपदा से बचा

मैं यहां आपको दिखाऊंगा कि अगर आप सोने जाते समय सही कर्मों के लिए प्रार्थना करते हैं, तो अवचेतन मन की बुद्धिमत्ता आपको निर्देश दे सकती है और आपकी रक्षा कर सकती है।

कई साल पहले, द्वितीय विश्व युद्ध से कुछ पहले मुझे सुदूर पूर्व में बहुत अच्छी नौकरी का काफी आकर्षक प्रस्ताव मिला था। मैंने मार्गदर्शन और सही निर्णय के लिए इस प्रकार से प्रार्थना की :

मेरे भीतर की असीमित बुद्धिमत्ता सब कुछ जानती है और दैवी विधान से सही निर्णय मुझे बताया जाता है। जब जवाब मिलेगा, तो मैं उसे पहचान लूंगा।

मैंने सोने से पहले इस आसानी सी प्रार्थना को बार-बार लोरी की तरह दोहराया। उस रात मैंने एक सपना देखा, जिसमें वे चीजें दिखाई दीं जो तीन साल बाद वास्तविकता में हुईं। मेरे सपने में एक पुराना दोस्त मेरे पास आयाऔर वह बोला, "इन हेडलाइन्स को पढ़ो- मत जाओ।" सपने में अखबार की हेडलाइन्स हिंसा, उपद्रव, युद्ध और पर्ल हर्बर पर हमले की खबरों से संबंधित थीं।

उपरोक्त सपना पूरी तरह से मेरे अवचेतन का नाटकीयकरण था, जिससे एक व्यक्ति जिसका मैं सम्मान करता था, उसके जरिए मुझे संदेश दिया गया। कुछ लोगों को ऐसी चेतावनी सपने में मां दे सकती है। वह व्यक्ति से यहां या वहां नहीं जाने को कहती है और चेतावनी का कारण भी बताती है। आपका अवचेतन मन सब कुछ समझता है। यह सारी बातें जानता है। अक्सर यह आपसे ऐसी आवाज मेंबोलेगा, जिसे आपका चेतन मन तत्काल मान लेगा। इसके बाद अक्सर आपको बाद में अहसास भी होता है कि सच में आप किसी संभावित नुकसान से बच गए हैं।

मेरा अवचेतन मन एक शाश्वत अवचेतना से जुड़ा हुआ है जो यह जानता था कि जापानी युद्ध की तैयारी कर रहे हैं और वह जानता था कि युद्ध कब शुरू होने वाला है।

ड्यूक यूनिवर्सिटी में मनोविज्ञान विभाग के निदेशक डॉ. राइन ने कई प्रमाण एकत्रित किए हैं जो दर्शाते हैं कि दुनिया में ऐसे बहुत से लोग हैं जिन्होंने कई बड़ी घटनाओं को पहले ही सपने में देख लिया था। कई मौकों पर वे इसी कारण स्वयं को बचा भी पाए थे।

मेरे सपने में मैं अखबार की हेडलाइन्स को स्पष्ट रूप से देख पाया था, जबकि वह हेडलाइन्स वास्तविकता में तीन साल बाद प्रकाशित हुईं। इसमें पर्ल हर्बर की घटना भी शामिल थी। इसी सपने के कारण मैंने तुरंत अपनी यात्रा को स्थगित कर दिया था। तीन साल बाद दूसरा विश्वयुद्ध हुआ और मुझे मिला संकेत सच हो गया।

आपके अवचेतन मन में आपका भविष्य है

याद रखें, आपका भविष्य जो कि आपकी आदतन सोच का परिणाम है, यह पहले से ही आपके मन में है, बशर्ते आप इसे प्रार्थना द्वारा बदल ना लें। इसी प्रकार देश का भविष्य भी देशवासियों की सामूहिक अवचेतना में है। उस सपने में कुछ भी अजीब नहीं है जिसमें मैंने अखबारों की हेडलाइंस देखी थीं, जबकि वे घटनाएं उस समय तक वास्तविकता में नहीं घटी थी। परंतु लोगों की सामूहिक अवचेतना में युद्ध घटित हो चुका था। आने वाले कल की सभी घटनाएं आपके अवचेतन मन में है। इसी प्रकार अगले सप्ताह और अगले महीने की भी हैं। उन्हें बहुत अतींद्रिय या पराभौतिक व्यक्ति द्वारा ग्रहण किया जा सकता है।

अगर आप प्रार्थना करने का फैसला करें, तो आपके साथ कोई दुर्घटना नहीं हो सकती। कोई भी चीज पहले से तय नहीं है। आपका मानसिक नजरिया यानि जिस तरह से आप सोचते, महसूस करते और यकीन करते हैं – ही आपका भाग्य निर्धारित करता है। वैज्ञानिक प्रार्थना द्वारा आप अपने भविष्य में बदलाव भी कर सकते हैं, आकार दे सकते हैं और बना सकते हैं। इंसान जो बोएगा, वही उसे काटना पड़ेगा।

एक छोटी झपकी से 15 हजार डॉलर कमाए

कुछ वर्ष पहले मेरे एक विद्यार्थी ने मुझे अखबार की कटिंग भेजी, जिसमें रे हैमरस्ट्रॉम नामक व्यक्ति के बारे में लेख था। वह जोन्स और लाफलिन स्टील कॉर्पोरेशन द्वारा पिट्सबर्ग में संचालित स्टील मिल में काम करता था। उसे उसके सपने के जरिए 15 हजार डॉलर का फायदा हुआ था।

लेख के अनुसार, कई इंजीनियर एक नई मशीन में आई समस्या को ठीक नहीं कर पा रहे थे। दरअसल, मिल के विभाग में हाल ही में एक नई मशीन लगाई गई थी, जो बनकर निकलने वाली गर्म स्टील की छड़ों की डिलिवरी नियंत्रित करती थी। इंजीनियरों ने इस दिशा में कई दिनों तक मेहनत की, लेकिन कोई फायदा नहीं हुआ।

तब हैमरस्ट्रॉम ने समस्या के बारे में बहुत सोचा और एक नई डिजाइन तैयार करने की कोशिश की, जो काम कर सके। परंतु कुछ भी काम नहीं कर रहा था। एक दोपहर वह झपकी लेने के लिए लेटा, उस दौरान भी वह दोषपूर्ण स्विच की समस्या के बारे में सोच रहा था। झपकी के दौरान उसने एक सपना देखा, जिसमें उसे स्विच की आदर्श डिजाइन दिख गई। जागने पर उसने सपने की आकृति के अनुसार डिजाइन का स्केच बनाया।

इस छोटी सी झपकी ने हैमरस्ट्रॉम को 15000 डॉलर का चेक दिलवा दिया, जो उस फर्म द्वारा किसी कर्मचारी को नवाचार के लिए दिया गया सबसे बड़ा पुरस्कार था।

कैसे एक प्रसिद्ध प्राध्यापक ने नींद में समस्या सुलझाई

डॉ. एच.वी. हेल्प्रेक्ट पेनसिल्वेनिया यूनिवर्सिटी में प्रोफेसर ऑफ एसिरियन थे। वे एक अनुभव बताते हैं :

शनिवार कि एक शाम... मैं कई कोशिशों के बाद भी गोमेद रत्न के दो छोटे टुकड़ों का रहस्य नहीं सुलझा पा रहा था, जिन्हें देखकर लगता था कि वे किसी बैबिलॉनवासी की अंगुली की अंगूठी के होंगे।

"थककर आधी रात के करीब मैं सोने चला गया और मुझे एक अद्भुत सपना दिखा : निप्पुर नामक जगह का एक लंबा, दुबला और लंबी काया वाला पुजारी, जिसकी उम्र लगभग चालीस वर्ष होगी, मुझे मंदिर के कोष-कक्ष तक ले गया... एक छोटा, नीची छत वाला कमरा, जिसमें खिड़कियां नहीं लगी थीं, जहां गोमेद और लेपिस लजूली के टुकड़े जमीन पर बिखरे हुए थे। वहां उसने मुझसे कहा : 'जिन दो टुकड़ों को तुमने पेज 22 और 26 पर प्रकाशित किया है, वे अंगुली की अलग-अलग अंगूठियां नहीं है, वे इकट्ठी हैं। पहली दो अंगूठियां देवता की मूर्ति की कान की बालियां हैं; जो दो टुकड़े तुम्हारे पास हैं, वे उनके हिस्से हैं। अगर तुम उन्हें इकट्ठे जोड़कर देखोगे, तो मेरी बात की पुष्टि हो जाएगी'। मैं तत्काल जाग गया... मैंने टुकड़ों की जांच की... और मुझे हैरानी हुई कि मेरा सपना सच था। समस्या आखिर सुलझ गई।"

यह उदाहरण अवचेतन मन के रचनात्मक ज्ञान को प्रदर्शित करता है, जो उनकी सभी समस्याओं के जवाब जानता था।

कैसे अवचेतन ने नींद में प्रसिद्ध लेखक की सहायता की

रॉबर्ट लुई स्टीवेन्सन ने अपनी एक पुस्तक एक्रॉस द प्लेन्स में सपनों के विषय पर एक पूरा अध्याय लिखा है। वे प्रबल स्वप्नदर्शी थे और उनकी आदत थी कि वे हर रात सोने से पहले अपने अवचेतन को स्पष्ट निर्देश देते थे। वे अपने अवचेतन से आग्रह करते थे कि सोने से पहले वह उनके लिए कहानियां गढ़े। उदाहरण के लिए, जब उनके बैंक खाते में पैसे कम हो जाते थे, तो वे अपने अवचेतन को कुछ इस तरह का आदेश देते थे : "मुझे एक बेहतरीन रोमांचक उपन्यास की कहानी दो, जो लोगों को पसंद आए और लाभदायक हो।" उनका अवचेतन बहुत अच्छी तरह से प्रतिक्रिया करता था।

स्टीवेन्सन कहते हैं,

"ये छोटे बौने (उनके अवचेतन की बुद्धि और शक्तियां) मुझे टुकड़े-टुकड़े में, किसी धारावाहिक की तरह कहानी बता सकते हैं,वह भी मुझे यानी रचयिता को बताए बिना की वे किस ओर जा रही हैं।" आगे वे कहते हैं:

"जागते हुएभी मैं जो काम करता हूं (जिसके बारे में मैं चेतन रूप से जागरुक रहता हूं), वह भी आवश्यक रूप से मेरा नहीं है, क्योंकि इसमें भी बौनों का हाथ साफ नजर आता है।"

शांति से सोएं और खुशी के साथ जागें

जो कोई भीअनिद्रा से पीड़ित हो, तो नीचे दी गई प्रार्थना से लाभ पा सकता है। इसे सोने से पहले धीरे-धीरे, शांति से और प्यार से दोहराएं : "मेरे पैरों के अंगूठे शिथिल हैं, मेरे टखने शिथिल हैं, मेरे पेट की मांसपेशियां शिथिल हैं, मेरा हृदय और फेफड़े शिथिल हैं, मेरे हाथ शिथिल हैं, मेरी गर्दन शिथिल है, मेरा मस्तिष्क शिथिल है, मेरा चेहरा शिथिल है, मेरी आंखें शिथिल है, मेरी आंखें शिथिल हैं, मेरा पूरा मन और शरीर शिथिल है।

मैं पूरी तरह से हर एक को क्षमा करता हूं और मैं सबके लिए सद्भाव, सेहत, शांति और जीवन के सभी वरदानों की सच्ची इच्छा करता हूं। मैं शांति से हूं, मैं संतुलित और स्थिर हूं। मैं सुरक्षा और शांति से विश्राम करता हूं। एक गहरी शांति मेरे पूरे अस्तित्व को शांत करती है, जब मैं अपने भीतर दैवी उपस्थिति का अहसास करता हूं। मैं जानता हूं कि जीवन और प्रेम का अहसास मेरा उपचार करता है।

मैं खुद को प्रेम की चादर में लपेटता हूं और सबके प्रति सद्भावना का भाव हूं। रात भर शांति मेरे साथ रहती है और सुबह मैं जीवन तथा प्रेम से भरा रहूंगा। मेरे चारों तरफ प्रेम का एक घेरा है। *मुझे किसी बुराई से डर नहीं होगा, क्योंकि आप मेरे साथ होगे। मैं शांति से सोऊंगा, खुशी से जागूंगा और उनमें मैं जिऊंगा, चलूंगा और मेरा अस्तित्व होगा।"*

नींद के चमत्कारों का सारांश :

1. अगर आप चिंतित हैं कि आप समय पर नहीं उठ पाएंगे, तो सोने से पहले अपने अवचेतन मन को वह सटीक समय बता दें, जब आप उठना चाहते हैं। यह आपको उठा देगा। इसे किसी घड़ी की जरूरत नहीं है। सभी समस्याओं के लिए यही प्रयोग करें। आपके अवचेतन के लिए कोई भी काम मुश्किल नहीं है।

2. आपका अवचेतन कभी नहीं सोता है। यह हमेशा काम करता रहता है। यह आपकी सभी महत्वपूर्ण कार्यप्रणालियों को नियंत्रित करता है। सोने जाने से पहले खुद को और बाकि सबको माफ कर दें, इससे उपचार की प्रक्रिया और भी तीव्र गति से कार्य करेगी।

3. मार्गदर्शन आपको सोते समय दिया जाता है, जो कई बार सपने में मिलता है। उपचारक प्रवाह भी मुक्त होते हैं, जिससे आप सुबह स्फूर्ति तथा ताजगी महसूस करते हैं।

4. जब आप दिन भर की चिंताओं और परेशानियों के कारण कष्ट में हो, तो अपने दिमाग को शांत करें और अपने अवचेतन मन की बुद्धिमत्ता तथा ज्ञान के बारे में सोचें, जो आपको जवाब देने के लिए तैयार है। यह आपको शांति, शक्ति और आत्मविश्वास देगी।

5. मानसिक शांति और शारीरिक सेहत के लिए नींद बेहद आवश्यकत है। नींद की कमी से चिड़चिड़ापन, अवसाद और मानसिक विकृतियां हो सकती हैं। आपको आठ घंटे नींद की आवश्यकता होती है।

6. चिकित्सा शोधकर्ताओं ने बताया है कि अनिद्रा कई बार नर्वस ब्रेकडाउन से ठीक पहले आती है।

7. नींद के दौरान आप आध्यात्मिक रूप से ऊर्जा से भर जाते हैं। जीवन में खुशी और स्फूर्ती के लिए पर्याप्त नींद अनिवार्य है।

8. आपका थका हुआ मस्तिष्क नींद के लिए इतना बेताब रहता है कि इसे पाने के लिए यह कुछ भी त्याग करने को तैयार रहता है। कार चलाते समय सो जाने वाले लोग इस बात की गवाही दे सकते हैं।

9. नींद की कमी के शिकार कई लोगों की याददाश्त कमजोर होती है और उनमें संतुलन का अभाव होता है। वे चकराए हुए, दुविधाग्रस्त और एकाग्रतारहित होते हैं।

10. नींद से सलाह मिलती है। सोने से पहले कहें कि आपके अवचेतन मन की असीमित बुद्धिमत्ता आपको मार्गदर्शन दे रही है और निर्देशित कर रही है। फिर उस संकेत पर नजर रखें, जो शायद जागने पर आपको मिलेगा।

11. अपने अवचेतन पर पूरा भरोसा रखें। ध्यान रखें कि इसकी प्रवृत्ति हमेशा जीवन की ओर है। कई बार आपका अवचेतन मन रात को किसी स्पष्ट सपने में आपको जवाब दे देता है। आपको सपने में उसी तरह की पूर्व चेतावनी मिल सकती है, जैसी इस पुस्तक के लेखक को मिली थी।

12. आपका भाग्य आपके मस्तिष्क में बनता है, जिसका आधार आपकी आदतन सोच और विश्वास है। खुद से कहें कि असीमित बुद्धिमत्ता आपका नेतृत्व कर रही है, मार्गदर्शन दे रही है और यह भी कि आपको अच्छा ही मिलेगा तथा आपका भविष्य शानदार होगा। इस पर विश्वास रखें और इसे स्वीकार करें। सर्वश्रेष्ठ की उम्मीद करेंगे, तो निश्चित रूप से आपको सर्वश्रेष्ठ मिलेगा ।

13. अगर आप कोई उपन्यास, नाटक या किताब लिख रहे हों या किसी आविष्कार पर काम कर रहे हों, तो अपने अवचेतन मन से रात में बात करें। साहस के साथ दावा करें कि इसकी बुद्धिमत्ता, ज्ञान और शक्ति आपका मार्गदर्शन व निर्देशन कर रहे हैं तथा आदर्श नाटक, उपन्यास, पुस्तक या आदर्श समाधान को प्रकट कर रहे हैं। जब आप इस प्रकार से प्रार्थना करेंगे, तो चमत्कार जरूर होंगे।

14

आपका अवचेतन मन और वैवाहिक समस्याएं

सभी वैवाहिक समस्याएं मस्तिष्क की कार्यविधि और शक्तियों को पूरी तरह से नहीं समझ पाने का परिणाम होती हैं। मस्तिष्क के नियम का सही प्रयोग करें पति और पत्नी दोनों के बीच के विवाद को आसानी से खत्म किया जा सकता है। एक साथ प्रार्थना करके वे एक साथ बने रह सकते हैं। दैवी आदर्शों का मनन, जीवन के नियमों का अध्ययन, साझे उद्देश्य व योजना पर आपसी सहमति और व्यक्तिगत स्वतंत्रता का आनंद सामंजस्पूर्ण वैवाहिक जीवन प्रदान करता है जिससे खुशी का संचार होता है और दो व्यक्तियों को एक कर देता है।

तलाक को रोकने का सबसे अच्छा समय शादी से पहले है। किसी बुरी परिस्थिति से बाहर निकलने के फैसले में कुछ भी गलत नहीं है। लेकिन पहली बात तो यह है कि बुरी स्थिति में फंसना ही क्यों? क्या यह बेहतर नहीं होगा कि वैवाहिक समस्याओं के असली कारण पर ध्यान दिया जाए यानि मामले की जड़ तक पहुंचा जाएं?

महिला एवं पुरुषों की अन्य समस्याओं की तरह तलाक की समस्याएं, अलगाव, वैवाहिक दुख इत्यादि सीधे तौर पर ये समस्याएं उनके चेतन और अवचेतन मन की कार्यविधि तथा आपसी संबंध की नासमझी से पैदा होती है।

विवाह का अर्थ

वास्तविक बनाने के लिए विवाह की आध्यात्मिक नींव ठोस होना चाहिए। यह दिल से होना चाहिए, क्योंकि दिल में प्रेम भरा होता है। ईमानदारी, सच्चाई, दयालुता और सत्यनिष्ठा सभी प्रेम के स्वरूप हैं। दोनों ही जीवनसाथियों को एक-दूसरे के प्रति पूरी तरह ईमानदार और सच्चा रहना चाहिए। अगर कोई व्यक्ति अपने गौरव को बढ़ाने या किसी महिला की दौलत या सामाजिक प्रतिष्ठा में हिस्सा पाने के लिए शादी करें, तो यह सच्चा विवाह नहीं होगा क्योंकि यह ईमानदारी और सच्चे प्रेम की कमी को दर्शाता है। इस तरह का विवाह मजाक, धोखा और नाटक है।

जब कोई महिला कहती है, "मैं काम करते-करते थक चुकी हूं। मैं सुरक्षा की खातिर शादी करना चाहती हूं।" तो उसका शादी का कारण ही गलत है। वह मस्तिष्क के नियमों का ठीक तरह से प्रयोग नहीं कर रही है। जबकि उसकी सुरक्षा चेतन और अवचेतन मन के आपसी संबंध के ज्ञान तथा इसके प्रयोग पर निर्भर करती है।

अगर कोई महिला (या पुरुष) इस पुस्तक के अध्यायों में बताई गई तकनीकों पर अमल करें, तो उसे दौलत या सेहत की कभी कमी नहीं होगी। उसकी दौलत उसके पति, माता-पिता या किसी अन्य स्रोत के बजाय अपने आप आएगी। महिला सेहत, शांति, खुशी, प्रेरणा, मार्गदर्शन, प्रेम, दौलत, सुरक्षा, सुख या दुनिया की किसी अन्य चीज के लिए अपने पति पर निर्भर नहीं है। उसे सुरक्षा और मानसिक शांति अपने भीतर की शक्तियों के ज्ञान और अपने मस्तिष्क के नियमों के सतत सृजनात्मक प्रयोग से मिलती है।

आदर्श व्यक्ति को कैसे आकर्षित करें

अब तक आप जान चुकें हैं कि आपका अवचेतन मन कैसे काम करता है। आप जानते हैं कि आप इस पर जो भी छाप छोड़ेंगे, वह बाहरी जगत में साकार हो जाएगी। अभी से अपने अवचेतन मन पर उन गुणों और लक्षणों की छाप छोड़ें, जो आप आपने पसंद के स्त्री या पुरुष में चाहते हैं।

यहां एक उत्कृष्ट तकनीक दी जा रही है : रात को अपनी कुर्सी पर बैठ जाएं, आंखें बंद कर लें और शिथिल, शांत और ग्रहणशील हो जाएं। फिर अवचेतन मन से बात करें और कहें,

> "मैं अब अपने अनुभव में एक ऐसे स्त्री या पुरुष को आकर्षित कर रहा/रही हूं, जो ईमानदार, सच्चा, वफादार, निष्ठावान, शांत, खुश और समृद्ध है। जिन गुणों की मैं प्रशंसा करता/करती हूं, वे मेरे अवचेतन मन में इसी समय उतर रहा है। इन गुणों पर विचार करते समय वे मेरा हिस्सा बन जाते हैं और अवचेतन समा जाते हैं।

> "मैं जनता/जानती हूं कि आकर्षण का नियम अचूक होता है और मैं अपने अवचेतन विश्वास के अनुसार अपनी ओर आदर्श स्त्री/पुरुष को आकर्षित करता हूं। मैं उसे आकर्षित करता/करती हूं, जिसे मैं अपने अवचेतन मन में सच्चा महसूस करता/करती हूं।

> "मैं जनता/जनती हूं कि मैं उसके जीवन में शांति और सुख को बढ़ा सकता/सकती हूं। वह मेरे आदर्शों से प्रेम करता/करती है और मैं उसके आदर्शों से प्रेम करता/करती हूं। वह मुझे बदलकर नया नहीं बनाना चाहता/चाहती है ; ना ही मैं उसे बदलकर नया बनाना चाहती/चाहती हूं। हमारे बीच आपसी प्रेम, स्वतंत्रता और सम्मान है।"

इस प्रक्रिया का अभ्यास करके अपने अवचेतन मन में इन विचारों को पहुंचाएं। फिर आपको खुशी होगी कि बिलकुल वैसे ही पुरुष से आपकी मुलाकात होगी, जिसमें वही गुण

और लक्षण होंगे, जिनकी आपने मानसिक रूप से कल्पना की थी। इस तरह से आपकी अवचेतन बुद्धिमत्ता आपके लिए एक ऐसा रास्ता खोल देगी, जिसके द्वारा आप दोनों मिल सकेंगे। ऐसा आपके अवचेतन मन के अचूक और अपरिवर्तनीय प्रवाह के अनुरूप होगा। अपने भीतर सर्वश्रेष्ठ प्रेम, निष्ठा और सहयोग देने की तीव्र इच्छा रखें। प्रेम के इस उपहार के प्रति ग्रहणशील रहें, जो आपने अपने अवचेतन मन को दिया है।

आदर्श पत्नी को कैसे आकर्षित करें

आदर्श जीवनसाथी को पाने के लिए इस प्रकार सकारात्मक घोषणा करें :

"मैं अब उपयुक्त महिला को आकर्षित कर रहा हूं, जिसके साथ मेरा पूरा तालमेल होगा।यह एक आध्यात्मिक मेल है, क्योंकि यह दैवी प्रेम है जो ऐसी महिला के व्यक्तित्व द्वारा काम कर रहा है, जिसके साथ मैं बहुत खुश रहूंगा। मैं जानता हं, कि मैं इस महिला को प्रेम, प्रकाश, शांति और खुशी दे सकता हूं। मैं महसूस करता हूं और विश्वास करता हूं कि मैं इस महिला के जीवन को पूर्ण व अद्भुत बना सकता हूं।"

"मैं अब आदेश देता हूं कि उसमें ये गुण और आदतें हैं : वह आध्यात्मिक, निष्ठावान, वफादार और ईमानदार है। वह सामंजस्यपूर्ण, शांत और खुशमिजाज है। हम एक-दूसरे के प्रति प्रबलता से आकर्षित हैं। जो प्रेम सत्य और सुंदरता से संबंध रखता है, वह मेरे अनुभव में आ सकता है। मैं अब अपने आदर्श जीवनसाथी को स्वीकार करता हूं।"

जब आप शांति और रूचि से उन गुणों और आदतों के बारे में विचार करेंगे, जिन्हें आप अपने चाहे गए साथी में पसंद करते हैं, तो आप अपनी मानसिकता में उसका मानसिक समतुल्य बना लेंगे। फिर आपके अवचेतन मन के गहराई की तरंगे आप दोनों को दैवी विधान के तहत एक साथ ले आएंगी।

तीसरी गलती की आवश्यकता नहीं

हाल ही में एक शिक्षक ने मुझसे कहा, "मैं तीन लोगों से शादी कर चुकी हूं और तीनों ही निष्क्रिय, दब्बू और अपनी हर जरूरत के लिए मेरे ऊपर निर्भर थे। ना जाने मैं ऐसे लोगों को ही क्यों आकर्षित कर पाती हूं?"

मैंने उससे पूछा कि क्या दूसरी शादी करने से पहले वह जानती थी कि उसके होने वाले पति में पहले पति जैसा ही चरित्र था। उसने कहा, "बिलकुल नहीं। अगर मुझे पता होता, तो मैं उससे शादी ही नहीं करती। यही मेरे तीसरे पति के साथ हुआ।" असल में उससे जब पहली बार गलती हुई तो उसने उससे कोई सीख नहीं ली। इसलिए दिक्कत उन आदमियों में नहीं थी, बल्कि उसके अपने व्यक्तित्व की बनावट में थी। वह बहुत हठीली थी

और हर स्थिति में नियंत्रण करना चाहती थी। एक स्तर पर वह ऐसा जीवनसाथी चाहती थी, जो दब्बू और निष्क्रिय हो, ताकि वह स्वयं निर्णायक भूमिका निभा सके। उसकी अवचेतन तसवीर ऐसे व्यक्ति को आकर्षित कर रही थी, जिसे वह चाहती तो थी, लेकिन शादी के बाद उसे पता चलता था कि वह उसकी वास्तविक आवश्यकता पूरी नहीं करता था। इस कारण उसे प्रार्थना की सही प्रक्रिया सीखनी पड़ी जिससे इस दुष्चक्र को तोड़ सके।

नकारात्मकता के चक्र को कैसे तोड़ें

ऊपर दिए गए महिला के उदाहरण ने आखिरकार एक सरल सच्चाई जान ली थी। जब आप यकीन करते हैं कि आप आदर्श पार्टनर पा सकते हैं, तो आपको अपने विश्वास के अनुरूप ही मिलेगा।

पुराने अवचेतन स्वरूप को तोड़ने और अपनी तरफ आदर्श जीवनसाथी को आकर्षित करने के लिए उसने इस प्रार्थना का प्रयोग किया :

"मैं अपनी मानसिकता में उस तरह का व्यक्ति बना रही हूं, जिसकी मैं गहराई से इच्छा करती हूं। मैं जिस पुरुष को पति के रूप में आकर्षित करती हूं, वह प्रभावी, सशक्त, प्रेमपूर्ण, बलिष्ठ, सफल, ईमानदार, वफादार और निष्ठावान है। उसे मुझसे प्रेम और खुशी मिलती है। मैं उसकी बताई राह पर चलना पसंद करती हूं।"

"मैं जानती हूं कि वह भी मुझे चाहता है और मैं उसे चाहती हूं। मैं ईमानदार, सच्ची, प्रेमपूर्ण और दयालु हूं। मेरे पास उसे देने के लिए सद्भावना, खुशनुमा दिल और स्वस्थ शरीर जैसे अद्भुत तोहफे हैं। वह भी मुझे यही तोहफे देता है। यह साझा है। मैं देती और पाती हूं।"

"दैवी ज्ञान जानता है कि वह पुरुष कहां है और मेरे अवचेतन मन की अधिक गहरी बुद्धिमत्ता अब हम दोनों को अपने तरीके से करीब ला रही है। हम एक दूसरे को देखते ही तत्काल पहचान लेंगे। मैं यह आग्रह अपने अवचेतन मन को सौंप रही हूं, जो जानता है कि इस आग्रह को कैसे पूरा करना है। मैं आदर्श जवाब के लिए धन्यवाद देती हूं।"

उसने इस तरीके से हर दिन सुबह और रात प्रार्थना की। उसने इस विश्वास के साथ इन सच्चाइयों की सकारात्मक घोषणा की कि मस्तिष्क में बार-बार दोहराने से वह उस मानसिक समतुल्य तक पहुंच जाएगी, जिसे वह चाहती थी।

उसकी प्रार्थना का जवाब

कई महीने गुजर गए। उसने बहुत सारे लोगों के साथ डेटिंग की और सामाजिक उत्सवों में भी गई, लेकिन वह जिन व्यक्तियों से मिली, उनमें से कोई भीउसके चाहे गए अनुसार

नहीं था। जब उसके मन में सवाल उठने लगते, मन डावांडोल होनेलगता, शंकाओं के बादल घिरने लगते तो वह खुद को याद दिलाती कि असीमित बुद्धिमत्ता इस काम को अपने तरीके से कर रही है। इसके बारे में चिंता करने की कोई जरूरत नहीं है। जब उसे कोर्ट से तलाक का आखिरी आदेश मिल गया, तो उसे मुक्ति और मानसिक स्वतंत्रता का गहरा अहसास हुआ।

इसके बाद जल्दी ही उसे एक मेडिकल कंपनी में नौकरीमिल गई। उसने मुझे बताया कि वहां उसने एक डॉक्टर को देखा। उसे डॉक्टर को देखते ही महिला को अहसास हुआ कि यही वह व्यक्ति है जिसकी मुझे तलाश थी। शायद डॉक्टर को भी इसका अंदाजा हो गया था। एक सप्ताह के भीतर ही डॉक्टर ने उसके सामने शादी का प्रस्ताव रख दिया। बाद में उनका वैवाहिक जीवन सुखद रहा। यह डॉक्टर निष्क्रिय या दब्बू किस्म के नहीं थे। वे सशक्त, आत्मविश्वासी और निर्णायक थे। अपने क्षेत्र में वे बहुत सम्मानित थे और कॉलेज के दिनों में बहुत अच्छे खिलाड़ी भी रह चुके थे। वे गहरे आध्यात्मिक व्यक्ति भी थे।

आखिरकार उस महिला को वह मिल गया, जिसके लिए उसने प्रार्थना की थी क्योंकि उसने इसका मानसिक रूप से तब तक दावा किया, जब तक कि वह संतृप्ति के बिंदु तक नहीं पहुंच गई। दूसरे शब्दों में, वह मानसिक और भावनात्मक रूप से अपने विचार के साथ एकाकार हो गई तथा यह उसका हिस्सा बन गया। यह ठीक वैसे ही जैसे आप एक फल खाते हैं और फिर वह आपका ही हिस्सा बन जाता है।

क्या मुझे तलाक लेना चाहिए

तलाक एक व्यक्तिगत सवाल है। इसका कोई एक सामान्य हल नहीं हो सकता। जाहिर है, कुछ मामलों में तो शादी ही नहीं होनी चाहिए थी। दूसरे मामलों में तलाक समस्या का समाधान नहीं है। यह ठीक वैसे ही है जिस प्रकार अकेले व्यक्ति के लिए शादी ही एकमात्र समाधान नहीं हो सकता है। तलाक एक व्यक्ति के लिए सही और दूसरे के लिए गलत हो सकता है।जिस व्यक्ति को तलाक दिया जा रहा है, वह झूठी जिंदगी जी रहे कई विवाहित लोगों से ज्यादा सच्चा और बेहतर हो सकता है।

उदाहरण के लिए, एक बार मुझसे एक महिला ने परामर्श लिया, उसका पति उसे मारता-पीटता था और नशे की लत के लिए उसके पैसे चुरा लेता था। उस महिला को सिखाया गया था कि शादी पवित्र और तलाक अनैतिक है। मैंने उसे बताया कि सच्चा विवाह दो दिलों का मेल होता है। अगर दो दिल सामंजस्य, प्रेम और ईमानदारी से एक होते हैं, तो यह आदर्श विवाह है। प्रेम करना दिल का पवित्र कर्म है।

"मेरी बात सुनने के बाद वह समझ गई कि उसे क्या करना चाहिए। वह अपने मन में जानती थी कि ऐसा कोई दैवी नियम नहीं है, जो उसे मजबूर करता हो कि वह धौंस में रहे, डांट खाती रहे और पिटती रहे, सिर्फ इसलिए क्योंकि किसी ने एक बार कहा था, "अब से तुम दोनों पति-पत्नी हो।"

अगर आप असमंजस में हैं कि क्या करना है, तो मार्गदर्शन मांगें। जान लें कि हर सवाल का हमेशा कोई न कोई जवाब होता है और यह आपको मिलेगा। आपकी आत्मा की खामोशी में आपको जो जवाब मिले, उस पर अमल करें। यह आपसे शांति में बोलती है।

तलाक तक पहुंचना

हालही में एक युवा दंपति तलाक ले रहे थे, जिनकी शादी कुछ महीने पहले ही हुई थी। उनसे बात करने पर मैंने पाया कि युवक को लगातार डर सताता रहता था कि उसकी पत्नी उसे छोड़कर चली जाएगी। उसे लगता था पत्नी उसे पसंद नहीं करती है और वह मानता था कि उसकी पत्नी उसके प्रति वफादार नहीं थी। ये विचार उसे बुरी तरह सताने लगे और उस पर हावी हो गए।

उसका मानसिक नजरिया अलगाव और शंका से भर गया था। महिला उसके प्रति उदासीन महसूस करने लगी, लेकिन यह उस पुरुष की भावना का ही परिणाम था और इसने उसके पीछे के मानसिक पैटर्न के अनुरूप स्थिति या कर्म उत्पन्न कर दिया। यह क्रिया और प्रतिक्रिया या कारण और परिणाम का नियम है। विचार क्रिया है, जिस पर अवचेतन मन प्रतिक्रिया करता है।

उसकी पत्नी घर छोड़कर चली गई और उसने तलाक का आवेदन दे दिया। वही हुआ, जिसका उस पति को डर और विश्वास था।

तलाक की शुरुआत मन से होती है

तलाक सबसे पहले मन में होता है; कानूनी कार्यवाही बाद में होती है। ये युवा पति-पत्नी द्वेष, डर, शंका और क्रोध से भरे थे। इस तरह का नजरिया पूरे अस्तित्व को कमजोर करता है, थका देता है और पस्त कर देता है। उन्होंने यह जाना कि नफरत अलग करती है और प्रेम मिलाता है। उन्हें अहसास होने लगा कि वे अपने मस्तिष्क के साथ क्या कर रहे थे। उनमें से कोई भी मानसिक कर्म के नियम को नहीं जानता था। वे अपने दिमाग का दुरूपयोग कर रहे थे और परेशानी तथा दुख को आमंत्रित कर रहे थे। मेरे सुझाव पर यह दंपति एक साथ रहने आया और प्रार्थना चिकित्सा का प्रयोग करने लगा।

वे एक दूसरे के प्रति प्रेम, शांति और सद्भावना प्रसारित करने लगे। वे एक-दूसरे के प्रति सामंजस्य, सेहत, शांति और प्रेम प्रकट करते थे तथा हर रात को बारी-बारी से धार्मिक किताबे पढ़ते थे जिसमें प्रेम और सामंजस्य को सिखाया गया था। उनकी इस कोशिश की बदौलत उनके वैवाहिक जीवन का हर दिन पहले से ज्यादा सुंदर होता जा रहा है।

लड़ाकू बीबी

कई बार पत्नी इसलिए चिड़चिड़ाती है, क्योंकि उस पर ध्यान नहीं दिया जाता है। यह उसकी

प्रेम और स्नेह की नैसर्गिक इच्छा को व्यक्त करने का तरीका होता है। अपनी पत्नी का ख्याल रखें और उसकी सराहना करें। उसके कई अच्छे गुणों या बातों की प्रशंसा करें और उसे ऊपर उठाएं। कुछ ऐसी लड़ाकू पत्नियां भी होती हैं जो पति को अपनी इच्छानुसार चलाने का प्रयास करती हैं। यह जीवनसाथी को दूर भगाने का बहुत ही कारगर उपाय है।

पति-पत्नियों को ध्यान रखना होगा कि वे आक्रामक नहीं बनें, ना ही एक-दूसरे के छोटे-मोटे दोषों या गलतियों की तलाश में जुटे रहें। दोनों को ही अपने जीवनसाथी के सृजनात्मक और अद्भुत गुणों पर ध्यान देना चाहिए तथा उनकी प्रशंसा करनी चाहिए।

विचारों में खोया पति

अगर कोई पति अपनी पत्नी की किसी बात या काम पर नाराज होकर पूरे समय बदला लेने का तरीका खोजता रहे और उसके प्रति बुरे विचार मन में लाए तो समझ लीजिए कि मनोवैज्ञानिक रूप से वह व्यभिचार कर रहा है। एडल्टरी का एक अर्थ आइडोलेटरी है यानी नकारात्मक और विध्वंसात्मक चीजों पर ध्यान देना। जब कोई व्यक्ति खामोशी से अपनी पत्नी के प्रति द्वेषपूर्ण या शत्रुता पूर्ण होता है, तो वह बेवफाई कर रहा होता है। वह अपनी शादी की कसमों के प्रति वफादार नहीं है, जिनमें उसने उसे जिंदगी भर प्रेम करने, चाहने और सम्मान करने का वादा किया था।

कटु और द्वेषपूर्ण विचार रखने वाला पुरुष अगर चाहे तो अपने नकारात्मक कथनों को निगल सकता है, अपने गुस्से को दबा सकता है और परवाह करने वाला, दयालु या शिष्ट बन सकता है। वह मतभेदों को कुशलता से मोड़ सकता है। तारीफ और मानसिक प्रयासों से वह विरोध की आदत से बाहर निकल सकता है। जब वह अपने अवचेतन मन से शांति, सामंजस्य और प्रेम के विचार रखेगा, तो वह पाएगा कि उसके ना सिर्फ पत्नी, बल्कि जीवन में सभी के साथ ज्यादा अच्छे और मधुर संबंध बन रहे हैं। सद्भावनापूर्ण अवस्था अपनाएं और अंततः आपको शांति तथा सद्भावना मिल जाएगी।

बड़ी गलती

अक्सर लोगों की बड़ी गलती यह होती है कि वे अपनी वैवाहिक समस्याओं एवं मुश्किलों के लिए पड़ोसियों और रिश्तेदारों की मदद लेते हैं। मान लें, एक पत्नी अपनी पड़ोसन से कहती है, "जॉन मुझे खर्चे के लिए बिलकुल पैसे नहीं देता। वह मेरी मां को अपमानित करता है। वह बहुत ज्यादा शराब पीता है। मुझे अपशब्द भी कहता रहता है।"

यहां पत्नी अपने पति को सबकी निगाह में गिरा रही है और अपमानित कर रहीहै। अब उन लोगों की नजर में वह एक अच्छा पति नहीं रह गया है। इसलिए अपनी वैवाहिक समस्याओं के बारे में प्रशिक्षित मनोविश्लेषक के सिवा किसी अन्य से सलाह ना लें। आखिर क्यों दूसरों को आपकी शादी को लेकर नकारात्मक विचार रखने का मौका दिया जाए?यही नहीं, अपने पति की कमियां गिनाते समय दरअसल वह अपने भीतर इन अवस्थाओं को

पनपने का मौका दे रही है। ये सारी बातें कौन सोच रहा है और महसूस कर रहा है? वह खुद, और जैसा आप सोचते तथा महसूस करते हैं, वैसे ही आप होते हैं।

रिश्तेदार आमतौर पर आपको गलत सलाह देते हैं। यह आमतौर पर पक्षपातपूर्ण और पूर्वाग्रह से ग्रस्त होती है, क्योंकि यह निष्पक्षता से नहीं दी जाती है। आपको मिलने वाली सलाह अगर स्वर्णिम नियम की अवहेलना करती है, जो ब्रह्मांड का नियम है, तो वह ना तो अच्छी है, ना ही दमदार है।

यह याद रखना आवश्यक है कि दो इंसान स्वभाव के टकराव, दर्द और तनाव के पलों के बिना एक छत के नीचे नहीं रह सकते। अपने विवाह के दुखद पहलू का प्रदर्शन अपने मित्रों के सामने कभी नहीं करें। अपनेविवादको अपने तक ही सीमित रखें। अपने जीवनसाथी की आलोचना या निंदा से बचें।

अपने साथी को अपनी तरह ना बनाएं

एक पति को यह प्रयास कभी नहीं करना चाहिए कि उसकी पत्नी स्वभाव से बिलकुल उसकी तरह बन जाए। उन्हें बदलने की कोशिश उनका अपमान करना है और यह बताना है कि वे खुद महत्वपूर्ण नहीं हैं। ये कोशिशें हमेशा मूर्खतापूर्ण होती हैं और कई बार तो वैवाहिक जीवन को तबाह भी कर देती हैं। किसी को बदलने की कोशिश उसके गर्व और आत्मसम्मान को नष्ट कर देती है औरआपके प्रति विरोध और द्वेष की भावना जगाती है, जो अंत में वैवाहिक संबंध के लिए घातक साबित होती है।

आपसी तालमेल की जरूरत हर जगह होती है। अगर आप अपने दिमाग के भीतर अच्छी तरह देखें और अपने चरित्र तथा व्यवहार का अध्ययन करें, तो आपको इतनी कमियां मिल जाएंगी कि उन्हें दूर करने में आप जिंदगी भर व्यस्त रह सकते हैं। अगर आप कहते हैं, "मैं उसे मनचाहे अनुसार बदल लूंगा," तो आप समस्या को आमंत्रण दे रहे हैं और तलाक के रास्ते पर जा रहे हैं। आप दुख को खोज रहे हैं। आपको यह मुश्किल सच स्वीकार करना ही होगा कि अगर बदलना है तो खुद को बदलें।

इन तरीकों से प्रार्थना करके एक साथ रहें

पहला कदम : कभी भी छोटी-छोटी निराशाओं से होने वाली चिढ़ को अगले दिन तक ना ले जाएं। रात को सोने से पहले एक दूसरे को हर कड़वी बात के लिए माफ कर दें। आप सुबह जिस पल जागें, यह दावा करें कि असीमित बुद्धिमत्ता आपको सभी तरीकों से मार्गदर्शन दे रही है। शांति, सामंजस्य और प्रेम के विचार अपने जीवनसाथी, परिवार के सभी सदस्यों और पूरी दुनिया की तरफ प्रेषित करें।

दूसरा कदम : नाश्ते के समय ईश्वर को धन्यवाद दें। स्वादिष्ट भोजन, समृद्धि और सभी नियामतों के लिए शुक्रिया अदा करें। यह सुनिश्चित करें कि टेबल पर समस्या, चिंता या बहस वाली बातचीत नहीं हो। यही बात डिनर पर भी लागू करें। अपने पति या पत्नी से

कहें, "मैं आपके सभी कामों की प्रशंसा करता हूं और दिन भर आपकी ओर प्रेम तथा सद्भाव प्रकट करता हूं।"

तीसरा कदम : पति-पत्नी को हर रात बारी-बारी से प्रार्थना करनी चाहिए। अपने जीवनसाथी को अनदेखा नहीं करें। अपना प्रेम दिखाएं और सराहना भी करें। निंदा, आलोचना और चिढ़ के बजाय सराहना और सद्भाव के विचार रखें। शांत घर और सुखद वैवाहिक जीवन बनाने का तरीका प्रेम, सुंदरता, सद्भाव, आपसी सम्मान, ईश्वर में आस्था और सभी अच्छी चीजों की नींव रखना है। सोने जाने से पहले धार्मिक ग्रंथों के अच्छे प्रसंग पढ़ें। जब आप इन सच्चाइयों का अपनाएंगे, तो आपका वैवाहिक जीवन दिनोंदिन बेहतर होता जाएगा।

अपने काम की समीक्षा करें :

1. मानसिक और आध्यात्मिक नियमों की अज्ञानता ही सारे वैवाहिक दुखों का कारण है। एक साथ बने रहने के लिए एक साथ वैज्ञानिक प्रार्थना करें।

2. तलाक को रोकने का सबसे अच्छा समय विवाह से पहले का है। अगर आप सीख लेते हैं कि सही तरीके से प्रार्थना कैसे करना है, तो आप अपनी ओर सही जीवनसाथी को आकर्षित कर पाएंगे।

3. विवाह पुरुष और स्त्री का मेल है, जो प्रेम की डोर से आपस में बंधते हैं। उनके दिल एक होकर धड़कते हैं और वे आगे, ऊपर तथा ईश्वर की ओर बढ़ते हैं।

4. यह जरूरी नहीं कि हर विवाह करने वाला खुश ही रहे। लोग ईश्वर के शाश्वत सत्यों और जीवन के आध्यात्मिक मूल्यों के जरिए खुशी पाते हैं। पुरुष और महिला एक-दूसरे की खुशी और सुख में योगदान दे सकते हैं।

5. आप उन गुणों और विशेषताओं पर विचार करके सही जीवनसाथी को आकर्षित करते हैं, जिनकी आप किसी पुरुष या महिला में प्रशंसा करते हैं। फिर आपका आवचेतन मन आपको दैवी विधान के जरिए मिला देगा।

6. आप जीवनसाथी में जो चाहते हैं, उसके मानसिक समतुल्य को अपनी मानसिकता में बना लें। अगर आप जीवन में सच्चे, ईमानदार और प्रेमपूर्ण जीवनसाथी को आकर्षित करना चाहते हैं तो पहले आपको खुद ईमानदार, सच्चा और प्रेमपूर्ण बनना होगा।

7. आपको शादी में गलतियां दोहराने की जरूरत नहीं है। जब आप सचमुच यकीन करते हैं कि आपको आदर्श जीवनसाथी मिल सकता है, तो आपको अपने विश्वास के अनुरूप ही मिलेगा। विश्वास करना किसी चीज को सच मानना है। अपने आदर्श साथी को मानसिक रूप से इसी समय स्वीकार करें।

8. इस बात को लेकर परेशान नहीं हों कि जिस जीवनसाथी के लिए आप प्रार्थना कर रहे हैं, वह कैसे, क्यों और कहां मिलेगा। अपने अवचेतन मन की बुद्धिमत्ता पर पूरा भरोसा रखें। इसके पास अपने लक्ष्य को पाने की शक्ति है। आपको इसमें कोई हस्तक्षेप नहीं करना चाहिए।

9. अगर आप अपने जीवनसाथी के प्रति दुर्भावना, दुश्मनीऔर चिढ़ रखते हैं, तो आप मानसिक रूप से तलाकशुदा हैं। आप मानसिक रूप से अपने मस्तिष्क में उसकी गलतियों पर ध्यान केंद्रित कर रहे हैं। अपनी वैवाहिक कसमों को याद करें और उन्हें मानें, "मैं जीवनभर उसे प्रेम और सम्मान देने का वादा करता हूं।"

10. जीवनसाथी के प्रति भय के विचार रखना बंद कर दें। प्रेम, शांति, सद्भाव जैसे अच्छे विचार रखें; आपका वैवाहिक जीवन अधिक सुंदर और अद्भुत होता जाएगा।

11. एक-दूसरे के प्रति प्रेम, शांति और सद्भाव प्रसारित करें। आपका अवचेतन मन इन कंपनों को पकड़ लेता है, जिससे आपसी विश्वास, प्रेम और सम्मान बढ़ता है।

12. चिड़चिड़ा जीवनसाथी आमतौर पर आपसे ध्यान और सम्मान चाहता है। सामान्यता वह प्रेम और स्नेह का भूखा होता है। उसके अच्छे गुणों की तारीफ करें और उसे ऊपर उठाएं। उसे अहसास कराएं कि आप उससे प्रेम करते हैं और उसकी सराहना करते हैं।

13. जो पति अपने पत्नी से प्रेम करता है, वह शब्द, कर्म या मन से कोई प्रेमविरोधी या दयारहित काम नहीं करता हा। प्रेम वही करता है, जो प्रेम रूप होता है।

14. वैवाहिक समस्याओं के लिए हमेशा विशेषझ से परामर्श लें। आप दांत ठीक करवाने के लिए कारपेंटर के पास नहीं जाते हैं। इसी तरह आपको अपनी वैवाहिक समस्याओं के बारे में रिश्तेदारों या दोस्तों से बात नहीं करनी चाहिए। अगर आपको सलाह की जरूरत हो, तो किसी प्रशिक्षित सलाहकार के पास जाएं।

15. कभी भी अपने पति या पत्नी को बदलने या अपने मन के अनुसार बनाने की कोशिश नहीं करें। ये प्रयास हमेशा मूर्खतापूर्ण होते हैं और सामने वाले के गर्व तथा आत्मसम्मान को खत्म कर देते हैं। यही नहीं, इससे द्वेष की भावना भी उत्पन्न होती है, जो वैवाहिक संबंध के लिए घातक साबित हो सकती है। जीवनसाथी को अपने जैसा बनाने के प्रयास से बचें।

16. हमेशा एक साथ रहने के लिए एक साथ प्रार्थना करें। वैज्ञानिक प्रार्थना सभी समस्याएं सुलझा देती है। मानसिक रूप से अपनी पत्नी की वैसी तसवीर बनाएं, जैसी उसे होना चाहिए : खुश, सुखी, स्वस्थ और सुंदर। अपने पति को उस तरह देखें, जैसा उसे होना चाहिए : सशक्त, शक्तिशाली, प्रेमपूर्ण, सद्भावनापूर्ण और दयालु। मानसिक तसवीर देखते रहेंगे, तो आप अनुभव करेंगे कि आपका वैवाहिक जीवन स्वर्ग बन चुका है, जो सद्भाव और शांति से भरा है।

15

आपका अवचेतन मन
और आपकी खुशी

अमेरिकी मनोविज्ञान के पितामह विलियम जेम्स ने कहा था कि उन्नीसवीं सदी की सबसे महान खोज भौतिक शास्त्र के क्षेत्र में नहीं थी। सबसे बड़ी खोज आस्था से प्रेरित अवचेतन की शक्ति थी। प्रत्येक मनुष्य में इस शक्ति का भंडार है, जो दुनिया की किसी भी समस्या का समाधान दे सकती है।

सच्ची और स्थायी खुशी आपके जीवन में उस दिन आएगी, जब आपको स्पष्ट अहसास हो जाएगा कि आप किसी भी कमजोरी से उबर सकते हैं, जब आपको यह अहसास हो जाएगा कि आपका अवचेतन आपकी समस्याओं को सुलझा सकता है, आपके शरीर का उपचार कर सकता है और आपके सपनों से भी ज्यादा समृद्धि दिला सकता है।

आप बहुत खुश होते हैं, जब आपके बच्चे का जन्म होता है, जब आपकी शादी होती है, जब आप कॉलेज से पास होकर निकलते हैं, जब आप कोई बड़ा पुरस्कार जीतते हैं। आप तब भी बहुत खुश होते हैं जब मनपसंद लड़की या लड़के से आपकी सगाई होती है। आप इसी तरह के दूसरे अनुभवों की सूची भी बना सकते हैं, जब आप खुश हुए हों। बहरहाल, चाहे ये अनुभव कितने ही अद्भुत हों, ये सच्ची स्थायी खुशी नहीं देते हैं। ये सारे अनुभव अस्थायी हैं।

बुक ऑफ प्रोवर्ब जवाब देती है : *जो भी ईश्वर में भरोसा करता है, वह सुखी है।* जब आप ईश्वर (अपने अवचेतन मन की शक्ति और बुद्धिमत्ता) पर विश्वास करते हैं कि वे सभी क्षेत्रों में आपका नेतृत्व, नियंत्रण और निर्देशन करेंगे, तो आप संतुलित, शांत और आरामदेह हो जाएंगे। जब आप सबके प्रति प्रेम, शांति और सद्भावना प्रसारित करते हैं, तो आप अपने जीवन में खुशी की बहुत बड़ी इमारत का निर्माण कर रहे होते हैं।

खुशी का चुनाव करें

खुशी एक मानसिक अवस्था है। एक बाइबिल कहती है, इस दिन आप चुनें कि आप किसकी सेवा करेंगे। आपको पास खुशी चुनने की स्वतंत्रता है। यह बहुत आसान लगता है और यह है भी। शायद इसीलिए लोग खुशी की राह पर लड़खड़ा जाते हैं। वे खुशी की सादगी की कुंजी को नहीं देख पाते हैं। जीवन की महान चीजें आसान, गतिशील और रचनात्मक हैं। वे कल्याण और खुशी देती हैं।

सेंट पॉल आपको बताते हैं कि आप किस तरह विचारों के जरिए प्रबल शक्ति और खुशी का जीवन पा सकते हैं :

आखिरकार, भाइयों, जो भी चीजें सच्ची हैं, जो भी चीजें ईमानदार हैं, जो भी चीजें न्यायपूर्ण हैं, जो भी चीजें शुद्ध हैं, जो भी चीजें प्यारी हैं, जो भी चीजें अच्छी प्रतिष्ठा की हैं ; अगर कोई गुण है, और अगर कोई प्रशंसा है, तो इनके बारे में विचार करें।

फिलिपियन्स 4:8

खुशी कैसे चुनें

इसी समय खुशी चुनने से शुरुआत करें। यह इस प्रकार करें : सुबह आंखें खोलते ही खुद से कहें,

"दैवी विधान आज और हर दिन मेरे जीवन का नियंत्रण करता है। सारी चीजें आज मेरे भले के लिए काम कर रही हैं। यह मेरे लिए एक नया और अद्भुत दिन है। इस दिन जैसा कोई दूसरा दिन कभी नहीं होगा। मुझे पूरे दिन दैवी मार्गदर्शन मिलता है और मैं जो भी करूंगा उसमें मुझे समृद्धि मिलेगी। दैवी प्रेम मेरे चारो ओर हैऔर मैं शांति से हूं।

जब भी मेरा ध्यान अच्छाई और सृजनात्मकता से भटकता है, तो मैं उस चीज के बारे में तत्काल सोचने लगता हूं जो सुंदर और अच्छी है। मैं अपने लिए एक आध्यात्मिक और मानसिक चुंबक हूं और अपनी ओर उन सभी चीजों को आकर्षित करता हूं, जो मुझे नियामतें देती हैं और समृद्ध करती हैं। आज मैं अपने सभी कामों में सफलता पाऊंगा। निश्चित रूप से आज मैं दिन भर खुश रहूंगा।"

हर दिन की शुरुआत इसी प्रकार करें, फिर आप खुशी का चुनाव कर रहे होंगे और खुश तथा प्रफुल्लित रहेंगे।

खुश रहने को उसने आदत बनाया

कुछ वर्ष पहले मैं एक किसान के घर लगभग एक हफ्ते ठहरा। वह किसान आयरलैंड के पश्चिमी किनारे पर कॉनेमारा में रहता था। वह किसानहमेशा गुनगुनाता, सीटी बजाता और हसता-मुस्कुराता रहता था।

इसी कारण मैंने उससे उसकी खुशी का राज पूछ लिया तो उसने जवाब दिया, "खुशी रहना मेरी आदत है। प्रतिदिन जब मैं सुबह जागता हूं और जब मैं रात को सोने जाता हूं, तो अपने परिवार, फसल, जानवरों को दुआएं देता हूं और अद्भुत फसल के लिए ईश्वर को धन्यवाद देता हूं।"

इस किसान ने चालीस वर्ष पहले इसे आदत डाल ली थी। जैसा कि आप जानते हैं, नियमित रूप से दोहराए जाने वाले विचार अवचेतन मन में पहुंच जाते हैं और आदत बन जाते हैं। उसने समझ लिया था कि खुशी एक आदत है।

आप खुश रहने की इच्छा करें

खुश रहने के बारे में एक महत्वपूर्ण बात है कि आपके मन में खुश होने की सच्ची इच्छा होनी चाहिए। कई लोग इतने लंबे समय से तनावग्रस्त, दुखी और निराश होते हैं कि अगर उन्हें कोई अद्भुत, अच्छी, सुखद खबर भी मिल जाए तो वे उस महिला की तरह प्रतिक्रिया करेंगे, जिसने मुझसे एक बार कहा था, "इतना खुश होना ठीक नहीं है।" वे अपनी पुराने मानसिक स्वरूप के इतने आदी हो चुके हैं कि उन्हें खुशी आसानी से महसूस नहीं होती है। वे अपनी तनावग्रस्त, दुखी अवस्था में लौटने के लिए बेताब रहते हैं।

मैं इंग्लैंड की एक बूढी महिला को जानता हूं, जिसे कई सालों से रूमेटिज्म यानी एक प्रकार का आर्थ्राइटिस था। वह अपने घुटने थपथपाकर कहती थी, "मेरा रूमेटिज्म आज बुरी हालत में है। मैं बाहर नहीं जा सकती। मेरा रूमेटिज्म मुझे दुखी कर रहा है।"

महिला की अपनी इस स्थिति के कारण अपने बच्चों और पड़ोसी से बहुत प्रेम पाते थे। इसी कारण वह अपने रूमेटिज्म को पसंद करती थी। वह अपने "दुख" को पसंद करती थी। असल में वह खुश नहीं होना चाहती थी।

मैंने उसे उपचार का एक तरीका सुझाया। मैंने उसे बाइबिल की कुछ पंक्तियां लिखकर दीं और कहा कि अगर वह उन सच्चाइयों पर ध्यान केंद्रित करेगी, तो उसका मानसिक नजरिया बेशक बदल जाएगा। इससे उसकी आस्था और विश्वास उसे स्वस्थ कर देंगे। लेकिन इसमें उसकी रूचि नहीं थी। कई लोगों की तरह वह भी अजीब मानसिक चिंता का शिकार थी, जिसे वह छोड़ना नहीं चाहती थी। उसे दुखी और परेशान रहना पसंद था।

दुख क्यों चुनना

बहुत से लोग कुछ खास प्रकार के विचारों पर ध्यान देकर अपने जीवन में दुख को चुन लेते हैं। ये विचार हैं :

- "आज का दिन बुरा है। हर चीज गड़बड़ होने वाली है।"

- "मैं सफल नहीं हो पाऊंगा।"

- "हर व्यक्ति मेरे खिलाफ है।"

- "धंधा बुरा है और यह पहले से ज्यादा बुरा होने वाला है।"

- "मैं हमेशा देर करता हूं।"

- "मुझे कभी सुनहरे मौके नहीं मिलते हैं।"

- "वह कर सकता है, लेकिन मैं नहीं कर सकता।"

अगर सुबह-सुबह आपका यह मानसिक नजरिया रहता है, तो आप अपनी ओर इन सभी दुखद घटनाओं को आकर्षित करेंगे और बहुत दुखी रहेंगे।

यह अहसास करना शुरू करें कि जिस दुनिया में आप रहते हैं, वह काफी हद तक आपके मस्तिष्क की उपज है। आपके विचारों के अनुरूप ही वह आपकी परिस्थितियों का निर्माण करता है। महान रोमन दार्शनिक मार्कस ऑरेलियस ने कहा था, "इंसान का जीवन उसके विचारों से बनता है।" अग्रणी अमेरिकी दार्शनिक राल्फ वाल्डो एमर्सन ने कहा था, "इंसान वैसा ही होता है, जैसा वह सारे दिन सोचता है।" जो विचार आप आदतन अपने मस्तिष्क में रखते हैं, वे शारीरिक व भौतिक रूप से प्रकट हो जाते हैं।

यह तय करें कि आप नकारात्मक, पराजयवादी, बुरे या निराशाजनक विचार नहीं रखेंगे। अपने मस्तिष्क को बार-बार याद दिलाएं कि आप अपनी मानसिकता के बाहर कुछ अनुभव नहीं कर सकते।

मेरे पास दस लाख डॉलर होते तो मैं खुश होता

मैं कई मानसिक चिकित्सा के संस्थानों में गया हूं जहां मैंने करोड़ों की संपत्ति रखने वालों को भी देखा है। परंतु समस्या यह थी कि वे हमेशा से स्वयं को गरीब और अभागा ही मानते आए थे। दरअसल वे मानसिक रूग्णता, संविभ्रम रोग, निराशा में जकड़े हुए थे। दौलत अपने आप में आपको सुखी नहीं बना सकती। दूसरी ओर यह सुख में बाधक भी नहीं होती है। आज कई लोग चीजें खरीदकर सुख पाने की कोशिश करते हैं – बेहतरीन टेलीविजन, नवीनतम कार, महंगे डिजाइनर कपड़े, फार्म हाउस। लेकिन सुख इस तरह से खरीदा या पाया नहीं जा सकता।

सुख का साम्राज्य आपके विचार और भावना में है। बहुत सारे लोग सोचते हैं कि सुख उत्पन्न करने के लिए किसी घटना की जरूरत होती है। कुछ कहते हैं, "अगर मैं मेयर बन जाऊं, किसी कंपनी का प्रेसिडेंट बन जाऊं तो मैं सुखी हो जाऊंगा।"

सच तो यह है कि खुशी एक मानसिक और आध्यात्मिक अवस्था है। प्रमोशन या बाहरी सम्मान खुशी नहीं दे सकते हैं। आपकी शक्ति, खुशी और सुख तो इस बात में निहित है कि आप अवचेतन मन में निवास करने वाले दैवी विधान तथा सही कर्म के विषय का पता लगा ले और इन सिद्धांतों को अपने जीवन के सभी क्षेत्रों में लागू करें।

शांत मन के परिणाम में उसने खुशी पाई

कुछ साल पहले जब मैं सैन फ्रांसिस्को में भाषण दे रहा था, तो मैंने एक व्यक्ति से बात की। वे बहुत दुखी और निराश थे, क्योंकि उसका बिजनेस ठीक नहीं चल रहा था। वह एक कंपनी में जनरल मैनेजर थे। उसके दिल में कंपनी के प्रेसिडेंट और वाइस प्रेसिडेंट के प्रति द्वेष भरा था। उसे महसूस हो रहा था कि वे उसके विरोध हैं। इसी आपसी मनमुटाव से कंपनी का काम भी प्रभावित हो रहा था। अब कंपनी ना डिवीडेंट दे रही थी ना ही बोनस शेयर।

फिर उसने अपनी बिजनेस समस्या इस प्रकार से सुलझाई :

वह सुबहसबसे पहले शांति से यह सकारात्मक घोषणा करने लगा, "हमारी कंपनी में काम करने वाले सभी कर्मचारी ईमानदार, सच्चे, सहयोगी, वफादार और सबके प्रति सद्भावना से भरे हैं। वे इस कंपनी के कल्याण और समृद्धि की जंजीर में मानसिक तथा आध्यात्मिक कड़ियां हैं।

मैं अपने दो सहयोगियों और कंपनी के बाकी सभी लोगों के लिए अपने विचारों, शब्दों और कार्यों में प्रेम, शांति तथा सद्भावना प्रसारित करता हूं।हमारी कंपनी के प्रेसिडेंट और वाइस प्रेसिडेंट को सभी कामों में दैवी मार्गदर्शन मिल रहा है। मेरे अवचेतन मन की असीमित बुद्धिमत्ता मेरे द्वारा सारे निर्णय लेती है। हमारे सभी बिजनेस सौदों और पारस्परिक संबंधों में सद्भाव निहित है।

मैं ऑफिस में जाने से पहले शांति, प्रेम और सद्भावना के संदेशवाहक भेजता हूं। कंपनी में काम करने वाले सभी लोगों के दिलोदिमाग में शांति और सद्भाव कायम रहे, जिनमें मैं भी शामिल हूं। मैं अब आस्था, विश्वास और भरोसे के साथ एक नए दिन की शुरुआत करने जा रहा हूं।"

इस बिजनेस एक्जीक्यूटिव ने ये विचार सच मानते हुए सुबह तीन बार धीरे-धीरे भावना के साथ दोहराए। दिन में जब भी उसके मन में डर या गुस्से के विचार आते थे, वह खुद से कहता था, "शांति, सद्भाव और संतुलन हर समय मेरे मस्तिष्क पर शासन करते हैं।"

जब वह इस तरीके से अपने मस्तिष्क को अनुशासित कर रहा था, तो धीरे-धीरे हानिकारक विचार आना बंद हो गए और उसके मन में शांति आ गई। उनसे शांति की फसल काटी।

कुछ समय बाद, उसने मुझे लिखा कि मस्तिष्क को व्यवस्थित करने के लगभग दो सप्ताह बाद प्रेसिडेंट और वाइस प्रेसिडेंट ने उसे अपने ऑफिस में बुलाकर उसके काम तथा नए सृजनात्मक विचारों की प्रशंसा की। उन्होंने यह टिप्पणी भी की कि वे कितने सौभाग्यशाली है, जो उन्हें ऐसा जनरल मैनेजर मिला है। उसे यह जानकार बहुत खुशी हुई कि व्यक्ति खुद में खुशी पा सकता है।

वहां कोई बाधा नहीं है

कुछ साल पहले अखबार में मैंने एक लेख पढ़ा था जिसमें एक घोड़े से संबंधित वाकया था। इसमें वह घोड़ा सड़क के किनारे के एक ठूंठ से घबराता था। दरअसल, एक बार यह घोड़ा सड़क किनारे के ठूंठ के पास बैठे सांप से डर गया। उसके बाद से उस ठूंठ के पास आते ही घोड़ा बिदक जाता था। किसान ने ठूंठ को खोद कर उसे जला दिया और उस जगह को समतल कर दिया। लेकिन इससे मदद नहीं मिली। बरसों बाद तक घोड़ा ठूंठ वाली जगह के पास पहुंचकर बिदक जाता था। घोड़ा ठूंठ की याद में बिदक रहा था।

आपकी खुशी में आपके अपने विचार जीवन और मानसिक छवि के सिवा कोई बाधा नहीं है। क्या डर या चिंता आपको पीछे रोक रहे हैं? डर आपके मन का एक विचार है। आप इसी समय इसे निकालकर फेंक सकते हैं और इसकी जगह सभी समस्याओं पर विजय, सफलता और उपलब्धि में आस्था रख सकते हैं।

मैं एक व्यक्ति को जानता था, जोधंधे में बर्बाद हो गया था। उसने मुझसे कहा, "मैंने गलतियां की थीं, लेकिन मैंने उनसे काफी कुछ सीख लिया है। मैं दोबारा बिजनेस शुरू कर रहा हूं और मुझे इसमें अच्छी सफलता मिलेगी।" उसने अपने मन के उस ठूंठ का सामना किया। उसने शिकायत नहीं की, वह रोया नहीं। इसके बजाय उसने सफलता के ठूंठ को उखाड़ फेंका और अपनी आंतरिक शक्तियों पर भरोसा करके उसने डर के सभी विचारों और पुरानी निराशाओं को दूर कर दिया। खुद पर यकीन करें; आप सफल व सुखी बन जाएंगे।

सबसे सुखी लोग

सबसे सुखी व्यक्ति वह है, जो लगातार अपने भीतर के सर्वश्रेष्ठ स्वरूप को सामने लाता है और उसका अभ्यास करता है। सुख और सद्गुण एक-दूसरे के पूरक हैं। सबसे अच्छे लोग ना सिर्फ सबसे सुखी होते हैं, बल्कि आमतौर पर सफलता से जीने की कला में भी सबसे माहिर होते हैं। ईश्वर आपके भीतर सबसे ऊंचा और सबसे अच्छा है। ईश्वर के प्रेम, प्रकाश,

सत्य और सुंदरता को अधिक व्यक्त करेंगे, तो आप दुनिया के सबसे सुखी व्यक्तियों में से एक बन जाएंगे।

ग्रीक दार्शनिक एपिक्टेटस ने कहा था,

"मानसिक शांति और सुख का बस यही एक रास्ता है; इसलिए इसे अपने साथ हमेशा रखें, तब भी जब आप सुबह जागें और पूरे दिन तथा जब आप सोने जाएं। बाहरी चीजों से प्रभावित नहीं हों, बल्कि इन सभी को ईश्वर को समर्पित कर दें।"

सुख की सीढ़ियों का सारांश :

1. विलियम जेम्स ने कहा था कि उन्नीसवीं सदी की सबसे बड़ी खोज आस्था से प्रेरित अवचेतन मन की शक्ति है।

2. आपके भीतर जबरदस्त शक्ति है। खुशहाली आपके जीवन में खुद आएगी, जब आप इस शक्ति में परम विश्वास करने लगेंगे। तब आप अपने सपनों को हकीकत में बदल पाएंग।

3. जो व्यक्ति ईश्वर (अवचेतन मन के आध्यात्मिक नियमों) में भरोसा करता है, वह सुखी होता है। इसका अर्थ है कि आप *अपने अवचेतन मन की अद्भुत शक्ति द्वारा किसी भी पराजय पर विजय पा सकते हैं, और किसी भी मनोकामना को पूरा कर सकते हैं।*

4. आप खुशी का चुनाव करें। खुशी एक आदत है। यह एक अच्छी आदत है, जिस पर अक्सर विचार करना चाहिए।

    जो भी चीजें सच्ची हैं, जो भी चीजें ईमानदार हैं, जो भी चीजें न्यायपूर्ण हैं, जो भी चीजें शुद्ध हैं, जो भी चीजें प्यारी हैं, जो भी चीजें अच्छी प्रतिष्ठा की हैं; अगर कोई गुण है, और अगर कोई प्रशंसा है, तो इनके बारे में सोचें।

    फिलिपियन 4:8

5. जब आप सुबह अपनी आंखें खोलें, तो खुद से कहें, "मैं आज खुशी का चुनाव करता हूं। मैं आज सफलता का चुनाव करता हूं। मैं आज सही काम करने का चुनाव करता हूं। मैं आज सभी के लिए प्रेम और सद्भावना का चुनाव करता हूं। मैं आज शांति का चुनाव करता हूं।" इस सकारात्मक घोषणा में जीवंतता, प्रेम और दिलचस्पी भरेंगे, तो आपको खुशी मिल जाएगी।

6. दिन में कई बार अपनी सभी नियामतों के लिए शुक्रिया करें। अपने परिवार के सदस्यों, सहयोगियों और सारी दुनिया की शांति, खुशी तथा समृद्धि के लिए प्रार्थना करें।

7.   आपके मन में खुश रहने की सच्ची इच्छा होनी चाहिए। बिना इच्छा के कुछ हासिल नहीं होता है। इच्छा, कल्पना और आस्था के पंखों के साथ की गई कामना है। इच्छा के साकार होने की कल्पना करें, इसकी वास्तविकता महसूस करें और यह साकार हो जाएगी। खुशी प्रार्थना के जवाब के साथ आती है।

8.   लगातार डर, चिंता, गुस्से, नफरत और असफलता के विचारों को सोचकर आप निराश और दुखी बन जाएंगे। याद रखें, आपकी जिंदगी वैसी ही है, जैसा आपके विचार इसे बनाते हैं।

9.   आप दुनिया की सारी दौलत से भी खुशी नहीं खरीद सकते हैं। कई करोड़पति खुश होते हैं तो कुछ दुखी भी होते हैं। जिनके पास दौलत नहीं होती उनमें भी कुछ बहुत खुश होते हैं तो कुछ बहुत दुखी होते हैं। इसी प्रकार कुछ विवाहित लोग खुश हैं तो कुछ दुखी हैं। कुछ अविवाहित लोग खुश हैं और कुछ दुखी हैं। खुशी का साम्राज्य आपके विचार और भावना में है।

10.   खुशी शांत मस्तिष्क की फसल है। अपने विचारों को शांति, संतुलन, सुरक्षा और दैवी मार्गदर्शन पर स्थिर करें। आपका मस्तिष्क खुशी उत्पन्न कर देगा।

11.   आपकी खुशी में कोई अवरोध नहीं है। बाहरी चीजें कारण नहीं हैं। वे परिणाम हैं। अपने भीतर के एकमात्र रचनात्मक सिद्धांत से प्रेरणा लें। आपका विचार कारण है और नया कारण एक नया परिणाम उत्पन्न करता है। खुशी का चुनाव करें।

12.   सबसे सुखी व्यक्ति वह है, जो अपने भीतर के सबसे ऊंचे और अच्छे व्यक्तित्व को बाहर लाता है। ईश्वर सबसे ऊंचा तथा सबसे अच्छा है और आपके भीतर ईश्वर का साम्राज्य है।

16

आपका अवचेतन मन और सद्भावपूर्ण मानव संबंध

आपने इस पुस्तक के अध्ययन से यह तो जान लिया है कि आपका अवचेतन मन एक रिकॉर्डिंग मशीन की तरह है, जो पूरी इमानदारी से इस पर छोड़ी हर छाप को दोबारा उत्पन्न कर देता है। मानव संबंधों पर स्वर्णिम नियम के लागू होने के पीछे यह भी एक कारण है।

आप दूसरों से अपने लिए जैसा चाहते हों, उनके साथ वैसा ही करें।

मैथ्यू 7:12

इस कथन के बाहरी और आंतरिक दो अर्थ हैं। आंतरिक अर्थ आपके अवचेतन मन से संबंधित है जो कि इस प्रकार है :

- जैसा आप चाहते हों कि लोग आपके बारे में सोचें, वैसा ही आप उनके बारे में सोचें।

- जैसा आप चाहते हों कि लोग आपके बारे में महसूस करें, वैसा ही आप उनके बारे में महसूस करें।

- जैसा आप चाहते हों कि लोग आपके प्रति व्यवहार करें, वैसा ही आप उनके प्रति व्यवहार करें।

उदाहरण के लिए, आप हो सकता है दफ्तर में किसी के प्रति नम्र और शालीन हों, लेकिन उसकी पीठ पीछे उसकी बुराई करते हों या मन में द्वेषपूर्ण विचार रखते हों। इस तरह के नकारात्मक विचार आपके लिए बहुत विनाशकारी होते हैं। यह एक प्रकार से जहर खाने जैसा है। दरअसल आप मानसिक जहर ले रहे हैं जो आपकी स्फूर्ति, उत्साह, शक्ति, मार्गदर्शन और सद्भावना को कम कर देता है। जब ये नकारात्मक विचार और भाव आपके अवचेतन में उतर जाते हैं, तो वे आपके जीवन में कई प्रकार की मुश्किलें और रोग उत्पन्न कर देते हैं।

खुशहाल रिश्तों की चाबी

मूल्यांकन न करें, ताकि आपका मूल्यांकन भी न किया जाए। जैसा मूल्यांकन आप करते हैं, वैसा ही आपका मूल्यांकन किया जाता है; और जिस पैमाने पर आप मूल्यांकन करते हैं, उसी पैमाने पर आपका भी मूल्यांकन किया जाएगा।

मैथ्यू 7:1-2

सद्भावनापूर्ण संबंधों की चाबी इन पंक्तियों के करीबी अध्ययन और उनमें छिपी सच्चाई पर अमल करने में है। मूल्यांकन का अर्थ मन में विचार करना और किसी फैसले या निष्कर्ष पर पहुंचना है। दूसरे व्यक्ति के बारे में आपके मन में जो विचार हैं वह आपके हैं, क्योंकि आप ही उसे सोच रहे हैं। आपके विचार रचनात्मक हैं इसलिए आप सामने वाले के बारे में जो सोचते और महसूस करते हैं, उसे असल में अपने अनुभव में उतार रहे होते हैं। यह भी सच है कि जो सुझाव आप किसी दूसरे को देते हैं, वह आप खुद को भी देते हैं, क्योंकि आपका मस्तिष्क एक रचनात्मक साधन है।

इसीलिए यह कहा गया है, *जैसा मूल्यांकन करते हैं, वैसा ही आपका मूल्यांकन किया जाएगा।* जब आप इस नियम को जान जाते हैं और यह समझ लेते हैं कि आपका अवचेतन मन किस तरह काम करता है, तो फिर आप दूसरों के प्रति सोचने, महसूस करने, काम करने में हमेशा सावधान रहेंगे। ये पंक्तियां व्यक्ति को मुक्ति का मार्ग दर्शाती हैं और जीवन की प्रत्येक समस्या का समाधान देती हैं।

आप जैसा करेंगे, वैसा ही वापस पाएंगे आप दूसरों के साथ जो भलाई करते हैं, *वह उसी पैमाने में आपको वापस मिलती है, और आप जो बुराई करते हैं, वह भी आपके मस्तिष्क के नियम के अनुरूप आपको वापस मिलेगी।* अगर कोई किसी को धोखा देता है, तो वह दरअसल खुद को धोखा दे रहा है। अपराधबोध और नुकसान का भाव अंततः किसी न किसी समय या रूप में नुकसान को उसकी ओर आकर्षित कर लेता है। उसका अवचेतन उसके मानसिक काम का रिकॉर्ड रखता है और मानसिक इरादे या प्रेरणा के अनुरूप प्रतिक्रिया करता है।

आपका अवचेतन मन निष्पक्ष और अपरिवर्तनीय है। यह न तो व्यक्तियों में भेद करता है, न ही किसी तरह के धार्मिक पंथ या संस्था में। यह न तो दयालु है, न ही प्रतिशोधात्मक। आप दूसरों के बारे में जिस तरीके से सोचते, महसूस करते और काम करते हैं, वही आपकी ओर लौटकर वापस आता है।

प्रतिदिन की खबरों ने बनाया बीमार

अब खुद पर गौर करें। उन प्रतिक्रियाओं पर भी गौर करें जो आप अन्य लोगों, स्थितियों और परिस्थितियों पर देते हैं। आप दिन की घटनाओं और खबरों पर कैसी प्रतिक्रिया करते हैं? इससे कोई फर्क नहीं पड़ता है कि बाकी सभी लोग गलत हैं और सिर्फ आप ही सही

है। अगर खबर आपको विचलित करती है, तो यह आपकी समस्या है, क्योंकि आपके नकारात्मक भावों ने ही आपसे शांति और सद्भाव छीन लिए हैं।

एक महिला ने मुझे अपने पति को लेकर पत्र लिखा। उसने बताया कि अखबार में कुछ लेख पढ़ने पर वह बहुत गुस्सा हो जाता है। महिला ने कहा कि गुस्से की प्रतिक्रिया के कारण उन्हें अल्सर की समस्या हो गई और डॉक्टर ने भावनात्मक परिवर्तन के लिए सुझाव दिया है।

मैंने उस व्यक्ति को बुलाकर समझाया कि उसका मस्तिष्क किस तरह काम करता है। उसे यह अहसास भी कराया कि अखबार में छपे लेख पर गुस्सा होना भावनात्मक अपरिपक्वता का सूचक है, वह भी तब जब किसी अन्य व्यक्ति ने लेख लिखे और आप उससे सहमत न हों।

उसे यह अहसास होने लगा कि उसे लेखक को अपनी बात कहने की स्वतंत्रता देना चाहिए, भले ही वह उससे राजनीतिक, धार्मिक या किसी अन्य तरीके से असहमत हो। इसी तरह से समाचार पत्र भी उसे यह स्वतंत्रता देंगे कि वह अखबार को पत्र लिखकर उसकी प्रकाशित टिप्पणियों से असहमति व्यक्त कर दे। उसने सीखा कि वह नाराज हुए बिना असहमत हो सकता है। उसे यह सरल सच्चाई पता चल गई कि दूसरों के कुछ कहने या करने का उस पर कोई नहीं प्रभाव पड़ता है। सिर्फ उसकी स्वयं की प्रतिक्रिया महत्वपूर्ण होती है।

इस समझाइश ने उस आदमी के इलाज में बहुत मदद की और वह समझ गया कि थोड़े अभ्यास से वह सुबह के गुस्से पर काबू पा लेगा। उसकी पत्नी ने बाद में मुझे बताया कि आखिरकर उसने लेखकों की बातों पर हंसना सीख लिया। उसने अपनी प्रबल प्रतिक्रिया पर हंसना भी सीख लिया। अब अखबार के लेखों में उसे विचलित करने, चिढ़ाने या परेशान करने की शक्ति नहीं रही। अब उसके बढ़े हुए भावनात्मक संतुलन और शांति के कारण उसके अल्सर भी खत्म होने लगे हैं।

मैं महिलाओं से नफरत करती हूं, परंतु पुरुषों को पसंद करती हूं

एक कंपनी में बतौर सेक्रेटरी काम कर रही युवती के मन में अपने ऑफिस की कुछ महिलाओं के प्रति बहुत कड़वाहट भरी थी क्यूंकि उसे यकीन था कि वे उसके बारे में गपशप करती थीं और झूठी अफवाहें फैलाती थीं। उसने बताया कि उसे औरतें नहीं पसंद हैं। साथ ही कहा, "मुझे महिलाओं से नफरत है, पर पुरुष पसंद हैं।" जब मैंने उससे आगे बातचीत की, तो मुझे पता चला कि वह अपने अधीनस्थ कर्मचारियों से बहुत दंभी, अक्खड़ और चिड़चिड़ी आवाज में बोलती थी। उसे लगता था कि उसके साथ काम करने वाली औरतों को उसकी समस्याएं बढ़ाने में मजा आता था। उसके बोलने के लहजे में घमंड झलकता था और मैं देख पा रहा था कि उसके अंदाज से कुछ लोग क्यों चिढ़ते थे।

अगर आपके ऑफिस या फैक्ट्री के सभी लोगों से आपको चिढ़ होती है, तो क्या यह संभव नहीं है कि यह चिढ़ और परेशानी आपके ही किसी अवचेतन पैटर्न या मानसिक विचार से उत्पन्न हो रही है? हम सभी जानते हैं कि अगर आप कुत्ते से नफरत करते हों या डरते हों, तो वह खूंखार प्रतिक्रिया करेगा। दरअसल जानवर आपके अवचेतन कंपनों को भांप लेते हैं और उसी के अनुसार प्रतिक्रिया करते हैं। इसी प्रकार इंसान भी कुत्तों, बिल्लियों और अन्य प्राणियों जितने संवेदनशील होते हैं?

औरतों से नफरत करने वाली इस सेक्रेटरी को मैंने प्रार्थना की एक प्रक्रिया सुझाई। मैंने उसे बताया कि जब वह खुद को आध्यात्मिक मूल्यों से भर लेगी और जीवन की सच्चइयों की सकारात्मक घोषणा करने लगेगी, तो उसकी आवाज का घमंड और औरतों के प्रति उसकी नफरत पूरी तरह गायब हो जाएगी। वो यह जानकर हैरान थी कि नफरत की भावना बोलने, कामों, लिखने और जीवन के बाकि पहलुओं में दिख जाती हैं। तब उसने अपने द्वेषपूर्ण और गुस्सैल व्यवहार को खत्म कर दिया। उसने प्रार्थना की आदत डाल ली जिसका वह हर दिन, सुनियोजित तरीके से और लगातार अपने ऑफिस में अभ्यास करने लगी।

प्रार्थना इस प्रकार थी :

"मैं प्रेम, शांति और आराम से सोचती हूं, बोलती हूं और काम करती हूं। मैं अब उन सभी के प्रति प्रेम, शांति, सहिष्णुता और दयालुता प्रसारित करती हूं जो मेरी आलोचना करते हैं और मेरे बारे में बात करते हैं। मैंने अपने विचारों का लंगर सबके प्रति सद्भावना, शांति और सद्भाव पर डाल लिया है।

जब भी मैं नकारात्मक प्रतिक्रिया करने वाली होती हूं, तो खुद से दृढ़ता से कहती हूं, 'मैं अपने भीतर के सद्भाव, सेहत और शांति के सिद्धांत के दृष्टिकोण से सोचती हूं, बोलती हूं और काम करती हूं।' रचनात्मक ज्ञान सभी चीजों में मेरा नेतृत्व, नियंत्रण और मार्गदर्शन करता है।

प्रार्थना के इस अभ्यास ने उसकी जिंदगी बदल दी और उसने पाया कि उसके ऑफिस में आलोचना और चिढ़ का माहौल धीरे-धीरे गायब हो गया। वे महिलाएं जीवन की यात्रा में उसकी साथी और सहेलियां बन गईं। उसने यह सच्चाई जान ली कि आवश्यकता किसी और को बदलने की नहीं बल्कि खुद को बदलने की है।

उसकी अंतरआत्मा ने उसकी पदोन्नति रोक दी

एक दिन एक सेल्समैन मुझसे मिलने आया और उसने अपने सेल्स मैनेजर के साथ काम करने में आ रही परेशानियां बताई। वह दस साल से कंपनी में था, लेकिन उसे कभी प्रमोशन या किसी प्रकार की प्रशंसा नहीं मिली थी। उसने मुझे अपनी बिक्री के आंकड़े दिखाए जो कि उस इलाके के अन्य सेल्समैनों के आंकड़ों से अच्छे थे। उसका कहना था कि सेल्स

मैनेजर उसे पसंद नहीं करता था, उसके साथ भेदभाव करता था, कांफ्रेंस में अपमानजनक व्यवहार करता था, कई बार मैनेजर उसके सुझावों की खिल्ली भी उड़ाता था।

मैंने उसे सुझाव दिया कि मैनेजर के इस व्यवहार का कारण काफी हद तक उसके भीतर ही था। मैनेजर के प्रति उसके विचार और विश्वास के कारण ही वह इस तरह प्रतिक्रिया कर रहा था। हम दूसरों के लिए जिस पैमाने का प्रयोग करेंगे, हम पर भी उसी पैमाने का प्रयोग किया जाएगा। सेल्स मैनेजर के प्रति उसका मानसिक पैमाना या अवधारणा यह थी कि वह पूर्वाग्रह से ग्रस्त और मतलबी था। उसके मन में मैनेजर के प्रति कटुता और शत्रुता भरी थी। ऑफिस जाते समय जब वह खुद से बात करते हुए जाता था, तो उनमें सेल्स मैनेजर की आलोचना, मानसिक बहस, आरोप और निंदा भरी रहती थी।

वह मानसिक रूप से जो देता था, अनिवार्य रूप से उसे भी वही वापस मिलता था। हमारी बातचीत के के बात उसे अहसास हो गया कि उसकी अंदरूनी भाषा विनाशकारी थी क्योंकि उसके खामोश विचारों और भावों की शक्ति तथा गंभीरता, जिनसे वह सेल्स मैनेजर की मानसिक निंदा और बुराई करता था, उसके अवचेतन मन तक पहुंच गई थी। इसी कारण उसे अपने बॉस से नकारात्मक प्रतिक्रिया मिलती थी और अन्य व्यक्तिगत, शारीरिक और भावनात्मक विकृतियां भी उत्पन्न होती थीं।

फिर उसने इस प्रकार प्रार्थना को बार-बार दोहराना शुरू किया :

"मैं अपने ब्राह्मांड का एकमात्र चिंतक हूं। मैं इस बात के लिए जिम्मेदार हूं कि मैं अपने बॉस के बारे में क्या सोचता हूं। मेरे सेल्स मैनेजर उस तरीके के लिए जिम्मेदार नहीं है, जिससे मैं उनके बारे में सोचता हूं। किसी भी व्यक्ति, स्थान या चीज को मुझे चिढ़ाने या विचलित करने की शक्ति नहीं है। मैं अपने बॉस के लिए सेहत, सफलता, मानसिक शांति और खुशी की कामना करता हूं। मैं सच्चे दिल से उनका भला चाहता हूं और मैं जानता हूं कि सभी मामलों में उन्हें दैवी मार्गदर्शन मिलेगा।"

उसने यह प्रार्थना धीरे से, शांति से और भावना से दोहराई। वह जानता था कि उसका मस्तिष्क एक बगीचे की तरह है। वह उस बगीचे में जो बीज बोएगा उसी के अनुरूप फल मिलेंगे।

मैंने उसे सोने से पहले इस प्रकार मानसिक तसवीरें बनाना भी सिखाया : उसने कल्पना की कि बॉस उसके अच्छे काम पर उसे बधाई दे रहे थे, उसके उत्साह की प्रशंसा कर रहे थे और यह बता रहे थे कि ग्राहक उसकी कितनी तारीफ करते हैं। उसने इस कल्पना को वास्तविकता की तरह महसूस करते हुए बॉस के हाथ की पकड़ महसूस की, उनकी आवाज का विशेष अंदाज सुना और उनकी मुस्कुराहट देखी। उसने बेहतरीन नाटकीयकरण करके एक सच्ची मानसिक फिल्म बना ली। हर रात को वह इस मानसिक फिल्म को देखता था और जानता था कि उसका अवचेतन मन ही वह ग्रहणशील माध्यम है, जिस पर उसकी चेतन कल्पना प्रभाव छोड़ेगी।

इस प्रक्रिया से, जिसे हम मानसिक और आध्यात्मिक ओस्मोसिस मान सकते हैं, उसके अवचेतन मन पर धीरे-धीरे असर हुआ। इसकी अभिव्यक्ति अपने आप सामने आई। उसके सेल्स मैनेजर ने उसे सैन फ्रांसिस्को फोन करके बधाई दी और डिवीजन सेल्स मैनेजर पद पर प्रमोशन कर दिया। इससे उसकी जिम्मेदारियों और तनख्वाह भी काफी बढ़ गई। उसने बॉस के बारे में अपनी अवधारणा और आकलन को बदल लिया, तो उसके बॉस के तरफ से भी उसी के अनुरूप प्रतिक्रिया आई।

भावनात्मक रूप से परिपक्व होना

कोई दूसरा चाहे जो कहे, वह आपको तब तक सचमुच नहीं परेशान कर सकता, जब तक कि आप उसे विचलित करने की अनुमति न दें। दूसरा व्यक्ति आपको सिर्फ आपके विचारों के जरिए ही परेशान कर सकता है। मान लें, अगर आप गुस्सा होते हैं, तो आपको मन में चार स्तरों से गुजरना होता है। आप सोचने लगते हैं कि क्या कहा गया। आप गुस्सा होने और गुस्से का भाव पैदा करने का फैसला करते हैं। फिर आप प्रतिक्रिया का फैसला करते हैं। हो सकता है आप पलटकर जवाब दें या प्यार से बात करे। आप देख सकते हैं की विचार, भावना, प्रतिक्रिया और क्रिया आपके अपने मस्तिष्क में होती है।

जब आप भावनात्मक रूप से परिपक्व बनते हैं तो आप अन्य लोगों द्वारा की गई आलोचना या द्वेष पर नकारात्मक प्रतिक्रिया नहीं करते हैं। अगर आप नकारात्मक प्रतिक्रिया करते हैं तो इसका मतलब घटिया आलोचना के स्तर तक उतरना और सामने वाले के नकारात्मक माहौल में पहुंचना है। जीवन में अपने लक्ष्य याद रखें। किसी भी व्यक्ति, स्थान या वस्तु को यह अनुमति न दें कि वह आपको शांति और सेहत के आंतरिक अहसास से दूर कर दे।

सामंजस्यपूर्ण मानवीय रिश्तों में प्रेम का महत्व

मनोविश्लेषण के संस्थापक सिगमंड फ्रॉयड ने कहा था कि अगर व्यक्तित्व के पास प्रेम न हो, तो वह बीमार हो जाता है और मर जाता है। प्रेम के भीतर समझ, सद्भावना और सम्मान का भाव होता है जो हम दूसरे व्यक्ति में मौजूद दैवी अंश के प्रति समर्पित करते हैं। आप जितना ज्यादा प्रेम और सद्भावना प्रवाहित करेंगे, उतना ही ज्यादा आपके पास लौटकर आएगा।

अगर आप किसी के अहम् को तोड़ देते हैं और उसके स्वाभिमान को ठेस पहुंचाते हैं, तो आप उसकी सद्भावना नहीं पा सकते। यह जान लें, हर व्यक्ति चाहता है कि उससे प्रेम किया जाए, उसकी प्रशंसा की जाए, उसे दुनिया में महत्वपूर्ण समझा जाए। समझें कि सामने वाला व्यक्ति अपने सच्चे महत्व के बारे में सजग है। आपकी ही तरह वह भी महसूस करता है कि सभी लोगों में मौजूद जीवन-सिद्धांत की अभिव्यक्ति के कारण उसकी गरिमा है। जब आप इसे सचेतन रूप से करते हैं, तो आप सामने वाले को सशक्त करते हैं और वह आपके प्रेम तथा सद्भावना को लौटाता है।

वह दर्शकों से नफरत करता था

एक अभिनेता ने बताया कि पहली बार उसने जब नाटक में अभिनय किया, तो दर्शकों ने उसकी खिल्ली उड़ाई। उस नाटक की पटकथा अच्छी नहीं लिखी गई थी और उस दिन उसका अभिनय उच्च दर्जे का नहीं था। परंतु वह उसका पहला नाटक था और दर्शकों की उस प्रतिक्रिया ने उसे निराश कर दिया। महिनों तक उसके मन में उस शहर के लोगों के प्रति गुस्सा का भाव रहा। वह उन्हें मूर्ख, अज्ञानी और पिछड़ा मानता था। कुछ समय बाद उसने थिएटर छोड़ दिया और एक ड्रगस्टोर में नौकरी करने लगा।

एक दिन एक मित्र उसे न्यूयॉर्क सिटी के टाउन हॉल में एक लेक्चर सुनवाने ले गया। विषय था, "अपने साथ अच्छे से कैसे रहें।" इस भाषण ने उसकी जिंदगी बदल दी। वह थिएटर में वापस आ गया और उसने खुद के और दर्शकों के लिए ईमानदारी से प्रार्थना करनी शुरू कर दी। उसने हर रात मंच पर जाने से पहले प्रेम और सद्भावना उडेली। उसने यह दावा करने की आदत डाली कि ईश्वर की शांति सभी मौजूद लोगों के हृदय में प्रवाहित हो रही है और उन्हें ऊंचा उठा कर प्रेरित कर रही है। अपनी प्रत्येक प्रस्तुति के बाद वह दर्शकों के प्रति प्रेम प्रदर्शित करता था। आज थिएटर में वह एक महत्वपूर्ण मुकाम पर पहुंच चुका है। वह अपनी सद्भावना और आत्म सम्मान दूसरों की ओर संप्रेषित कर रहा है और उसे भी वैसा ही वापस मिल रहा है।

मुश्किल लोगों को संभालना

दुनिया में कुछ लोग मुश्किल होते हैं। वे ऐंठे हुए और मानसिक रूप से विकृत होते हैं। वे गलत तरीके से कंडीशंड होते हैं। कई मानसिक अपराधी हैं, जो विवादशील, असहयोगी, झगड़ालू, दोष देने वाले और जीवन पर दाग बन चुके हैं। वे मनोवैज्ञानिक रूप से बीमार हैं। कई लोगों के मस्तिष्क विकृत और बेडौल हो गए हैं, शायद अतीत में मिले अनुभवों के कारण। कुछ लोग मानसिक रूप से अपंग होते हैं। आप उन लोगों की निंदा नहीं करते हैं जिन्हें ट्यूबरक्लोसिस हुआ हो या वे मानसिक रूप से बीमार हों। उदाहरण के लिए, कूबड़ शरीर वाले व्यक्ति को कई भी बुरा नहीं कहेगा। इसी प्रकार कुछ लोग मानसिक रूप से कूबड़ होते हैं। आपको ऐसे व्यक्ति के प्रति मन में दया और समझ का भाव रखना चाहिए। सभी को समझने का अर्थ है सभी को क्षमा करना।

दुख अपना साथी खोजता है

नफरत, कुंठा और विकृति से भरा असामान्य व्यक्ति असीमित बुद्धिमत्ता के तालमेल में नहीं होता है। यह व्यक्ति शांत, खुश और सुखी लोगों से द्वेष करता है। आमतौर पर वह उनकी आलोचना, निंदा और बुराई करता है, जो उसके प्रति बहुत अच्छे और दयालु होते हैं। उसका नजरिया यह होता है :

जब मैं इतना दुखी हूं, तो वे इतने खुश क्यों हैं? वह उन्हें नीचे घसीटकर अपने स्तर तक लाना चाहता है। पुरानी कहावत अब भी सच है । "दुख अपना साथी खोजता है।" जब आप यह समझ लेते हैं, तो आप दुख से अविचलित, दूर और उदासीन रह पाते हैं।

मानवीय रिश्तों में समानुभूति का प्रयोग

एक युवती हाल ही में मुझसे मिली। उसने बताया कि काफी लंबे समय से ऑफिस की एक युवती से उसे नफरत थी। इसका कारण यह था कि दूसरी युवती उससे ज्यादा सुंदर, खुश और समृद्ध थी। अब उसकी शादी भी कंपनी के ही सीईओ से हो गई थी। शादी के एक दिन बाद उसकी बेटी ऑफिस आई, जो उसकी पिछली शादी से थी। उसकी बेटी अपंग थी। बेटी दौड़कर आई और मां को गले लगाते हुए बोली, " मम्मी देखो, मेरे नए डैडी ने मुझे क्या दिया है।" वह अपनी मां को नया खिलौना दिखा रही थी।

उसने आगे मुझे बताया, "मेरा दिल अचानक उस छोटी लड़की पर आ गया और मैं समझ पा रही थी कि वह कितनी खुशी महसूस कर रही होगी। मुझे अहसास हुआ कि आखिर क्यों वह इतनी खुश है। अचनाक मैंने उसके प्रति प्रेम महसूस किया। मैं उसके ऑफिस में गई और उसे बधाई देते हुए उसकी खुशी की कामना की। और मैंने यह दिल से किया।"

मनोवैज्ञानिक इसे समानुभूति कहते हैं जिसका मतलब है काल्पनिक रूप से खुद को दूसरे व्यक्ति के मानसिक नजरियों और अवस्थाओं में रखना। जब उसने अपने मन तथा दिल को उस दूसरी युवती की जगह रखा, तो ऐसा लगा, जैसे वह दूसरी औरत की तरह सोचने लगी। वह दूसरी औरत की तरह महसूस कर रही थी और उस बच्ची की तरह भी, क्योंकि उसने खुद को बच्ची की जगह भी रख लिया था। यह चीजों को देखने का एक अनोखा तरीका था।

जब भी आपके मन में किसी को चोट पहुंचाने या बुरा करने का ख्याल आए, तो खुद को मानसिक रूप से मूसा के मस्तिष्क में रखें और टेन कमांडमेंट्स के दृष्टिकोण से सोचें। अगर आपके ईर्ष्यालु, जलनखोर या गुस्सा होने की संभावना, तो खुद को ईसा मसीह के मस्तिष्क में रखें और उस दृष्टिकोण से सोचें। तब आप इन शब्दों की सच्चाई महसूस करेंगे, एक दूसरे से प्रेम करो।

तुष्टीकरण की कभी विजय नहीं होती

कभी भी लोगों को इतनी स्वतंत्रता ना दें कि वे आपका फायदा उठाएं या अपने व्यवहार के तमाशे, रोने के नाटक या भावनात्मक ब्लैकमेल के अन्य रूपों से अपनी बात मनवाएं। ये लोग तानाशाह हैं, जो आपको गुलाम बनाने और आपसे अपनी बात मनवाने की कोशिश करते हैं। दृढ़ लेकिन दयालु रहें और झुकने से इंकार कर दें। तुष्टिकरण कभी नहीं जीतता

है उनके अपराध, स्वार्थ और अधिकारवादिता में योगदान देने से इंकार कर दें। याद रखें, सिर्फ सही काम करें। आप यहां अपने आदर्श पूरे करने और शाश्वत सच्चाइयों तथा जीवन के आध्यात्मिक मूल्यों के प्रति ईमानदार रहने के लिए आए हैं।

दुनिया में किसी को भी अपने जीवन के लक्ष्य या उद्देश्य से भटकाने की शक्ति न दें। आपका लक्ष्य आपकी छिपी हुई प्रतिभाओं को दुनिया के सामने व्यक्त करना है, मानवता की सेवा करना है और ईश्वर की बुद्धिमानी, सत्य और सुंदरता को दुनिया के सारे लोगों के साने प्रकट करना है। अपने आदर्श के प्रति ईमानदार रहें। निश्चित रूप से और पूरी तरह से जान लें कि जिस भी चीज से आपकी शांति, खुशी और संतुष्टि बढ़ती है, वह दुनिया के सभी लोगों के लिए वरदान साबित हो सकती है। अंश की खुशी संपूर्ण की खुशी है, क्योंकि संपूर्ण अंश में है और अंश संपूर्ण में है। पॉल कहते हैं, सबसे प्रेम करें। सेहत, खुशी और मानसिक शांति का नियम ही प्रेम को पूर्ण बनाता है।

मानवीय रिश्तों को मजबूत करने वाले बिंदु :

1. आपका अवचेतन मन एक रिकॉर्डिंग मशीन की तरह है, जिससे आपकी आदतन सोच उत्पन्न होती है। किसी दूसरे का भला सोचकर आप असल में खुद का भला सोच रहे होते हैं।

2. नफरत या द्वेष का विचार मानसिक जहर का काम करता है। किसी दूसरे का बुरा न सोचें, क्योंकि ऐसा करना खुद का बुरा सोचने के जैसा है। आप अपने ब्रह्मांड में इकलौते चिंतक हैं और आपके विचार रचनात्मक हैं।

3. आपका मस्तिष्क रचनात्मक माध्यम है; इसलिए आप दूसरे के बारे में जैसा सोचते और महसूस करते हैं, वही अपने खुद के अनुभव में भी ला रहे होते हैं। यही स्वर्णिम नियम का मनोवैज्ञानिक अर्थ है। जैसा आप चाहते हैं कि दूसरे आपके बारे में सोचें, उसी तरह से आप भी उनके बारे में सोचें।

4. किसी दूसरे को धोखा देना या छल करना अपने लिए कमी, नुकसना और सीमा उत्पन्न करना है। आपका अवचेतन मन आपकी आंतरिक प्रेरणाओं, विचारों और भावनाओं का रिकॉर्ड रखता है। जब ये नकारात्मक होते हैं, तो आपको असंख्य तरीकों से नुकसान, सीमा और कष्ट होते हैं। असल में जैसा आप दूसरों के साथ करते हैं, वही आप खुद के साथ कर रहे होते हैं।

5. आप जो भलाई करते हैं, दयालुता दिखाते हैं, प्रेम करते हैं और सद्भाव दिखाते हैं, वह कई गुना होकर विभिन्न तरीकों से आपके पास वापस आते हैं।

6. आप अपनी दुनिया के अकेले विचारक हैं। आप जो भी सोच रहे हैं, उसके लिए आप ही जिम्मेदार होते हैं। याद रखें, किसी व्यक्ति के बारे में जैसा आप सोच रहे हैं उसके लिए आप जिम्मेदार हैं ना की वह व्यक्ति। विचारों के अनुरूप ही परिणाम मिलता है। इसलिए यह महत्वपूर्ण है कि आप अभी दूसरे व्यक्ति के बारे में क्या सोच रहे हैं?

7. भावनात्मक रूप से परिपक्व बनें और दूसरे लोगों को असहमति के विचार रखने की स्वतंत्रता दें। उन्हें आपसे असहमत होने का पूरा अधिकार है और आपको भी उनके साथ असहमत होने की पूरी स्वतंत्रता है। आप बिना मतभेद के भी असहमत हो सकते हैं।

8. पशु इंसान के डर के कंपन को भांप लेते हैं और फिर उसी के अनुरूप प्रतिक्रिया करते हैं। अगर आपके मन में प्रेम के भाव होंगे तो वे कभी आप पर हमला नहीं करेंगे। कई बार कुछ मनुष्य भी इन क्षमताओं को हासिल कर लेते हैं।

9. आपके मौन विचार और भावनाओं को दर्शाने वाली आंतरिक भाषा दूसरों की प्रतिक्रियाओं में अनुभव की जाती है।

10. दूसरों के लिए वही कामना करें, जो आप खुद के लिए करते हैं। यह सद्भावपूर्ण मानवीय संबंधों की चाबी है।

11. अपने बॉस के प्रति अपनी अवधारणा और राय बदल दें। महसूस करें कि वह स्वर्णिम नियम और प्रेम के नियम का अभ्यास कर रहा है। वह उसी अनुरूप प्रतिक्रिया करेगा।

12. दूसरा व्यक्ति आपको तब तक परेशान नहीं कर सकता, जब तक कि आप उसे ऐसा करने की अनुमति न दें। आपका विचार रचनात्मक है; आप दूसरे व्यक्ति को आशीर्वाद दे सकते हैं। अगर कोई आपको अपमानजनक नाम से बुलाता है, तो आपको यह जवाब देने की स्वतंत्रता है, "ईश्वर की शांति आपकी आत्मा को मिले।"

13. प्रेम दूसरों के साथ तालमेल बैठाने का जवाब है। प्रेम समझ, सद्भावना और इंसान में निहित दैवी अंश के प्रति सम्मान है।

14. अपंग या विकृत शरीर के लोगों से नफरत ना करें। उनके प्रति करूणा का भाव रखें। उन लोगों के साथ करूणा रखें और समझदारी भरा बर्ताव करें जिनकी मानसिक विकृति ने उनकी नकारात्मक कंडीशनिंग की है। सबको समझना सबको माफ करना है।

15. दूसरों की सफलता, प्रमोशन और खुशकिस्मती पर खुश हों। ऐसा करके आप अच्छी किस्मत को अपनी ओर आकर्षित करते हैं।

16. कभी भी किसी के भावनात्मक चोंचलों और नाटक के सामने न झुकें। तुष्टिकरण की कभी विजय नहीं होती है। चापलूस ना बनें। सच के साथ रहें। अपने आदर्श पर टिके रहें और यह न भूलें कि जो मानसिक नजरिया आपको शांति, खुशी और सुख देता है, वही शुभ, सही और सच है। जो आपको आशीष देता है, वहीं सबको आशीष देता है।

17. आपको इस दुनिया में हर व्यक्ति को सिर्फ प्रेम देना है। प्रेम का मतलब हर एक के लिए वही कामना करना है, जो आप खुद के लिए करते हैं – सेहत, खुशी और जीवन की सारी नियामतें।

17

क्षमा के लिए अपने अवचेतन मन का कैसे प्रयोग करें

जीवन किसी के साथ भेदभाव नहीं करता है। ईश्वर ही जीवन है और यह जीवन-सिद्धांत इस पल भी आपके भीतर प्रवाहित हो रहा है। ईश्वर आपके द्वारा सद्भाव, शांति, सुंदरता, खुशी और प्रचुरता में व्यक्त होना पसंद करता है। इसे ईश्वर की इच्छा या जीवन की प्रवृत्ति कहा जाता है।

अगर आप इस आंतरिक जीवन-प्रवाह के खिलाफ अपने मस्तिष्क में अवरोध खड़ा कर लेते हैं, तो यह भावनात्मक बाधा आपके अवचेतन मन को बहुत दुविधा में डाल देगी और हर तरह की नकारात्मक स्थितियां उत्पन्न कर देगी। ईश्वर का दुनिया की दुखी या अराजक परिस्थितियों से कोई लेना-देना नहीं है। ये सभी स्थितियां तो हमारी ही नकारात्मक और विध्वांसात्मक सोच का नतीजा है। इसलिए यह हास्यास्पद होगा कि हम अपनी मुश्किलों या बीमारियों के लिए दोष ईश्वर पर मढ़ दें।

कई लोग आदतन जीवन के प्रवाह के प्रति मानसिक अवरोध उत्पन्न कर लेते हैं। यह कार्य वे मानव जाति के पाप, बीमारी और कष्ट के लिए ईश्वर की आलोचना करके करते हैं। बाकि लोग अपने दुख-दर्द, प्रियजनों की मृत्यु, व्यक्तिगत दुखों और दुर्घटनाओं के लिए ईश्वर पर दोष मढ़ते हैं। वे ईश्वर पर गुस्सा होते हैं और उसे ही अपने दुख के लिए जिम्मेदार मानते हैं।

जब तक लोग ईश्वर के बारे में इस तरह की नकारात्मक अवधारणाएं रखेंगे, तब तक उनका अवचेतन मन इन नकारात्मक चीजों को साकार करता रहेगा। दरअसल, वे यह नहीं समझ पाते हैं कि वे ही खुद को सजा दे रहे हैं। उन्हें सत्य को देखना होगा, आत्मनिर्भर बनना होगा और किसी भी बाहरी व्यक्ति या शक्ति के प्रति निंदा, द्वेष और क्रोध को त्यागना होगा। वरना वे सेहतमंद, खुश या रचनात्मक गतिविधि में अग्रणी नहीं बन सकते। जिस पल ये लोग अपने दिलोदिमाग में प्रेमपूर्ण ईश्वर की कल्पना करने लगते हैं, जब वे यकीन करने लगते हैं कि ईश्वर प्रेमपूर्ण पिता है जो उनकी देखभाल करता है, उनका मार्गदर्शन करता है, उन्हें शक्ति देता है, तो ईश्वर या जीवन-सिद्धांत के बारे में यह विश्वास तथा अवधारणा उनके अवचेतन मन में उतर जाएगी और वे असंख्य तरीकों से धन्य हो जाएंगे।

जीवन आपको हमेशा क्षमा करता है

जब आप अपनी उंगली काट लेते हैं, तो जीवन आपको क्षमा कर देता है। आपके भीतर की अवचेतन बुद्धिमत्ता तत्काल इसके उपचार में सक्रिय हो जाती है। नई कोशिकाएं घाव के ऊपर पुल बना लेती हैं। अगर आप विषैला खाना खा लेते हैं, तो जीवन आपको क्षमा कर देता है और आपको उल्टी करवाकर बचाने का प्रयास करता है। अगर आप अपना हाथ जला लेते हैं, तो जीवन-सिद्धांत फफोलों और जलन को कम करता है तथा आपको नई त्वचा, ऊतक और कोशिकाएं देता है।

जीवन आपके प्रति कोई बैर नहीं रखता है, बल्कि यह हमेशा आपको क्षमा करता रहता है। जीवन आपको सेहत, स्फूर्ति, सद्भाव और शांति देता रहता है, बशर्ते आप प्रकृति के साथ समंजस्य में सोचकर सहयोग करें। नकारात्मक, आहत करने वाली यादें, कटुता और दुर्भावना आपके भीतर के जीवन-सिद्धांत के मुक्त प्रवाह को रोक देती हैं।

आत्मग्लानि की भावना से उसे कैसे मुक्ति मिली

मैं एक आदमी को जनता हूं जो रोज देर रात 1 बजे तक काम करता था। वह काम में इस कदर व्यस्त रहता था की अपनी बीवी और दो बच्चों पर भी ध्यान नहीं दे पाता था। उसे लगता था कि इस कड़ी मेहनत के लिए लोग उसकी प्रशंसा करेंगे। थोड़े समय में जब उसके अनुरूप चीजें नहीं हुईं तो उसे उच्च रक्तचाप की समस्या हो गई। उसके मन में अपराधबोध समा गया था। अचेतन रूप से वह कड़ी मेहनत करके स्वयं को सजा दे रहा था। इस दौरान उसने बच्चों पर भी ध्यान देना बंद कर दिया था। एक सामान्य व्यक्ति आमतौर पर इस तरह का व्यवहार नहीं करता है क्योंकि वह बच्चों की परवरिश में रुचि लेता है और बीवी उसके जीवन का एक अहम हिस्सा होती है।

जब उसकी आदत से पारिवारिक समस्याएं बढ़ने लगीं तो वह मेरे पास आया। तब मैंने उससे पूछा कि वह इतनी मेहनत से काम क्यों कर रहा था, "क्या तुम्हारे मन में कोई चीज तुम्हें खाए जा रही है, अगर ऐसा नहीं होता, तो तुम इस तरह से काम नहीं करते। तुम खुद को किसी चीज की सजा दे रहे हो। अब तुम्हे खुद को माफ करना सीखना होगा।।" असल में उसके मन में एक गहरा अपराधबोध था। यह उसके भाई के प्रति था।

मैंने उसे समझाया की ईश्वर उसे सजा नहीं दे रहा बल्कि वह खुद को सजा दे रही थी। मान लें, अगर आप जीवन के सिद्धांत का दुरुपयोग करते हैं, तो आपको उसी के अनुरूप परिणाम मिलते हैं। अगर आप खुले बिजली के तार को छुएंगे तो यह आपको जला भी सकती है। प्रकृति की शक्तियां बुरी नहीं होती हैं। ये आप ही होते हैं जो तय करते हैं कि प्रकृति की शक्तियां से आप लाभ लेंगे या हानि। बिजली बुरी नहीं होती है। यह आप पर निर्भर करता है कि आप उसका किस प्रकार इस्तेमाल करते हैं। आप उसे घर को रोशन भी कर सकते हैं और उससे घर में आग भी लगा सकते हैं। सबसे बड़ी गलती जीवन के सिद्धांत को न समझना है। इसी कारण इसके दुरुपयोग पर प्रतिक्रिया के रूप में मानव को सजा मिलती है।

अगर आप रसायन शास्त्र के सिद्धांतों का दुरुपयोग करते हैं तो शायद आप अपने दफ्तर में आग लगा दें। अगर आप दीवार पर हांथ मरेंगे तो खून निकलेगा ही। दीवार इस काम के लिए नहीं होती है।

उस व्यक्ति को अहसास हुआ कि ईश्वर किसी की निंदा नही करता और ना ही किसी को सजा देता है। उसकी भी सारी समस्याएं अवचेतन मन की नकारात्मक सोच का परिणाम थीं। उसने एक बार अपने भाई को धोखा दिया था। उसके कुछ समय बाद भाई की मृत्यु हो गई थी। उससे संबंधित अपराधबोध अब भी उसके मन में था।

मैंने उससे कहा, "आज तुम्हारा भाई होता तो उसे धोखा देते?"

उसने कहा, "बिल्कुल नहीं।"

फिर मैंने कहा, "क्या तुम्हे लगता है कि तुमने उस समय जो अपने भाई के साथ किया, वह ठीक था?"

उसने कहा, "हां, क्यूंकि उस समय परिस्थितियां भिन्न थीं।"

मैंने कहा, "पर अब तुम उस गलती को कभी नहीं दोहराओगे?"

उसने कहा, "नहीं, बल्कि अब मैं लोगो को जीवन जीना सिखा रहा हूं।"

मैंने आगे कहा, "अब तुम्हारे पास बेहतर कारण है और अधिक समझदारी है। क्षमा का अर्थ खुद को क्षमा करना ही है। क्षमा अपने विचारों को सामंजस्य के दैवी नियम के तारतम्य में लाना है। आत्म-निंदा को नरक (बंधन और सीमाएं) कहा जाता है; क्षमा को स्वर्ग (सामंजस्य और शांति) कहा जाता है।"

अपराधबोध और आत्म निंदा का बोझ उसके दिमाग से उतर गया और वह पूरी तरह ठीक हो गया। अगली बार जब उसने जांच करवाई, तो उसका ब्लड प्रेशर सामान्य निकला। समझाने भर से ही इलाज हो गया था।

एक हत्यारे ने स्वयं को कैसे माफ करना सीखा

कुछ समय पहले एक व्यक्ति मुझसे मिला, जिसने कई साल पहले यूरोप में अपने भाई की हत्या कर दी थी। जब वह मेरे पास आया, तो बहुत मानसिक कष्ट और यातना से गुजर रहा था। उसे यकीन था कि ईश्वर उसके इस पाप कर्म की सजा देगा। उसने बताया कि उसके भाई का उसकी बीवी के साथ संबंध था। एक दिन जब उसने उन्हें रंगे हाथों पकड़ लिया तो गुस्से में आकर उसने अपने भाई की गोली मारकर हत्या कर दी थी। यह सब करीब 15 वर्ष पहले हुआ था, मुझसे मुलाकात से भी पहले। उसकी बात सुनकर मैंने उसे सलाह दी जिसके बाद उसकी जिंदगी में कई सकारात्मक बदलाव हुए। उसकी एक अमेरिकी लड़की से शादी हो गई जिससे तीन बच्चे भी हुए। अब वह एक बेहतर इंसान है और बहुत से लोगों की मदद कर रहा है।

मैंने उसे समझाया कि वैज्ञानिकों के अनुसार हमारे शरीर की सभी कोशिकाएं हर ग्यारस महीने बाद बदल जाती है। इसलिए, शारीरिक और मनोवैज्ञानिक रूप से अब वह वही व्यक्ति नहीं था जिसने हत्या की थी। उसे तो बदले हुए कई साल हो चुके थे। यही नहीं, उसने खुद को मानसिक और आध्यात्मिक रूप से भी बदल लिया था। अब वह मानवता के प्रति प्रेम और सद्भाव से भरा था। जिस व्यक्ति ने बरसों पहले वह अपराध किया था, वह तो मानसिक और आध्यात्मिक रूप से कभी का मर चुका है। वह एक निरपराध व्यक्ति को सजा दे रहा था।

इस समझाइश का उस पर गहरा प्रभाव पड़ा। उसे ऐसा लगा, जैसे उसके दिमाग से बहुत भारी बोझ हट गया हो। उसे बाइबिल की इस सच्चाई के आंतरिक महत्व का पहली बार अहसास हुआ। :

अब आओ, हम तर्क करते हैं, ईश्वर ने कहा : हालांकि तुम्हारे पाप खून से रंगे होंगे, लेकिन वे बर्फ जैसे सफेद हो जाएंगे; हालांकि वे खून की तरह लाल होंगे, लेकिन वे ऊन जैसे बन जाएंगे।

ईसाइया 1:18

आलोचना आपकी सहमति के बिना आपको नुकसान नहीं पहुंचाती

एक स्कूल टीचर मेरे पास आई। उसने बताया कि हाल ही में उसे एक भाषण देना पड़ा जहां भाषण के बाद उसकी साथी स्कूल टीचर ने चिट्ठी लिखकर उसकी आलोचना करते हुए कहा कि तुम बहुत जल्दबाजी में बोली थी, कुछ शब्द खा गई थी और उसकी आवाज सुनाई नहीं दे रही थी, उसका वाक्य – गठन कमजोर था तथा उसकी बात सारगर्भित नहीं थी। इससे वह आलोचक के प्रति आहत और नाराज हो गई।

बाद में उसने यह स्वीकार किया कि आलोचना दरअसल सही भी थी। उसकी शुरुआती प्रतिक्रिया बचकानी थी परंतु बाद में इस आलोचना के कारण ही वह खुद में कई सुधार कर पाई थी और बेहतर बन पाई थी। उसने भाषण कला को निखारने के लिए पास के एक कॉलेज में पब्लिक स्पीकिंग कोर्स करने का फैसला किया। इस बीच उसने चिट्ठी लिख कर आलोचना करने वाली टीचर को उसकी दिलचस्पी और जानकारी के लिए धन्यवाद दिया।

करुणामय कैसे बनें

क्या होता, अगर उसे मिली चिट्ठी पूरी तरह गलत होती? उस मामले में उसे यह अहसास होता कि उसके भाषण के शब्दों या अंदाज में ऐसा कुछ था, जिससे उस चिट्ठी लिखने वाली

के पूर्वाग्रहों, अंधविश्वासों या संकीर्ण विश्वासों को झटका लगा होगा। समस्या उसके साथ नहीं, बल्कि लेखिका के साथ होती ।

इसे समझना करुणामय बनना ही है। अगला कदम सामने वाले की शांति, सद्भाव और समझ के लिए प्रार्थना करना है। आपको कोई आहत नहीं कर सकता अगर आप यह जानते हैं कि आप अपने विचारों, प्रतिक्रियाओं और भावनाओं के मालिक हैं। भावनाएं विचारों का अनुसरण करती हैं और आपमें उन सभी विचारों को अस्वीकृत करने की शक्ति है, जो आपको विचलित या परेशान कर सकते हैं।

विवाह के दिन अकेलापन

कुछ साल पहले मैं एक चर्च में शादी कराने गया। दूल्हा बनने वाला युवक काफी समय बीतने के बाद भी नहीं आया। अंततः दुल्हन रोने लगी और कहने लगी, "मैंने दैवी मार्गदर्शन के लिए प्रार्थना की थी। युवक का न आना शायद मेरी प्रार्थना का जवाब है, क्योंकि ईश्वर कभी गलत मार्गदर्शन नहीं देता है।"

उसकी प्रतिक्रिया थी, और क्योंकि वह जानती थी कि ईश्वर और सभी अच्छी चीजों में आस्था जीवन में बेहतरी देते हैं। उसके दिल में कोई कटुता नहीं थी, क्योंकि जैसे उसने कहा, "मुझे लगता है कि यह विवाह सही कर्म नहीं होता, क्योंकि मेरी प्रार्थना हम दोनों के सही कर्म के लिए थी।" यह युवती एक ऐसे अनुभव से आसानी से बाहर निकल आई, जिस पर कोई और व्यक्ति भावनात्मक हंगामा मचा देता या पागल हो जाता।

अपनी अवचेतन गहराइयों में मौजूद असीमित बुद्धिमत्ता के अनुकूल बनें। इसके जवाब पर बिना किसी शंका के उसी तरह भरोसा करें, जिस तरह आपको अपनी मां पर भरोसा होता है। इसी प्रकार आप जीवन में संतुलन के साथ मानसिक और भावनात्मक स्वास्थ्य पा सकते हैं।

विवाह करना गलत है, सेक्स बुरा है और मैं बुरा हूं

कुछ समय पहले मेरी मुलाकात 22 वर्ष की एक युवती से हुई। उसे बचपन से बताया गया था कि नाचना, ताश खेलना, तैरना, लड़कों के साथ बाहर घूमना जैसी सभी चीजें पाप होती हैं। उसकी मां के अनुसार, सभी मर्द बुरे होते हैं और सेक्स पाप है, जिसे शैतान प्रेरित करता है। अगर वह इन दैवी आदेशों का पालन नहीं करेगी, तो वह अनंत काल तक नरक की आग में जलती रहेगी। वह बहुत सादी काली पोशाक और काले मोजे पहने थी। उसने लिपस्टिक या कोई मेकअप नहीं किया था क्योंकि उसकी मां ने उसे बताया था कि ये सभी चीजें बुरी होती हैं। उसकी मां ने बताया था कि सभी पुरुष बुरे हैं, सेक्स पाप है और व्यभिचार पैशाचिक है।

युवती को यह सीखने की आवश्यकता थी कि किस प्रकार स्वयं को क्षमा किया जाता है। उसके भीतर अपराधबोध भर गया था। देने का अर्थ है पाना है। उसे अपने ये सभी झूठे विश्वासों को छोड़ देने की आवश्यकता थी, अगर वह जीवन की सच्चाई को पाना चाहती है। वह जब अपने ऑफिस के युवकों के साथ घूमने जाती थी, तो उसे गहरा अपराधबोध होता था। उसे लगता था कि ईश्वर उसे सजा देंगे। उसे कई युवकों द्वारा विवाह का प्रस्ताव दिया गया था परंतु उसने मुझे बताया, "शादी करना गलत है। सेक्स बुरा है और मैं बुरी हूं।" ये बातें वह नहीं, बल्कि उसकी मां की कंडीशनिंग बोल रही थी।

वह सप्ताह में एक दिन मुझसे मिलने आया करती थी। यह सिलसिला करीब 10 सप्ताह तक चला। इस दौरान मैंने उसे चेतन और अवचेतन मन की कार्यविधि के बारे में वह सब सिखाया, जो मैंने इस पुस्तक में बताया है। जब वह धीरे-धीरे यह समझ गई कि अज्ञानी, अंधविश्वासी और कुंठित मां ने उसे गलत विचार दिए हैं, सम्मोहित किया है और कंडीशन किया है, तो वह उन विचारों से दूर हो गई और अद्भुत जीवन जीने लगी।

मेरे सुझाव पर उसने आकर्षक कपड़े पहनने और मेकअप करना शुरू कर दिया। इसके बाद उसने नाचना और कार चलाना सीखा। फिर उसने तैरना, ताश खेलना और युवकों के साथ बातचीत करना सीखा। अब वह जीवन से प्रेम करने लगी थी। वह आदर्श जीवनसाथी के लिए प्रार्थना करने लगी। वह यह दावा करने लगी कि असीमित बुद्धिमत्ता उसकी ओर ऐसे व्यक्ति को आकर्षित करेगी, जो पूरी तरह उसके साथ सामंजस्य में होगा। एक दिन यह साकार भी हुआ। एक शाम जब वह मेरे ऑफिस से निकल रही थी, तो एक व्यक्ति मुझसे मिलने का इंतजार कर रहा था। मैंने उन दोनों का परिचय करा दिया। फिर उन दोनों ने शादी कर ली और एक-दूसरे के साथ बहुत खुश हैं।

उपचार के लिए क्षमा आवश्यक है

तुम खड़े होकर प्रार्थना करो, क्षमा करो, अगर तुम्हारे मन में किसी के खिलाफ कुछ है तो...

मार्क 11:25

दूसरों को क्षमा करना मानसिक शांति और अच्छी सेहत के लिए आनिवार्य है। अगर आप अच्छी सेहत और खुशी चाहते हैं, तो आपको हर उस व्यक्ति को क्षमा करना चाहिए, जिसने आपको चोट पहुंचाई है। अपने विचारों को दैवी नियमों और व्यवस्था के सामंजस्य में लाकर खुद को क्षमा करें। आप खुद को तब तक पूरी तरह क्षमा नहीं कर सकते, जब तक कि दूसरों को क्षमा न कर दें। खुद को क्षमा न करना आध्यात्मिक अहंकार या अज्ञानता से अधिक कुछ नहीं है।

वर्तमान समय में मनोदैहिक चिकित्सा में इस बात पर लगातार जोर दिया जा रहा है कि द्वेष, दूसरों की आलोचना, पश्चाताप और शत्रुता कई रोगों के कारण हैं, जिनमें

आर्थ्राइटिस से लेकर हृदय रोग तक शामिल है। विशेषज्ञ बताते हैं कि दुर्व्यवहार के शिकार, धोखा खा चुके या आहत लोग अक्सर प्रतिक्रिया करते हुए द्वेष और नफरत पाल लेते हैं। यह प्रतिक्रिया उनके अवचेतन मन में गहरा घाव उत्पन्न कर देती है, जो लगातार टीस मारता रहता है। सिर्फ एक ही इलाज है। उन्हें अपनी चोट को काटकर हटाना होगा और इसका एकमात्र अचूक तरीका है : क्षमा।

क्षमा एक प्रकार का सक्रीय प्रेम है

क्षमा की कला में अनिवार्य तत्व क्षमा करने की इच्छा होना है। अगर आप सच्चे दिल से किसी को क्षमा करने की इच्छा करते हैं, तो आपने आधी से अधिक बाधा पार कर ली है। आप जानते हैं कि किसी को क्षमा करने का यह मतलब नहीं है कि आप उसे पसंद करने या उसके साथ काम करने के लिए बाध्य नहीं है। किसी को पसंद करने के लिए आप बाध्य नही हैं, यह ठीक उसी प्रकार है जैसे सरकार के लिए यह आवश्यक नही कि उसे सद्भाव, प्रेम, शांति या सहिष्णुता पर कानून बनाने ही चाहिए। आप किसी व्यक्ति को सिर्फ इसलिए पसंद नहीं कर सकते, क्योंकि किसी के द्वारा आपको ऐसा करने का आदेश दिया गया है। हालांकि यह महत्वपूर्ण बात है कि हम लोगों को पसंद किए बिना भी उनसे प्रेम कर सकते हैं।

बाइबिल कहती है, एक दूसरे से प्रेम करो। यह काम कोई भी कर सकता है, बशर्ते वह इसे सचमुच करना चाहे। प्रेम का मतलब यह है कि आप सामने वाले के लिए सेहत, खुशी, सुख और जीवन की सभी नियामतों की कामना करें। इसके लिए सिर्फ एक ही चीज की आवश्यकता होती है और वह है ईमानदारी। क्षमा करते समय आप उदार नहीं होते हैं, बल्कि स्वार्थी होते हैं, क्योंकि आप दूसरों के लिए जो कामना करते हैं, वास्तव में वह अपने लिए कर रहे होते हैं। इसका कारण यह है कि आप ही इसे सोचते और महसूस करते हैं। जैसा आप सोचते और महसूस करते हैं, वैसे ही आप बन जाते हैं। क्या इससे सरल कुछ हो सकता है?

क्षमा की तकनीक

क्षमा करने की एक आसान और कारगर विधि है जिसका अभ्यास करने पर यह आपके जीवन में चमत्कार कर देगी : अपने दिमाग को शांत कर लें, शिथिल हो जाएं। ईश्वर के बारे में, अपने प्रति उसके प्रेम के बारे में सोचें और फिर सकारात्मक घोषणा करें :

"मैं स्वतंत्र रूप से और पूरी तरह से ... (आहत करने वाले का नाम सोचें) को क्षमा करता हूं। मैं उसे मानसिक और आध्यात्मिक रूप से मुक्त करता हूं। मैं उसे इस मुद्दे से संबंधित हर चीज के लिए पूरी तरह माफ करता हूं। मैं मुक्त हूं और वह मुक्त है। यह अद्भुत भावना है। मेरे लिए यह आम क्षमादान का दिन है।"

मैं हर उस व्यक्ति को मुक्त करता हूं, जिसने मुझे कभी आहत किया है और मैं हर एक के लिए सेहत, खुशी, शांति तथा जीवन की सभी नियामतों की कामना करता हूं। मैं यह काम मुक्तता, खुशी और प्रेम से करता हूं और जब भी मेरे मन में अपने को आहत करने वालों के बारे में विचार आता है, तो मैं कहता हूं, मैंने तुम्हें मुक्त कर दिया है और जीवन की सभी नियामतें तुम्हें मिलें। मैं आजाद हूं और तुम भी आजाद हो। यह अद्भुत है।"

सच्ची क्षमा का महान रहस्य यह है कि जब आप एक बार व्यक्ति को क्षमा कर दें, तो प्रार्थना को दोहराना अनावश्यक है। जब भी वह व्यक्ति आपके मन में आए या वह खास चोट आपके दिमाग में उभरे, तो उसके प्रति अच्छे विचार व्यक्त करें और कहें, "तुम्हें शांति मिले।" जितनी बार विचार मन में आए, उतनी ही बार यह काम करें। आप पाएंगे कि कुछ दिनों के बाद उस व्यक्ति या अनुभव का विचार बहुत कम आ रहा है और इसकी यादें भी धुंधली हो गई हैं।

क्षमा और एसिड टेस्ट

असली सोने की परख के लिए एसिड टेस्ट किया जाता है। इसी प्रकार क्षमा के लिए भी एक एसिड टेस्ट होता है। मान लीजिए कि मैं आपको किसी के बारे में कोई बहुत अच्छी खबर सुनाने जा रहा हूं, जिसने आपको चूना लगाया है, धोखा दिया है या छल किया है तो संभव है कि आप यह अच्छी खबर सुनकर कुढ़ जाएंगे। इसका अर्थ है कि नफरत की जड़ें अब भी आपके अवचेतन मन में है और नुकसान पहुंचा रही हैं।

मान लें कि पिछले साल आपके दांत में बहुत दर्द था और आपने इसके बारे में मुझे बताया था। तो हो सकता है कि मैं पूछूं कि क्या इस समय दर्द हो रहा है, तो आप मुझे हैरानी से देखकर कहें, "जाहिर है नहीं। मुझे दर्द याद है, लेकिन अब मे यह महसूस नहीं होता है।"

यह पूरी कहानी है। यदि आपने वास्तव में किसी को क्षमा किया है, तो आपको वह अनुभव तो याद रहेगा, लेकिन उसे लेकर मन में कोई कसक या चोट नहीं होगा। यही एसिड टेस्ट है और इसे आध्यात्मिक और मानसिक रूप से प्रयोग करके देखना चाहिए वरना आप खुद को धोखा दे रहे हैं और आप क्षमा की सच्ची कला का अभ्यास नहीं कर रहे हैं।

सबको समझना ही सबको माफ करना है

जब व्यक्ति अपने मस्तिष्क के रचनात्मक नियम को समझ लेता है, तो वह दूसरे लोगों और परिस्थितयों को दोष देना बंद कर देता है कि वे आपके जीवन को बना या बिगाड़ रही हैं। वह जान जाता है कि खुद के विचार भावनाएं ही उसकी किस्मत बनाते हैं। इससे भी बढ़कर वह जान जाता है कि बाहरी चीजें जीवन तथा अनुभवों के कारण या निर्माता नहीं है। यह सोचना गलत है कि दूसरे आपकी खुशी में बाधा डाल सकते हैं, कि आप बेरहम किस्मत

की फुटबॉल हैं कि आपको जीने के लिए दूसरों का विरोध करना पड़ेगा और उनसे लड़ना पडा – इन सभी विचारों से आप आसानी से बच पाते हैं, जब आप यह समझ लेते हैं कि विचार ही वस्तु है। बाइबिल भी यही कहती है :

जैसा व्यक्ति अपने दिल में सोचता है, वैसा ही वह होता है।

प्रोवर्ब्स 23:7

क्षमा के लिए विचारों का सारांश :

1. ईश्वर या जीवन मनुष्यों में भेदभाव नहीं करता है। जब आप सद्भाव, सेहत, खुशी और शांति के सिद्धांतों के अनुरूप खुद को ढालते हैं, तो जीवन या ईश्वर आपके पक्ष में काम करने लगता है।

2. ईश्वर या जीवन बीमारी, रोग, दुर्घटना या कष्ट नहीं देते हैं। हम ये चीजें अपने पास खुद की नकारात्मक और विनाशकारी सोच के जरिए लाते हैं। नियम कहता है, *जैसा बोओगे, वैसा काटोगे।*

3. ईश्वर के बारे में आपकी अवधारणा आपके जीवन की सबसे महत्वपूर्ण चीज है। अगर आप वास्तव में प्रेमपूर्ण ईश्वर में विश्वास करते हैं, तो आपका अवचेतन मन प्रतिक्रिया करके आपको असंख्य नियामतें प्रदान करेगा। प्रेमपूर्ण ईश्वर में यकीन करें।

4. जीवन या ईश्वर आपके खिलाफ कोई बैर नहीं रखता है। जीवन कभी आपकी निंदा नहीं करता है। जीवन आपके हाथ के गंभीर घाव को ठीक कर देता है। अगर आप अपनी उंगली जला लेते हैं, तो जीवन आपको क्षमा करता है, घाव को भरता है, फफोलों को मिटाता है और उस हिस्से को पहले की तरह पूर्ण बना देता है।

5. आपका अपराधबोध ईश्वर और जीवन की गलत अवधारणा है।

6. ईश्वर या जीवन आपको सजा नहीं देता है या मूल्यांकन नहीं करता है। आप खुद अपने झूठे विश्वासों, नकारात्मक चिंतन और आत्म निंदा के अवचेतन प्रभावों द्वारा अपने साथ ऐसा करते हैं। ईश्वर या जीवन आपको सजा नहीं देते हैं या निंदा नहीं करते हैं। प्रकृति की शक्तियां बुरी नहीं हैं। उनका प्रभाव तो इस बात पर निर्भर करता है कि आप अपने भीतर की शक्ति का कैसा प्रयोग करते हैं। आप बिजली का प्रयोग किसी को मारने या घर को रोशन करने के लिए कर सकते हैं। आप पानी का प्रयोग किसी बच्चे को डुबाने या उसकी प्यास बुझाने के लिए कर सकते हैं। अच्छाई और बुराई व्यक्ति के मस्तिष्क के विचार और उद्देश्य पर निर्भर करती है।

7. ईश्वर या जीवन कभी सजा नहीं देता है। व्यक्ति ईश्वर, जीवन और ब्रह्मांड की गलत अवधारणाओं के कारण खुद को सजा देता है। उसके विचार रचनात्मक होते हैं, इसलिए वह अपने दुख की रचना खुद कर लेता है।

8. अगर कोई आपकी आलोचना करे और आपके भीतर वे कमियों हों, तो खुश होकर उसे धन्यवाद दें और उसकी टिप्पणियों की प्रशंसा करें। इससे आपको उस खास दोष को सुधारने का अवसर मिलता है।

9. जब आप जानते हैं कि आप अपने विचारों, प्रतिक्रियाओं और भावनाओं के स्वामी हैं, तो आप आलोचना से आहत नहीं होते हैं। इससे आपको सामने वाले के लिए प्रार्थना करने और उसे दुआएं देने का अवसर मिलता है, जिसके द्वारा आप स्वयं को दुआ देते हैं।

10. जब आप मार्गदर्शन और सही कर्म के लिए प्रार्थना करें, तो जो जवाब मिले उसे मान लें। अहसास करें कि यह अच्छा है, बहुत अच्छा है। फिर आत्म-करूणा, आलोचना या नफरत का कोई कारण नहीं रहेगा।

11. कोई भी चीज अच्छी या बुरी नहीं होती है, इंसान की सोच उसे ऐसा बना देती है। भोजन, सेक्स, दौलत या सच्ची अभिव्यक्ति की इच्छा में कोई बुराई नहीं है। यह इस पर निर्भर करता है कि आप इन इच्छाओं, आकांक्षाओं और हसरतों का प्रयोग कैसे करते हैं। आपकी भोजन की इच्छा किसी की जान लिए बिना भी पूरी हो सकती है।

12. द्वेष, नफरत, दुर्भावना और शत्रुता बहुत से रोगों का कारण होते हैं। प्रेम, जीवन, खुशी और सद्भावना के जरिए अपने को आहत करने वालों तथा खुद को क्षमा करें। ऐसा तब तक करें, जब तक कि आप उनसे अपने मन में न मिल लें और यह न जान लें कि आप उनके साथ शांति से हैं।

13. दरअसल, क्षमा करना किसी चीज के लिए कुछ देना है। प्रेम, शांति, खुशी, बुद्धि और जीवन की सारी नियामतें तब तक दूसरों को दें, जब तक कि आपके दिमाग में कोई दोष हो। यह क्षमा का असल एसिड टेस्ट है।

14. मान लें साल भर पहले आपको मुंह में छाला हुआ था जिसका दर्द असहनीय था। अब स्वयं से सवाल करें क्या आज भी वह उनता ही दर्द दे रहा है। आपका जवाब नहीं में होगा। इसी प्रकार अगर किसी ने आपको चोट पहुंचाई है, आपके बारे में झूठ बोला है, निंदा की है और आपकी बुराई की है। क्या उस व्यक्ति के बारे में आपका विचार नकारात्मक है? अगर ऐसा है, नफरत की जड़ें अब भी आपके अवचेतन मन में हैं और आपको नुकसान पहुंचा रही हैं। उन जड़ों को उखाड़ने का एकमात्र तरीका प्रेम है। उस व्यक्ति के लिए जीवन की सभी नियामतों की कामना करें। उससे मन में मुलाकात करें और शांति और सद्भावपूर्वक प्रतिक्रिया करें। यही सत्तर गुना सात बार क्षमा करने का मतलब है।

18

दिमागी मुश्किलें कैसे हटाता है अवचेतन

याद रखें, समस्या के भीतर ही समाधान होता है। ठीक उसी प्रकार जैसे हर सवाल में ही उसका जवाब निहित होता है। अगर आपके सामने कोई मुश्किल स्थिति आ जाए और आपको रास्ता स्पष्ट नहीं दिख रहा हो, तो आप यह मानें कि आपके अवचेतन मन की असीमित बुद्धिमत्ता सब कुछ जानती है और सब कुछ देखती है, इसके पास उत्तर है और यह आपको वह जवाब अभी बता रही है। जब आप इस नए मानसिक नजरिए को हासिल कर लेते हैं कि आपके भीतर का रचनात्मक ज्ञान सुखद समाधान सुझा रहा है, तो फिर आपको वह जवाब मिल जाएगा, जिसे आप खोज रहे है। आश्वस्त रहें कि इस तरह का मानसिक नजरिया आपके सभी कामों में व्यवस्था, शांति और अर्थ लाएगा।

कोई भी आदत कैसे बनाएं या छोड़ें

हम आदतों के हिसाब से जीने वाले प्राणी हैं। आदत हमारे अवचेतन मन का एक विशिष्ट कार्य है। हमने तैरना, साइकिल चलाना, नाचना और कार चलाना सीखा। इन कार्यों को हमने चेतन रूप से बार-बार करके सीखा था, जब तक कि ये हमारे अवचेतन मन में स्थापित नहीं हो गए। फिर अवचेतन मन की आदत ने उस काम को अपने जिम्मे ले लिया। इसे कई बार "दूसरी प्रकृति" भी कहा जाता है, यानी हमारी "पहली प्रकृति" के चिंतन और क्रिया पर अवचेतन मन की प्रतिक्रिया।

हम अच्छी या बुरी आदतें चुनने के लिए स्वतंत्र होते हैं। अगर आप कोई नकारात्मक विचार या कार्य कुछ समय तक दोहराते हैं, तो आप खुद को एक आदत के दबाव में ले आते हैं। आपके अवचेतन मन का नियम दबाव है।

177

उसकी बुरी आदत कैसे छूटी

मि. जोन्स ने मुझसे कहा, "शराब की आदत ने मुझे जकड़ लिया था, कई बार मैं लगातार दो हफ्तों तक भी नशे में रहा। मैं इसे नहीं छोड़ पा रहा था।"

इस दुर्भाग्यशाली व्यक्ति के साथ ऐसा बार-बार हुआ। अत्यधिक शराब पीना उसकी आदत बन चुकी थी। पर वह जानता था कि उसे इस आदत को बदलकर एक नई आदत डालनी थी। उसने बताया कि मन पर काबू कर वह कुछ समय तक तो इस आदत को रोक पाया, परंतु इच्छाओं को दबाने की कोशिश से हालत सुधरने के बजाय बिगड़ती जा रही थी। उसकी लगातार असफलताओं ने उसे विश्वास दिला दिया कि अब कोई उपाय नहीं है और उसके पास अपनी इच्छा को नियंत्रित करने की शक्ति भी नहीं है। शक्तिहीनता के इस विचार ने उसके अवचेतन मन पर जबर्दस्त सुझाव के रूप में काम किया। इस कारण उसकी कमजोरी बढ़ गई और उसके जीवन में असफलताओं का सिलसिला चल पड़ा।

मैंने उसे चेतन और अवचेतन मन के कार्यों में सामंजस्य बैठाना सिखाया। जब इन दोनों में परस्पर तालमेल होता है तो अवचेतन मन में बोई गई इच्छा या विचार साकार हो जाता है। उसका तार्किक मन सहमत था कि अगर उसकी आदत के पुराने मार्ग ने उसे मुश्किल में डाल दिया है, तो वह चेतन रूप से स्वतंत्रता, संयम और मानसिक शांति का नया मार्ग बना सकता है।

वह जानता था कि उसकी विनाशक आदत अब स्वचालित बन गई है, परंतु चूंकि उसने इसे सचेतन विकल्प चुनकर खुद बनाया था। उसे अहसास था कि अगर उसने अपनी कंडीशनिंग नकारात्मक कर ली है, तो वह इस कंडीशनिंग को सकारात्मक भी कर सकता है। परिणामस्वरूप, उसने शक्तिहीन होने के विचार को छोड़ दिया ताकि वह आदत को छोड़ सके। उसने एक स्पष्ट समझ हासिल की कि उसके अपने विचार के अलावा उसके उपचार में कोई बाधा नहीं है। इसलिए बहुत ज्यादा मानसिक कोशिश या मानसिक दबाव की कोई जरूरत नहीं है।

मानसिक तस्वीर की ताकत

उस व्यक्ति ने अपने शरीर को शिथिल करने का अभ्यास किया और मन को आराम, उनींदी और ध्यान की अवस्था में पहुंचाया। फिर उसने यह जानते हुए मस्तिष्क में इच्छित परिणाम की तस्वीर भरी कि उसका अवचेतन मन सबसे आसान तरीके से इसे साकार कर सकता है। उसने कल्पना की उसकी बेटी उसकी स्वतंत्रता पर बधाई देते हुए कह रही है, "ओह डैडी, कितना अच्छा हुआ कि आप दोबारा घर लौट आए।" उसके पीने की आदत ने उसे परिवार से दूर कर दिया था। वह अपने बच्चों से मिल नहीं पाता था और पत्नी ने भी बात करना बंद कर दिया था।

नियमित रूप से, सुनियोजित तरीके से वह इस तरह ध्यान करने लगा। ध्यान भटकने पर उसने तत्काल अपनी बेटी की मानसिक तस्वीर याद करने की आदत डाल ली, उसकी

मुस्कान के साथ और उसके घर का दृश्य, जो बेटी की चहकती आवाज से जीवंत था। इस तरह उसके दिमाग की दोबारा कंडीशनिंग हो गई। यह क्रमिक प्रक्रिया थी। उसने इसे जारी रखा। वह लगा रहा। वह जानता था कि देर-सबेर वह अपने अवचेतन मन में आदत की एक नई प्रक्रिया बना लेगा। मैंने उसे बताया कि चेतन मन एक कैमरे की भांति कार्य करता है और अवचेतन मन उस कैमरे की वह प्लेट है जिस पर फोटो की छाप पड़ती है। इस सुझाव का उस पर गहरा प्रभाव पड़ा और उसने यह लक्ष्य बना लिया कि वह अपने मन पर तस्वीर की दृढ़ छाप छोड़े और उसे विकसित करे। फिल्म अंधेरे में बनाई जाती हैं, उसी प्रकार मानसिक तस्वीरें भी अवचेतन मन के डार्क रूम में बनाई जाती हैं।

ध्यान का केन्द्रीकरण

उसे अच्छी तरह से समझ आ गया था कि उसका चेतन मन कैमरे की तरह है, इसलिए उसने कोई कोशिश नहीं की, न ही कोई मानसिक संघर्ष किया। उसने शांति से अपने विचारों को संतुलित किया और अपना ध्यान अपने सामने के दृश्य पर केंद्रित किया, जब तक कि वह तस्वीर के साथ एकाकार नहीं हो गया। वह मानसिक माहौल में डूब गया और मानसिक फिल्म को दोहराने लगा।

उसके मन में उपचार के बारे में कोई शंका नहीं थी। जब भी उसे पीने की तलब लगती थी, तो वह अपनी कल्पना को शराब के विचार से दूर अपने परिवार के साथ घर पर रहने की भावना की ओर मोड़ देता था। वह सफल भी रहा क्योंकि उसने पूरे विश्वास से चाहत की थी कि जो चित्र वह मस्तिष्क में तैयार कर रहा है, वह जरूर साकार होगा। आज वह एक करोड़पति व्यक्ति की जिंदगी जी रहा है और बहुत खुश है।

वो सोचता था कि वो बदकिस्मत है

मिस्टर ब्लॉक ने मुझे बताया कि वे सालाना करीब 20 हजार डॉलर कमाते थे, परंतु पिछले तीन माह से किस्मत उनका साथ नहीं दे रही है।

वे अपने क्लाइंट्स के साथ डील करने ही वाले होते हैं कि कुछ ऐसा हो जाता है जिससे डील रद्द हो जाती है। वे बताते हैं कि शायद बदकिस्मती उनका पीछा कर रही है।

उनसे बात करते हुए मैंने मामले को गहराई से समझने की कोशिश की तो पाया कि तीन माह पहले जब एक डॉक्टर ने आखिरी समय पर कॉन्ट्रेक्ट को रद्द कर दिया तो वे उस पर बहुत गुस्सा हुए और तब से चिढ़चिढ़े रहने लगे थे। फिर वे इस डर में जीने लगे कि अन्य क्लाइंट भी

इसी प्रकार कॉन्ट्रेक्ट रद्द कर सकते हैं और इस प्रकार उन्होंने अपने मन में कुंठा, शत्रुता और बाधाओं का पैटर्न बना लिया। उनके मन में हमेशा आखिरी मिनट में अनुबंध रद्द होने की आशंका ने घर कर लिया और फिर उसी प्रकार की परिस्थितियां उत्पन्न होने लगीं। जिससे वे डरते थे वह सच होने लगा था। जल्द ही मिस्टर ब्लॉक को यह अहसास हुआ कि

समस्या स्वयं उनके मस्तिष्क में है और इसके लिए उन्हें मानसिक नजरिए में बदलाव की आवश्यकता है।

अपनी बदकिस्मती का सिलसिला उन्होंने इस प्रकार रोका :

"मुझे अहसास है कि मैं अपने अवचेतन मन की असीमित बुद्धिमत्ता के साथ एकाकार हूं, जो किसी बाधा, मुश्किल या विलंब को नहीं जानती है। मैं सर्वश्रेष्ठ की सुखद उम्मीद में जीता हूं। मेरा गहरा मन मेरे विचारों पर प्रतिक्रिया करता है। मैं जानता हूं कि मेरे अवचेतन की असीमित शक्ति का काम रोका नहीं जा सकता। असीमित बुद्धिमत्ता जो भी कार्य शुरू करती है, उसे हमेशा सफलतापूर्वक पूरा करती है।

रचनात्मक ज्ञान मेरे माध्यम से काम करके मेरी सारी योजनाओं और उद्देश्यों को पूरा करता है। मैं जो भी शुरू करता हूं, उसे सफलता से पूरा करता हूं। जीवन में मेरा लक्ष्य अद्भुत सेवा देना है और मैं जिनके भी संपर्क में आता हूं, वे मेरी सेवाओं से धन्य हो जाते हैं। मेरे सभी काम दैवीय विधान के अनुरूप फलदायी होते हैं।"

इस प्रकार की प्रार्थना वे ग्राहकों से मिलने जाने से पहले दोहराने लगे और उन्होंने सोने से पहले भी यह प्रार्थना दोहराई। कुछ ही समय में उन्होंने अवचेतन मन में एक नई आदत का पैटर्न बना लिया और जल्दी ही एक बार फिर से सफल सेल्समैन बन गए।

किस हद तक आप कुछ चाहते हैं

एक बार एक युवक ने सुकरात से पूछा कि उसे बुद्धि कैसे मिल सकती है। सुकरात ने कहा,

"मेरे साथ आओ।" वे उस लड़के को नदी तक ले गए और उसका सिर पानी में डूबो दिया। उन्होंने उसे तब तक डुबोए रखा, जब तक कि लड़का सांस लेने के लिए बुरी तरह छटपटाने नहीं लगा। फिर उन्होंने उसे छोड़ दिया। जब लड़के की हालत ठीक हो गई, तो उन्होंने ने उससे कहा, "जब तुम्हारा सिर पानी में था, तो तुम्हें किस चीज की सबसे ज्यादा चाहत थी?"

लड़के ने उत्तर दिया, "हवा की।"

सुकरात ने उससे कहा,

"जब तुम बुद्धिमानी को उतना चाहने लगोगे, जितना कि पानी में डूबते समय हवा को चाहते थे, तो यह तुम्हें मिल जाएगी।"

इसी प्रकार, जब आपके मन में जीवन के किसी अवरोध को पार करने की गहन इच्छा होगी और आप इस निर्णय पर पहुंच जाएंगे कि इससे पार पाने का मार्ग है और इसे ही आप पाना चाहते हैं

तो आपकी सफलता सुनिश्चित हो जाएगी।

यदि आप सचमुच मानसिक और आंतरिक शांति प्राप्त करना चाहते हैं, तो आपको यह मिल जाएगी। इससे कोई फर्क नहीं पड़ता है कि आपके साथ कितना भेदभावपूर्ण व्यवहार हुआ है, आपके बॉस ने क्या गलत किया है या अन्य किसी ने आपको कितना भी नुकसान पहुंचाया हो। जब आप अपनी मानसिक और आध्यात्मिक शक्तियों के बारे में जाग्रत हो जाते हैं, तो आपको इससे कोई फर्क नहीं पड़ता है। आप जानते हैं कि आप क्या चाहते हैं और आप निश्चित रूप से नफरत, गुस्से, शत्रुता तथा दुर्भावना के चोरों (विचारों) को अपनी शांति, सद्भाव, सेहत और खुशी नहीं लूटने देंगे।

अपने विचारों को जीवन के लक्ष्य के साथ एकाकार करने की आदत सीखने पर आप परिस्थितियों, खबरों और घटनाओं पर विचलित होना छोड़ देंगे। आपका लक्ष्य शांति, सेहत, प्रेरणा, सद्भाव और समृद्धि हो जायेगा। महसूस करें कि शांति की नदी आपके भीतर इस समय प्रवाहित हो रही है। आपका विचार अमूर्त और अदृश्य शक्ति है तथा आप इसका चुनाव खुद को दुआ देने, प्रेरित करने और शांति पाने के लिए करते हैं।

क्यों उसका उपचार न हुआ

यह उदाहरण एक शादी-शुदा व्यक्ति का है जिसके चार बच्चे थे, परंतु वह एक अन्य महिला के साथ भी रहने लगा था और उसके सभी खर्च उठाता था। वह महिला उसकी सभी व्यापरिक यात्राओं में साथ रहती थी। वह बहुत निराश और चिड़चिड़ा हो गया था और बिना दवाइयों के उसे नींद नहीं आती थी। डॉक्टर की दवाइयां भी उसके हाई ब्लड प्रेशर को नियंत्रित नहीं कर पा रही थीं। उसके अन्य अंगों में भी तकलीफ थी, जिन्हें उसका डॉक्टर न तो पकड़ पा रहा था, न ही इलाज कर पा रहा था। स्थिति तब और बिगड़ गई, जब वह बहुत शराब पीने लगा।

इसका कारण अपराध को लेकर उसका गहरा अचेतन बोध था। उसने विवाह की कसमों को तोड़ा था, इसी कारण वह समस्या में पड़ गया। वह जिस धार्मिक विश्वास में पला-बढ़ा था, वह उसके अवचेतन मन की गहराई में विद्यमान था। वह अपराधबोध के घाव को भरने की निरर्थक कोशिश में ज्यादा पीने लगा था। जिस तरह कोई रोगी अपने भयंकर दर्द के लिए मॉर्फीन और कोकीन लेता है, उसी तरह वह अपने मानसिक तनाव या घाव के लिए शराब पीने लगा। यह आग में घी डालने वाली पुरानी कहानी की तरह है।

स्पष्टीकरण तथा उपचार

उसने मेरी बात को सुना और जाना कि मस्तिष्क कैसे काम करता है। उसने अपनी समस्या का सामना किया और अंततः अवैध संबंध छोड़ने का फैसला कर लिया। उसको यह समझ में आ गया था कि उसका पीना समस्या से भागने की अचेतन कोशिश थी। छिपा हुआ

कारण उसके अवचेतन मन में निहित था और उसका सफाया किया जाना था। इसके बाद ही उपचार हो सकता था।

वह अपने अवचेतन मन पर छाप छोड़ने के लिए दिन में तीन-चार बार इस प्रकार प्रार्थना करने लगा :

मेरा मस्तिष्क शांति, संतुलन और सद्भाव से भरा हुआ है। असीमित शक्ति मेरे अंदर मुस्कराते हुए विश्राम कर रही है। मैं अतीत, वर्तमान या भविष्य की किसी चीज से नहीं डरता हूं। मेरे अवचेतन मन की असीमित बुद्धिमत्ता सभी तरीकों से मेरा नेतृत्व, निर्देशन और मार्गदर्शन कर रही है।

मैं अब प्रत्येक स्थिति का सामना विश्वास, संतुलन, शांति से करता हूं। मैं अब इस आदत से पूरी तरह आजाद हूं। मेरा मस्तिष्क आंतरिक शांति, स्वतंत्रता और खुशी से भरा है। मैं खुद को क्षमा करता हूँ; फिर मुझे भी क्षमा किया जाता है। शांति, संयम और विश्वास मेरे मस्तिष्क पर शासन करते हैं।

उसने यह प्रार्थना कई बार दोहराई, तो वह पूरी तरह से जानता था कि वह क्या कर रहा था और क्यों कर रहा था। इस कारण उसके मन में विश्वास और भी दृढ़ होता गया। मैंने उसे समझाया कि जब वह इन वाक्यों को जोर से, धीरे-धीरे, प्रेमपूर्वक और अर्थपूर्ण ढंग से दोहराएगा, तो वे धीरे-धीरे उसके अवचेतन मन में उतर जाएंगे। बीजों की तरह वे भी बड़े होकर फल देंगे। इन शब्दों का कंपन, जिन पर वह ध्यान केंद्रित कर रहा था, उसके अवचेतन मन तक पहुंचकर उन सभी नकारात्मक मानसिक पैटर्न को मिटा रहे थे, जिन्होंने उसकी समस्याओं को पैदा किया था। प्रकाश ने अंधकार को दूर कर दिया। सृजनात्मक विचारों ने नकारात्मक विचारों को नष्ट कर दिया। वह महीने भर में बदल गया।

स्वीकारने से मना करना

यदि आप शराबी या मादक पदार्थ के आदी हो गये हैं, तो आप उसे स्वीकार करें। अपने को बचाने की कोशिश न करें। बहुत से लोग शराबी इसलिए बन जाते हैं, क्योंकि उन्होंने इसे कभी भी स्वीकार नहीं किया।

आपकी बीमारी आपके अन्दर का आंतरिक भय है। चूंकि आप जीवन का सामना करने से इंकार कर रहे हैं, इसलिए आप शराब के माध्यम से अपनी जिम्मेदारियों से भागने की कोशिश कर रहे हैं।

बतौर शराबी आपकी कोई स्वतंत्र इच्छा नहीं है, हालांकि आप सोच सकते हैं कि ऐसा नहीं है और आप अपनी इच्छाशक्ति के बारे में डींगें हांकते हों। यदि आप आदतन शराबी हैं और साहस के साथ यह घोषणा करते हैं, "अब मैं इसे कभी हाथ नहीं लगाऊंगा," तो आपमें इस घोषणा को सही साबित करने की शक्ति नहीं होगी क्योंकि आप यह नहीं जानते हैं कि शक्ति को कहां खोजना है।

आप खुद की बनाई मनोवैज्ञानिक जेल में रह रहे हैं और आप अपने विश्वासों, मशविरों, प्रशिक्षण और माहौल के प्रभावों की बेड़ियों में जकड़े हुए हैं। अधिकांश मनुष्यों की तरह आप भी आदतों वाले जीव ही हैं। आप जिस तरह से प्रतिक्रिया करते हैं, उसके लिए कंडीशंड हो गये हैं।

स्वतंत्रता के विचार बुनना

मन में स्वतंत्रता और मानसिक शांति के विचार बुने जायें तो ये आपकी अवचेतन गहराइयों तक पहुंच जाएंगे। आपका अवचेतन मन सर्वशक्तिमान है, इसलिए यह आपको शराब पीने की इच्छा से स्वतंत्र कर देगा। फिर आपको एक नई समझ मिलेगी कि आपका दिमाग कैसे काम करता है। इसके द्वारा आप अपनी बात को सच साबित कर सकते हैं।

51 प्रतिशत उपचार

यदि आपमें एक बार किसी विनाशक आदत से छुटकारा पाने की प्रबल इच्छा जाग जाती है, तो आपका 51 प्रतिशत इलाज पहले ही हो जाता है। जब आपकी बुरी आदत को छोड़ने की इच्छा इसे जारी रखने की इच्छा से अधिक बड़ी हो जाती है, तो आपको पूरी स्वतंत्रता पाने के लिए बहुत अधिक मशक्कत नहीं करनी पड़ेगी।

एक बार जिस भी विचार ने आपके दिमाग में लंगर डाल दिया तो आपका मस्तिष्क उसका विस्तार जरूर करेगा। अगर आप मस्तिष्क को स्वतंत्रता की अवधारणा और मानसिक शांति पर केंद्रित करें और लगातार इसे ध्यान की इस नई दिशा पर केंद्रित कर पाएं तो आप ऐसी भावनाएं उत्पन्न करते हैं, जो स्वतंत्रता और शांति की अवधारणा को धीरे-धीरे ग्रहण कर लेती हैं। आप जिस भी विचार को इस तरीके से भावनात्मक बनाते हैं, उसे आपका अवचेतन मन स्वीकार कर लेता है और साकार कर देता है।

अदला-बदली का नियम

इस बात को मानें कि आपके कष्ट से कोई अच्छी चीज उत्पन्न हो सकती है। कष्ट उठाने वाले आप अकेले नहीं हैं। परंतु हमें कष्ट मंह रहना मूर्खता के अलावा कुछ नहीं है।

यदि आप शराबी ही बने रहेंगे तो इससे आपको मानसिक और शारीरिक कष्ट होता रहेगा। इस बात का अहसास करें कि आपकी अवचेतन की शक्ति आपका साथ दे रही है। भले ही मन के भीतर उदासी हो, आप स्वतंत्रता की सुखद कल्पना करें, जो आपके भीतर है।

यही प्रतिस्थापन या अदला—बदली का नियम है। आपकी कल्पना आपको शराब की बोतल तक ले गई थी। इसे अब खुद को स्वतंत्रता और मानसिक शांति तक ले जाने दें। आपको थोड़ा कष्ट होगा, लेकिन यह सृजनात्मक उद्देश्य के लिए होगा। आप इसे उसी तरह

सहन करें, जिस तरह मां प्रसव पीड़ा को करती है और आप मस्तिष्क में एक बच्चे को जन्म देंगे। आपका अवचेतन संयम को जन्म देगा।

शराबी बनने का कारण

शराबखोरी का असली कारण नकारात्मक और विनाशक सोच है; जैसा इंसान सोचता है वैसा ही वह होता है। शराबी में हीन भावना, अक्षमता, कुंठा और पराजय का गहरा अहसास होता है। अक्सर इनके साथ गहरी आंतरिक शत्रुता भी होती है। मनुष्य के पास अनंत बहाने होते हैं, जिनसे वह अपने शराबीपन का बचाव कर सकता है, लेकिन असली कारण मनुष्य का वैचारिक जीवन होता है।

तीन चमत्कारिक बिंदु

पहला : स्थिर हो जाएं, मस्तिष्क को शांत कर लें। उनींदी, निष्क्रिय अवस्था में पहुंच जाएं। इस शिथिल, शांत, ग्रहणशील अवस्था में आप दूसरे कदम की तैयारी कर रहे हैं।

दूसरा : एक संक्षिप्त वाक्य लें, जिसे आसानी से याद्दाश्त पर उकेरा जा सके और लोरी की तरह बार-बार दोहराएं। इस वाक्य का प्रयोग करें, "अब मुझमें संयम और मानसिक शांति है और मैं धन्यवाद देता हूं।" मस्तिष्क को भटकने से रोकने के लिए इसे जोर से दोहराएं और मन में बोलते समय इसके उच्चारण में होंठों और जीभ को चलाएं। इससे अवचेतन मन तक पहुंचने में मदद मिलती है। इसे पांच मिनट या इससे ज्यादा समय तक करते रहें। आप एक गहरी भावनात्मक प्रतिक्रिया पाएंगे।

तीसरा : सोने से ठीक पहले वह करें, जो महान जर्मन कवि जोहानन वॉन गेटे करते थे। कल्पना करें कि कोई मित्र या प्रियजन आपके साथ है। आपकी आंखें बंद हैं, आप शिथिल और शांत हैं। यह प्रियजन या मित्र कल्पना में आपसे कह रहा है, "बधाइयां।" आप उसकी मुस्कराहट देखते हैं; आप उसकी आवाज सुनते हैं। आप मानसिक रूप से उसका हाथ छूते हैं। सब कुछ वास्तविक और चित्रात्मक है। बधाइयां शब्द पूर्ण स्वतंत्रता का द्योतक है। इसे बार-बार सुनें, जब तक कि आपको संतोषजनक अवचेतन प्रतिक्रिया न मिल जाए।

निरंतर प्रयासरत् रहें

जब डर आपके मन का दरवाजा खटखटाए या चिंता, तनाव या शंका दिमाग में आए, तो अपने सपने, अपने लक्ष्य को देखते रहें। अपने अवचेतन मन के भीतर की असीमित शक्ति के बारे में सोचें, जो आपके चिंतन और कल्पना को पैदा कर सकती है। इससे आपको विश्वास, शक्ति और साहस मिलेगा। लगातार करते रहें, जुटे रहें, जब तक कि दिन नहीं निकल आए और अंधेरा दूर नहीं भाग जाए।

अपनी शोचनीय ताकत की समीक्षा करें :

1. समस्या के भीतर ही समाधान भी छिपा होता है। यह ठीक वैसे ही है जैसे जवाब के भीतर ही उत्तर होता है। जब आप पूरी आस्था और विश्वास से प्रार्थना करते हैं, तब असीमित बुद्धिमत्ता प्रतिक्रिया जरूर करती है।

2. आदत आपके अवचेतन मन का एक विशिष्ट कार्य है। आपके अवचेतन की अद्भुत शक्ति का इससे बड़ा सबूत नहीं है कि आपके जीवन पर आदत की कितनी शक्ति और नियंत्रण है। आप आदतों वाले जीव ही हैं।

3. आप अवचेतन मन में आदत के स्वरूप को विचारों और कार्यों के माध्यम से बार-बार दोहराकर बनाते हैं। एक समय के बाद इसका मस्तिष्क में स्थिर खाका बन जाता है और यह स्वतः कार्य करने लग जाती है जैसे तैराकी, नृत्य, टायपिंग, पैदल चलना, कार चलाना इत्यादि।

4. आपके पास चुनने की स्वतंत्रता है। आप अच्छी या बुरी आदतें चुन सकते हैं। प्रार्थना एक अच्छी आदत है।

5. चेतन मन में जिस भी विचार पर आप पूरी आस्था रखते हैं और उसकी कल्पना करते हैं, आपका अवचेतन मन उसे साकार कर देता है।

6. आपकी सफलता और उपलब्धियों के बीच सबसे बड़ा अवरोध आपके विचार और कल्पनाएं ही होती हैं।

7. अपने लक्ष्यों अथवा अच्छी आदतों पर ही ध्यान केंद्रित करें। यहां से ध्यान भटकने न दें। इसे आदत बना लें। इसे मस्तिष्क को अनुशासित करना कहा जाता है।

8. आपका चेतन मन एक कैमरे की भांति कार्य करता है और अवचेतन मन उस कैमरे की वह प्लेट है जिस पर फोटो की छाप पड़ती है।

9. इंसान के पीछे जो एकमात्र बदकिस्मती पड़ी रहती है, वह डर का विचार है, जिसे बार-बार दिमाग में दोहराया जाता है। इस ज्ञान के साथ बदकिस्मती से पीछा छुड़ाएं कि आप जो भी काम शुरू करते हैं, उसे आप दैवीय विधान में सुखद परिणाम तक पहुंचाओगे। सुखद अंत की तस्वीर बनाएं और इसे विश्वास के साथ बनाए रखें।

10. नई आदत बनाने के लिए यह विश्वास होना आवश्यक है कि यह आपकी चाहत है। जब बुरी आदत को छोड़ने की आपकी इच्छा इसे जारी रखने की इच्छा से ज्यादा बड़ी हो, तो समझ लीजिए, आपका इक्यावन प्रतिशत उपचार हो चुका है।

11. दूसरों की बातें आपको तब तक चोट नहीं पहुंचा सकतीं, जब तक कि आपकी खुद की वैचारिक और मानसिक सहमति नहीं हो। खुद को अपने लक्ष्य के साथ एकाकार करें, जो शांति, सद्भाव और खुशी है। आप अपने ब्रह्मांड के इकलौते विचारक हैं।

12. अधिक शराब पीना पलायन की एक अचेतन इच्छा है। इसका कारण नकारात्मक और विध्वंसात्मक चिंतन है। परंतु स्वतंत्रता, संयम, पूर्णता के बारे में विचार करने तथा उपलब्धि के रोमांच को महसूस करने से इसका उपचार किया जा सकता है।

13. कई लोग शराबी इसलिए बने रहते हैं, क्योंकि वे समस्या को स्वीकार करने से इनकार कर देते हैं।

14. आपके अवचेतन मन का नियम, जिसने आपको बंधन में रखा और आपके कार्य की स्वतंत्रता को सीमित किया, आपको स्वतंत्रता और खुशी देगा। यह इस बात पर निर्भर करता है कि आप इसका किस प्रकार प्रयोग करते हैं।

15. आपकी कल्पना आपको शराब की बोतल तक ले गई थी; अब स्वतंत्र होने की कल्पना करके इसे स्वतंत्रता की ओर ले जाएं।

16. अल्कोहॉलिज्म का असली कारण नकारात्मक और विध्वंसात्मक चिंतन है। जैसा व्यक्ति अपने दिल (अवचेतन मन) में सोचता है, वैसा ही वह होता है।

17. जब भय आपके मन के दरवाजे पर खटखटाए, तो ईश्वर में आस्था और सभी अच्छी चीजों को दरवाजा खोलने दें।

19

अवचेतन मन की सहायता
से डर को भगायें

मेरे एक विद्यार्थी ने बताया कि उसे एक सम्मेलन में वक्तव्य देने के लिए आमंत्रित किया गया था। वह इस विचार से बहुत डरा हुआ था कि उसे करीब 1000 लोगों के सामने अपना वक्तव्य देना है। उसने अपने डर को इस प्रकार भगाया: कई रातों तक वह करीब पांच मिनट कुर्सी पर शांति से बैठा और उसने स्वयं से धीरे, शांतिपूर्वक और सकारात्मक तरीके से कहा,

"मैं इस डर पर विजय पाने जा रहा हूं। मैं अभी इस पर विजय पा रहा हूं। मैं संतुलन और विश्वास से बोलता हूं। मैं निश्चिंत और आराम से हूं।"

इस प्रकार उसने मस्तिष्क के एक खास नियम का उपयोग किया और अपने डर पर विजय पाई।

अवचेतन मन सुझाव के प्रति बहुत ग्रहणशील होता है और यह सुझाव द्वारा नियंत्रित होता है। जब आप मन को स्थिर करके आरामदेह स्थिति में लाते हैं तब आपके चेतन मन के विचार अवचेतन मन तक पहुंचते हैं। यह प्रक्रिया परासरण जैसी होती है, जिसमें छिद्र वाली झिल्लियों द्वारा विभाजित द्रव आपस में मिल जाते हैं। जब ये सकारात्मक बीज या विचार अवचेतन मन में उतरते हैं तो वे अपनी तरह के फल देते हैं तथा आप संतुलित, स्थिर और शांत बन जाते हैं।

आदमी का असल शत्रु

ऐसा कहा जाता है कि डर, मनुष्य का सबसे बड़ा शत्रु है। असफलता, बीमारी, कमजोर मानवीय संबंधों का कारण, डर ही होता है। करोड़ो लोग अपने अतीत, भविष्य, बुढ़ापे, पागलपन और मौत से डरते हैं। डर सिर्फ आपके मन का एक विचार है और इस प्रकार आप अपने मन के विचार से ही डरे हुए हैं।

एक छोटा बच्चा डर से कांप जाता है जब उसे बताया जाता है कि उसके बिस्तर के नीचे एक बाबा छिपा बैठा है जो उसे पकड़ कर ले जाएगा। उसका डर तब तक रहता है जब तक कि पिता कमरे में आकर लाइट जलाकर दिखा नहीं देते कि कोई बाबा नहीं है। बच्चे के मन का डर उतना ही असल था जितना कि असली बाबा होने पर होता। उसके मन के झूठे विचार का उपचार हो गया। उस जिस चीज का डर था अब वह नहीं थी। इसी प्रकार, आपके अधिकांश डर असल नहीं होते हैं। वे महज दुष्ट छायाओं का समूह होते हैं और छायाएं असली नहीं होती हैं।

वह करके देखें, जिससे डर लगता है

दार्शनिक और कवि राल्फ वाल्डो इमर्सन ने कहा था, "वह कार्य करें जिससे आप डरते हों, तब डर की मृत्यु तय है।"

एक समय था जब इस पुस्तक का लेखक श्रोताओं के सामने जाने से इस कदर डरता था कि वह बयान भी नहीं किया जा सकता है। इस डर को दूर भगाने के लिए मैं मंच पर श्रोताओं के सामने गया और वह किया जो मेरे लिए बहुत मुश्किल था। इसके बाद वह डर मेरे अंदर से पूरी तरह समाप्त हो गया।

जब आप पूरे विश्वास से स्वयं से कहते हैं कि आप अपने डर पर विजय पाने वाले हैं और चेतन मन में एक निश्चित निर्णय पर पहुंचते हैं, तो आप अवचेतन की शक्ति को स्वतंत्र कर देते हैं, जो आपके विचार की प्रकृति की प्रतिक्रिया में प्रवाहित होती है।

दूर भगाएं मंच का डर

एक युवा महिला को ऑडिशन के लिए आमंत्रित किया गया था। उसे उस नौकरी की बहुत आवश्यकता थी। हालांकि इससे पहले तीन जगह साक्षात्कार में वह अच्छा प्रदर्शन नहीं कर पाई क्योंकि उसे मंच का अत्यधिक डर था।

उसकी आवाज बहुत अच्छी थी, परंतु उसके मन में एक विचार आ गया था कि समय आने पर वह मंच के डर के कारण अच्छा प्रदर्शन नहीं कर पाएगी। अवचेतन मन आपके डर को आपका निवेदन मानकर साकार करने और अनुभव में लाने के प्रयास करना शुरू कर देता है। पिछले तीन ऑडिशन में उसने गलत नोट्स गा दिए और इसके बाद वह परेशान होकर रोने लगी थी। इसका कारण सिर्फ उसका स्वयं को दिया गया सुझाव था।

उसने इस प्रकार अपने मन के डर को दूर किया: दिन में तीन बार वह स्वयं को एक कमरे में बंद कर लेती थी। फिर आराम से कुर्सी पर बैठकर, शरीर को आरमदेह स्थिति में लाकर, आंखों को बंद कर लेती। फिर वह पूरी क्षमता से अपने मन और शरीर को स्थिर करने का प्रयास करती। शारीरिक स्थिरता ग्रहणशीलता को बढ़ाती है। उसने अपने मन में आने वाले डर के सुझावों का यह कहकर सामना किया, "मैं बहुत सुंदर गाती हूं। मैं संतुलित, स्थिर, आत्मविश्वासी और शांत हूं।"

वह जब भी अकेले में बैठती तो इन शब्दों को आराम से, शांतिपूर्वक और पूरे मन से पांच से दस बार दोहराती। वह दिन में कुल तीन बार ऐसा करती थी। रात में सोने से तुरंत पहले तो वह जरूर करती थी। लगभग एक सप्ताह में वह पूरी तरह संतुलित और आत्मविश्वास से भरपूर हो गई। इसके बाद उसने शानदार ऑडिशन दिया। आप भी इस तरीके को अपनाकर अपने डर पर विजय पा सकते हैं।

नाकामयाबी का भय

मुझसे मिलने अक्सर करीब की एक यूनिवर्सिटी के कुछ विद्यार्थी और स्कूल शिक्षक आते हैं, जो आमतौर पर परीक्षा में भूल जाने की आदत से परेशान हैं। उनकी हमेशा एक ही शिकायत रहती है, "मुझे परीक्षा होने के बाद उत्तर याद आ जाते हैं, परंतु वे परीक्षा देते समय याद नहीं आते हैं।"

हम जिस भी विचार पर अधिक ध्यान देते हैं वह साकार होने लगता है। आमतौर पर हम में से अधिकांश लोगों के मन में असफलता का विचार घर कर लेता है। डर ही हमारी अस्थायी भूलने की आदत का कारण होता है और हमारे पूरे अनुभव को बुरा बना देता है।

एक युवा मेडिकल छात्र अपनी कक्षा में सबसे होनहार था। फिर भी वह मौखिक और लिखित परीक्षा के समय सामान्य से सवालों के जवाब भी भूल जाता था। मैंने उसे समझाया कि पिछली परीक्षाओं के दौरान का डर और घबड़ाहट ही इसका कारण है। इन्हीं नकारात्मक विचारों ने डर का रूप ले लिया है।

डर के भाव में लिपटे विचार अवचेतन मन में साकार होते हैं। दूसरे शब्दों में, वह व्यक्ति अवचेतन मन से आग्रह कर रहा था कि वह उसे फेल करवा दे और उसने यही कार्य किया। परीक्षा के दिन उसने पाया कि वह सब कुछ भूल गया है।

डर से निजात

उसे समझ आया कि उसका अवचेतन मन याद्दाश्त का भंडार है और वह मेडिकल प्रशिक्षण के दौरान देखी और सुनी गई प्रत्येक बात को हमेशा याद रखता है। साथ ही उसने जाना कि अवचेतन मन प्रतिक्रियाशील और पारस्परिक है। इसके साथ तालमेल बनाने का तरीका शांत, आरामदेह और आत्मविश्वास से पूर्ण बनना है।

प्रत्येक दिन और रात को वह यह कल्पना करने लगा कि उसके माता—पिता उसके शानदार रिकॉर्ड पर उसे बधाई दे रहे हैं। वह कल्पनाओं में उनसे एक बधाई पत्र लेते हुए महसूस करता था। जब वह इस सुखद परिणाम पर विचार करने लगा, तो उसे अपने भीतर उसी के अनुरूप प्रतिक्रिया मिलनी शुरू हो गई।

इस परिस्थिति में अवचेतन मन की सर्वज्ञानी और सर्वशक्तिमान शक्ति ने कमान अपने हाथ में ले ली और चेतन मन को उसी के अनुसार निर्देशित किया। उसने अंतिम परिणाम

की कल्पना कर ली थी, बस इसे साकार करने के लिए माध्यम की आवश्यकता थी। इस प्रक्रिया को अपनाने के बाद उसे परीक्षाएं पास करने में कोई दिक्कत नहीं हुई। दूसरे शब्दों में, उसकी व्यक्तिनिष्ठ बुद्धि ने कमान हाथ में ले ली और उस पर दबाव डाला कि वह उत्कृष्ट परिणाम दे।

पानी, पर्वत और बंद जगहों का भय

बहुत से लोग होते हैं जिन्हें लिफ्ट में, पहाड़ पर चढ़ने और पानी में तैरने से डर लगता है। इसका कारण आमतौर पर उससे जुड़े उनके बुरे अनुभव होते हैं जैसे किसी व्यक्ति को तैरना ना आता हो और बचपन में कोई उसे जबरदस्ती पानी में धक्का दे दे या फिर लिफ्ट में चलते हुए कभी अचानक दुर्घटना हो जाए और वह देर तक बंद रह जाए। ऐसे में उस वस्तु के प्रति व्यक्ति के मन में डर पैठ बना लेता है।

जब मैं दस साल का था तब पानी से जुड़ा मुझे एक खराब अनुभव हुआ। मैं स्वीमिंग पूल में गिर गया और डूबने लगा। मैंने तीन बार बाहर आने का प्रयास किया परंतु सफल न हो सका। मुझे आज भी उस भयावह घटना के दृश्य याद हैं जब स्याह पानी में, मैं जाता जा रहा था और मेरे लिए सांस ले पाना भी मुश्किल होता जा रहा था। फिर एकाएक एक युवक ने कूदकर मुझे बाहर निकाला। परंतु इस अनुभव ने मेरे अवचेतन मन को सालों के लिए पानी के डर से भर दिया था।

फिर एक बुजुर्ग मनोवैज्ञानिक ने कहा, "स्वीमिंग पूल के पास जाओ, पानी को ध्यान से देखो और चिल्लाकर कहो कि मैं तुमसे जीतने आया हूं। मैं तुम्हे हराकर मानूंगा। इसके बाद पानी में उतरो और तैरने का अभ्यास करना शुरू करो।" मैंने वैसा ही किया और मैं जल्द ही तैरना सीख गया और पानी से डर भी समाप्त हो गया। आप भी पानी को स्वयं पर हावी ना होने दें बल्कि ध्यान रखें कि आप ज्यादा ताकतवर हैं।

जब मैंने मन में इस नजरिए को स्वीकार किया तो अवचेतन मन की सर्वशक्तिमान शक्ति ने प्रतिक्रिया की और मुझे शक्ति, आस्था तथा आत्मविश्वास दिया जिसने मुझे इस डर से उबरने में समर्थ बनाया।

किसी विशेष डर से उबरने का मंत्र

यहां डर से उबरने की एक प्रक्रिया और तकनीक बताई गई है जो मैं मंच से लोगों को सिखाया करता हूं। यह जादू की तरह कार्य करती है। आजमाकर देख लें।

मान लें, आप पानी, पहाड़, साक्षात्कार या बंद जगह पर रहने से डरते हैं। यदि आप तैरने से डरते हैं तो पांच-दस मिनट के लिए दिन में तीन चार बार स्थिर बैठें। अब कल्पना करें कि आप तैर रहे हैं। असल में, आप मन में तैर रहे होते हैं। यह व्यक्तिनिष्ठ अनुभव है। मानसिक रूप से खुद को आपने पानी में डाल लिया है। आप पानी की ठंडक और हाथ-पैरों

का हिलना-डुलना महसूस करते हैं। यह सब वास्तविक, सजीव और मन को प्रसन्न करने वाली गतिविधि है। यह दिन में बेकार सपने देखना नहीं है बल्कि आपको यह समझना चाहिए कि कल्पनाओं में आप जो अनुभव करते हैं वही आपके अवचेतन मन में विकसित होता है। इसके बाद आप वही अनुभव कर पाएंगे जो छाप आपने मन की गहराई पर छोड़ी थी। यह अवचेतन का नियम है।

यदि आप अन्य प्रकार के डरों से ग्रसित हैं जैसे ऊंची जगह या पहाड़ पर चढ़ने से तो आप इस तरकीब को अपना सकते हैं। कल्पना करें कि आप ऊंचे पहाड़ पर चढ़ रहे हैं, उसका असल अनुभव लें, उसकी खूबसूरती का आनंद लें। मानसिक रूप से आप लगातार इस गतिविधि को करेंगे तो शारीरिक रूप से भी करना आसान बन जाएगा।

उसने लिफ्ट को दी शुभकामनाएं

मैं एक बड़े कॉर्पोरेशन के उच्च अधिकारी को जानता हूं, जो एलिवेटर में जाने से बहुत डरते थे। वे रोज सुबह पांचवी मंजिल तक दफ्तर में पहुंचने के लिए हमेशा सीढ़ियों का इस्तेमाल करते थे। इसके बाद उन्होंने एलिवेटर को प्रत्येक रात और दिन में कई बार आशीष देना शुरू किया। आखिरकार उनका डर खत्म हो गया। उन्होंने एलिवेटर को इस प्रकार आशीष दिया...

"दफ्तर में एलिवेटर होना एक महत्वपूर्ण विचार है। यह हमारे सभी कर्मचारियों के लिए उपयोगी और महत्वपूर्ण है। इसने अब तक शानदार कार्य किया है। यह दैवीय विधान में कार्य करती है। मैं इसमें शांति और खुशी से यात्रा करता हूं। मैं अब शांत बैठा हूं, जबकि जीवन, प्रेम और समझ मेरे विचार तंत्र में प्रवाहित हो रहे हैं।

मेरी कल्पना में, मैं अब एलिवेटर में हूं और अपने दफ्तर के बाहर कदम रख रहा हूं। एलिवेटर हमारे कर्मचारियों से भरी है। मैंने उनसे बात की और वे दोस्ताना, खुश तथा आजाद हैं। यह स्वतंत्रता, आस्था और विश्वास का अद्भुत अनुभव है। मैं धन्यवाद करता हूं।"

वह दस दिनों तक यह प्रार्थना करता रहा और ग्यारहवें दिन अन्य साथियों के साथ एलिवेटर में दफ्तर तक गया। अब वह स्वयं को पूरी तरह मुक्त महसूस कर रहा था।

स्वभाविक और अस्वभाविक डर

मनुष्य मूलतः दो प्रकार के डरों के साथ जन्म लेता है - गिरने का डर और तेज आवाज का डर। ये एक प्रकार का प्रकृति का चेतावनी का तरीका हैं, जो हमें आत्मरक्षा के लिए प्राप्त हुए हैं। स्वाभाविक डर अच्छा है। आप रोड़ पर गाड़ी के करीब आने की आवाज सुनते हैं और बचने के लिए एक तरफ हट जाते हैं। दुर्घटना का डर आपकी प्रतिक्रिया द्वारा टल जाता है।

अन्य सभी डर आपको माता-पिता, संबंधियों, शिक्षकों और उन अन्य लोगों से आपके पास आते हैं, जिन्होंने आपको शुरुआती वर्षों में प्रभावित किया है।

अस्वभाविक डर

अस्वाभाविक डर तब उत्पन्न होता है, जब लोग अपनी कल्पनाओं पर नियंत्रण खो देते हैं। मैं एक महिला को जानता हूं, जिसे हवाई जहाज से दुनिया की सैर पर जाने का अवसर मिला था। वह अखबारों से हवाई जहाज दुर्घटनाओं की सभी खबरें एकत्रित करने लगी। वह हवाई जहाज से गिरकर समुद्र मे डूबने जैसी कल्पनाएं करने लगी। यह अस्वाभाविक डर है। अगर वह ऐसा ही सोचती रहती, तो इस बात की प्रबल संभावना है कि उसके साथ वही हो जाता, जिसका उसे सबसे ज्यादा डर था।

अस्वभाविक डर के शिकार एक अन्य उदाहरण न्यूयॉर्क के एक बिजनेसमैन का है, जो बहुत समृद्ध और सफल था। उसने स्वयं को लेकर मन में एक काल्पनिक फिल्म बनाई जिसका निर्माता खुद था। इसमें वह स्वयं के असफलता, दिवालिया, कंगाल, बैंक बैलेंस खत्म होने और अवसाद में चले जाने की कल्पनाएं करता था। उसने यह भयंकर तस्वीर देखना नहीं छोड़ा। वह अपनी पत्नी से कहता था, "यह सब हमेशा नहीं रहेगा," "एक दिन सब खत्म हो जाएगा," "मुझे लगता है हम बर्बाद हो जाएंगे" इत्यादि।

उसकी पत्नी ने मुझे बताया कि आखिरकर वह सचमुच ही दिवालिया हो गया और जिन चीजों की उसने कल्पना की थी या जिनसे वह डरता था, वे हकीकत में बदल गईं। वह जिन चीजों से डर रह था, वे अस्तित्व में नहीं थी, लेकिन उसने लगातार डरकर, विश्वास करके और वित्तीय बर्बादी की आशंका करके उन्हें साकार कर दिया। जॉब ने कहा, जिस चीज का मुझे बहुत डर था, वह हो गई है।

कुछ लोग हमेशा इस बात से डरते हैं कि उनके बच्चों के साथ कोई भयंकर घटना हो जाएगी या उनके साथ कुछ बहुत बुरा हो जाएगा। वे लोग जब किसी दुर्लभ बीमारी या महामारी फैलने के बारे में पढ़ते हैं, तो डर जाते हैं कि कहीं यह उन्हें नहीं हो जाए। कुछ लोग तो इन बीमारियों के लक्षण भी महसूस करने लगते हैं। यह एक प्रकार का अस्वभाविक डर है।

अस्वभाविक डर का उपाय

मानसिक रूप से विचारों को विपरीत दिशा में मोड़ दें। यही डर को खत्म करने का उपाय है। अगर आप डर की अति पर बने रहते हैं, तो आप ठहराव के शिकार रहेंगे और आपका मानसिक एवं शारीरिक क्षरण भी होगा। जब डर बढ़ने लगता है, तो इसके साथ ही विपरीत चाह भी उत्पन्न होती है। अपना ध्यान तत्काल चाही गई वस्तु पर केंद्रित करें। अपनी इच्छा में डूब जाएं। जान लें कि अवचेतन जगत हमेशा चेतन जगत को बदल देता है। यह नजरिया आपको आत्मविश्वास देगा और आपका मनोबल बढ़ाएगा। आपके अवचेतन मन की

असीमित शक्ति आपके पक्ष में कार्य कर रही है और यह असफल नहीं हो सकती। आपको शांति और आत्मविश्वास की प्राप्ति निश्चित ही प्राप्त होगी।

अपने डर को परखें

एक बड़े मल्टीनेशनल कॉर्पोरेशन के अध्यक्ष ने मुझे बताया कि जब उसने सेल्समैन के रूप में काम करना शुरू किया था, तो वह इमारत के पांच-छह चक्कर लगाता था, तब कहीं जाकर उसमें ग्राहक के घर की घंटी बजाने की हिम्मत आ पाती थी। एक दिन उसका सेल्स मैनेजर उसके पास आया और बोला, "दरवाजे के पीछे के हौए से मत डरो। ऐसा कोई हौआ नहीं है। यह एक झूठा विश्वास है।"

मैनेजर ने उसे आगे बताया कि डर का आभास होने पर खुद को तैयार करने लगता और डर से आंख मिलाता। इससे कब उसका डर गायब और उड़न छू हो गया। उसे पता ही नहीं चला।

देखिये, कैसे वह जंगल पहुंच गया

एक पादरी ने मुझे द्वितीय विश्व युद्ध के दौरान का एक वाक्या बताया। उनका प्लेन एक बार खराब हो गया जिसके चलते उन्हें पैराशूट से जंगल में उतरना था। उन्होंने बताया वे डरे हुए थे, परंतु वे जानते थे कि डर दो प्रकार के होते हैं- स्वभाविक और अस्वभाविक, जिनके बारे में यहां पहले बताया जा चुका है।

उन्होंने अपने डर के बारे में तत्काल कुछ करने का फैसला किया और वे खुद से बोलने लगे, "जॉन, तुम अपने डर के सामने घुटने नहीं टेक सकते। सुरक्षा की चाह ही तुम्हारा डर है, यही बाहर निकलने का रास्ता है।"

फिर वे कहने लगे, "जो असीम बुद्धिमत्ता ग्रहों को उनकी कक्षा में मार्गदर्शन देती है, वही अब मुझे इस जंगल से बाहर निकलने की राह दिखाकर सुरक्षा की ओर ले जा रही है।"

वे स्वयं से दस मिनट तक ऐसा जोर-जोर से कहते रहे। फिर वे बोले, "अचानक मुझे अपने भीतर कोई चीज हिलती महसूस हुई। मैं आत्मविश्वास से भरने लगा और मैंने चलना शुरू कर दिया। कुछ दिन बाद मैं चमत्कारिक रूप से जंगल से बाहर आ गया और रेस्क्यू टीम द्वारा ढूंढ लिया गया।

उसके बदले हुए मानसिक नजरिए ने उन्हें बचा लिया। अपने भीतर की अवचेतन शक्ति में उनका विश्वास ही समस्या का समाधान बना था।

उन्होंने आगे कहा, "अगर मैं अपनी किस्मत पर आंसू बहाता और अपने डरों का शिकार होता, तो डर का राक्षस मुझसे जीत जाता और शायद मैं डर के कारण भूखा से ही मर गया होता।"

...और वह नौकरी से निकल गया

एक संस्थान के जनरल मैनेजर ने मुझे बताया कि तीन साल से वह इस दहशत में थे कि उनकी नौकरी जाने वाली है। वे लगातार असफलता की कल्पना कर रहे थे। वे जिस चीज का विचार कर रहे थे, असल में उसका कोई अस्तित्व नहीं था। यह उनके दिमाग का एक तनावपूर्ण विचार भर था। उनकी कल्पनाओं ने विचारों को नाटकीय रूप देकर उनके मन में चित्रित कर दिया था और वे अधिक तनाव और परेशान रहने लगे। आखिरकार एक दिन उनसे नौकरी छोड़ने के लिए कह दिया गया।

असल में, उन्होंने स्वयं को नौकरी से निकलवा दिया था। उनकी लगातार नकारात्मक कल्पनाओं और डर के सुझावों ने अवचेतन मन को विचारों के अनुरूप ही प्रतिक्रिया करने पर मजबूर कर दिया था। इसी कारण उनसे कई गलतियां और भूलें हुईं जिनके परिणाम में उन्हें अपने पद से इस्तीफा देना पड़ा। परंतु यदि वे अपने विचारों को तुरंत विपरीत दिशा में मोड़ देते तो उनकी नौकरी कभी भी ना जाती।

उन्होंने उसके विरुद्ध षड्यंत्र रचा

कुछ समय पहले विश्वभर में व्याख्यान के दौरान मेरी बातचीत एक महत्वपूर्ण शासकीय अधिकारी से हुई। इस आदमी में आंतरिक शांति का गहरा अहसास था। उसने बताया समाचार पत्रों और विपक्षी दलों द्वारा जो भी आलोचना की जाती है उसका उस पर कोई प्रभाव नहीं पड़ता। इसके लिए वह प्रतिदिन सुबह 15 मिनट अभ्यास करता है और स्वयं को अहसास कराता है कि उसके भीतर शांति का एक गहरा सागर है। इस तरह से ध्यान करके वह अपने भीतर जबर्दस्त शक्ति पैदा करता है, जो सभी तरह की मुश्किलों और डरों पर विजय पा लेती है।

कुछ समय पहले, एक साथी ने उसे रात में बुलाया और कहा कि कुछ लोग उसके खिलाफ षड्यंत्र कर रहे हैं। तब उसने अपने साथी से यह कहा, "अब मैं सुकून से सोने जा रहा हूं। हम इसके बारे में सुबह 10 बजे बात करेंगे।"

उसने मुझे बताया, "मैं जानता हूं कि कोई भी नकारात्मक विचार मेरा अनुभव नहीं बन सकता जब तक कि मैं उस विचार को मानसिक और भावनात्मक रूप से ना स्वीकार कर लूं। इसी कारण मैं उनके डर के सुझावों को मानने से इंकार कर देता हूं। इस प्रकार मुझे कोई हानि नहीं पहुंचा पाता।

ध्यान दें, वह कितना शांत, स्थिर और धैर्यवान है। वह ज्यादा उत्साही नहीं बना, न ही अपने बाल नोचे और न ही हाथ मलने लगा। उसने अपने भीतर शांत महासागर को खोज लिया था, जिसे हम आंतरिक शांति कहते हैं। यहां पर गहरी शांति थी।

स्वयं को भय से मुक्त करें

इस आदर्श फॉर्मूला से डर को दूर करें।

"मैंने ईश्वर को चाहा और उन्होंने मेरी बात सुनी तथा मेरे सभी डरों से मुझे मुक्ति दे दी।"

पद्य 34:4

ईश्वर एक प्राचीन शब्द है जिसका अर्थ है *कानून-* आपके अवचेतन मन की शक्ति।

अपने अवचेतन के आश्चर्यों को जाने और समझें कि यह कैसे कार्य करता है। इस अध्याय में बताई गई तकनीकों को अच्छी तरह सीखें। आज, अभी से उनका अभ्यास करें। आपका अवचेतन प्रतिक्रिया करेगा और आप हर डर से आजाद हो जाएंगे। *मैंने ईश्वर को चाहा और उन्होंने मेरी बात सुनी तथा सभी डरों से आजाद कर दिया।*

भय से आजादी का तरीका :

1. वह कार्य करें जिसे करने से आप डरते हैं। इससे डर की मृत्यु तय है। खुद से कहें और विश्वास करें, "मैं इस डर पर जीत पाने वाला हूं," तो आप इसे जरूर कर देंगे।

2. डर आपके मन का एक नकारात्मक विचार है। इसकी जगह मन में सृजनात्मक विचारों को जगह दें। डर ने लाखों लोगों को मारा है। विश्वास, डर से ज्यादा बड़ा है। ईश्वर और अच्छाई पर विश्वास से ज्यादा ताकतवर कुछ भी नहीं है।

3. डर मनुष्य का सबसे बड़ा शत्रु है। यह हार, बीमारी और बिगड़ते मानवीय रिश्तों का कारण है। प्रेम में डर को समाप्त करने की शक्ति है। जीवन की अच्छी चीजों से भावनात्मक लगाव ही प्रेम है। ईमानदारी, सत्यनिष्ठा, न्याय, सद्भावना और सफलता से प्रेम करें। सर्वश्रेष्ठ की सुखद उम्मीद में जिएं, आपको हमेशा सर्वश्रेष्ठ ही मिलेगा।

4. डर के सुझाव का सामना उसके विरोधी विचारों से करें, जैसे, "मैं बहुत अच्छा गाती हूं, मैं बहुत संतुलित, स्थिर और शांत हूं। इससे बहुत अच्छा लाभ मिलेगा।

5. मौखिक और लिखित परीक्षा के समय भूलने का सबसे बड़ा कारण डर ही होता है। आप इससे निजात पाने के लिए बार-बार कहें, "मुझे वह हर चीज याद है जो मुझे याद रखने की आवश्यकता है" या आप कल्पना करें कि कोई मित्र आपको परीक्षा में बेहतरीन सफलता पर बधाई दे रहा है। लगातार प्रयास करें आप जरूर जीतेंगे।

6. अगर आप पानी में जाने से डरते हैं तो तैरना सीखें। कल्पना में खुलकर और खुशी से तैरें। स्वयं को मानसिक रूप से पानी में उतारें। पानी की ठंडक और तालाब में तैरने के रोमांच का आनंद महसूस करें। जब आप इस अनुभव को जीवंत मानने लगेंगे तो स्वतः ही पानी में जाने और डर से जीतने के लिए मजबूर हो जाएंगे। यही आपके मस्तिष्क का नियम है।

7.   अगर आप लिफ्ट या क्लासरूम जैसे बंद स्थानों से डरते हैं तो मानसिक रूप से इन सभी स्थानों पर जरूर जाएं और इसके सभी हिस्सों तथा कार्यों की ईमानदारी से प्रशंसा करें। आप आश्चर्यचकित रह जाएंगे कि आपका डर कितनी जल्दी दूर हो गया है।

8.   आप सिर्फ दो डरों के साथ जन्म लेते हैं, गिरने का डर और शोर का डर। अन्य सभी डर बाद में आपके द्वारा ग्रहण किए गए होते हैं। इनसे मुक्ति पाएं।

9.   सामान्य डर अच्छा है। असामान्य डर, बहुत बुरा और विध्वंसात्मक होता है। लगातार डर पर विचार करने से असामान्य डर और मनोविकार उत्पन्न हो जाते हैं। किसी चीज से लगातार डरने से दहशत और आतंक का अहसास उत्पन्न हो जाता है।

10.   जब आप जान जाते हैं कि अवचेतन मन की शक्ति परिस्थितियों को बदल सकती है और आपकी इच्छाओं को साकार कर सकती है तो आप अपने असामान्य डर से आसानी से उबर जाते हैं। इसलिए अपनी उस ख्वाहिश को ढूंढें जो डर का सामना कर सकती हो। प्यार में डर को खत्म करने की शक्ति होती है।

11.   यदि आपको असफल होने का डर सता रहा है, तो अपना ध्यान सफलता पर केंद्रित करें। यदि आपको बीमार होने का डर है, तो मन में अच्छी सेहत का विचार लाएं। यदि आपको दुर्घटना का डर सता रहा है, तो ईश्वर के मार्गदर्शन और संरक्षण पर ध्यान दें। यदि आप मृत्यु से डरते हैं, तो शाश्वत जीवन के बारे में विचार करें। ईश्वर जीवन है और अब यही आपका जीवन है।

12.   प्रतिस्थापन का महान नियम डर का जवाब है। आप जिससे भी डरते हैं उसका समाधान आपकी चाहत में निहित है। यदि आप बीमार हैं, तो अच्छी सेहत की चाह करें। यदि आप डर की कैद मे हैं, तो आजादी की चाह करें। अच्छे की आशा करें। मानसिक रूप से अच्छाईयों पर ध्यान केंद्रित करें और इस बात को जानें कि आपका अवचेतन मन हमेशा जवाब देता है। वह कभी चूकता नहीं है।

13.   आप जिससे डरते हैं उसका आपके विचार के अतिरिक्त कहीं कोई अस्तित्व नहीं है। विचार रचनात्मक होते हैं। इसी कारण जॉब कहते हैं, *मैं जिस बात से डरता था, वह हो गई।* इसलिए अच्छा सोचो, अच्छा होगा।

14.   अपने डर को देखें, उनके कारणों का विश्लेषण करें। अपने डरों पर हंसना सीखें। यही सबसे अच्छी दवा है। आपको आपके विचारों के सिवा कोई और परेशान नहीं कर सकता। अन्य व्यक्तियों के सुझावों, कथनों और धमकियों में कोई शक्ति नहीं है। शक्ति आपके भीतर है और जब आप इसके जरिए अच्छे विचारों पर ध्यान केंद्रित करते हैं, तो ईश्वर की शक्ति आपके अच्छे विचारों के साथ होती है।

15.   सिर्फ एक ही रचनात्मक शक्ति है और यह सद्भाव के रूप में चलित है। इसमें कोई आपसी संघर्ष नहीं है। इसका स्रोत प्रेम है। इसलिए ईश्वर की शक्ति, अच्छाई के आपके विचारों के साथ है।

20

मन को कैसे युवा रखें

अवचेतन मन कभी बूढ़ा नहीं होता है। यह अजर, अमर और अनंत है। यह ईश्वर के शाश्वत मन का एक हिस्सा है जो अजन्मा है। यह कभी नहीं मरेगा। थकान या बुढ़ापे का आपके आध्यात्मिक गुण और शक्ति पर कोई असर नहीं होता। धैर्य, दयालुता, सत्यता, विनम्रता, सद्भावना, शांति, सामंजस्य और बन्धुत्व प्रेम वे गुण हैं जो कभी बूढ़े नहीं होते हैं। यदि आप इन गुणों को अपने जीवन में फलने—फूलने देते हो तो आप हमेशा मन से युवा रहते हो।

कुछ वर्ष पूर्व मैंने एक लेख पढ़ा था, जिसमें ओहियो के सिनसिनाटी की डी. कोरसी क्लीनिक के कुछ विशेषज्ञ चिकित्सक समूह ने बताया कि शरीर की बीमारियों के लिए सिर्फ वर्ष या उम्र ही जिम्मेदार नहीं होती है। उन्होंने बताया कि यह समय नहीं, बल्कि समय का डर है, जिसका असर हमारे शरीर और मन पर पड़ता है और वह हमें बुढ़ापे की ओर ले जाता है। असल में समय के प्रभाव के कारण उपजने वाला मानसिक डर व्यक्ति को असमय बुढ़ापे की ओर ले जाता है।

इतने वर्षों के सार्वजनिक जीवन के दौरान मुझे कई बार प्रसिद्ध पुरुषों एवं महिलाओं की जीवनी पढ़ने का अवसर मिला, जिन्होंने जीवन की उत्पादक गतिविधियों को सामान्य उम्र से अधिक समय तक जारी रखा था। उनमें से कई ने तो महानता बुढ़ापे में हासिल की थी। इसी दौरान मुझे ऐसे लोगों से मिलने और उन्हें जानने का सौभाग्य मिला जो बहुत बड़े तो नहीं थे, पर वे उन लोगों में से थे, जिन्होंने यह साबित कर दिखाया कि बुढ़ापा मस्तिष्क और शरीर की रचनात्मक शक्तियों को नष्ट नहीं करता है।

वह सोच में बूढ़ा हो गया

कुछ वर्ष पूर्व मैंने लंदन में अपने एक मित्र से मुलाकात की। उसकी उम्र 80 वर्ष से अधिक थी। वह बहुत बीमार था और अंत समय का इंतजार कर रहा था। उसके साथ बातचीत से मुझे समझ आया कि उसकी शारीरिक कमजोरी, निराशा के भाव और लगातार बिगड़ती स्थिति ने उसकी जीवंतता को खत्म कर ठहराव-सा ला दिया था। वह स्वयं को बेकाम समझता था और उसे लगता था कि अब कोई उसे पसंद नहीं करता है। बेउम्मीदी के साथ

वह मानने लगा, "हम पैदा होते हैं, बड़े होते हैं, बूढ़े होते हैं और फिर मर जाते हैं। बस यही अंत है।"

यह बेकार मानसिक सोच ही बीमारियों का मुख्य कारण होती है। उसे सिर्फ बुढ़ापा ही नजर आ रहा था और कुछ भी नहीं। असल में वह अपने विचारों में बूढ़ा हो चुका था और उसके अवचेतन मन ने उसके इस आदतन विचार को इसके साक्ष्य उपलब्ध करा दिए थे।

ज्यादा उम्र में होता है बुद्धि का उदय

दुर्भाग्य से बहुत से लोगों का नजरिया इस नाखुश व्यक्ति के जैसा ही होता है। उन्हें उस चीज से डर होता है, जिसे वे बुढ़ापा, अंत या समाप्ति कहते हैं, जिसका मतलब है कि वे जीवन से डर रहे हैं। इसके बावजूद, जीवन अनंत है। बुढ़ापा सिर्फ गुजरते साल नहीं हैं, बल्कि बुद्धिमत्ता का उदय भी है।

बुद्धिमत्ता आपके अवचेतन मन की आध्यात्मिक शक्ति के प्रति वह जागरुकता और ज्ञान है जो पूर्ण और सुखी जीवन जीने का तरीका बताता है। अपने मन से हमेशा के लिए निकाल दें कि 65, 75 या 85 साल की उम्र आपकी या किसी और के लिए अंत का दूसरा नाम है। यह शानदार, लाभकारी, सक्रिय और सबसे उपयोगी जीवन की शुरुआत हो सकती है, जो पहले कभी आपने अनुभव न की हो। इस पर विश्वास करें, इसकी उम्मीद करें, फिर पाएंगे कि आपका अवचेतन इसे साकार करने लगा है।

बदलाव का स्वागत करें

बुढ़ापा दुखद घटना नहीं है। हम जिसे बुढ़ापे की प्रक्रिया कहते हैं वह सिर्फ एक बदलाव है। इसका पूरी खुशी और हर्षोल्लास के साथ स्वागत किया जाना चाहिए, क्योंकि मानव जीवन का हर चरण अनंत पथ पर आगे की ओर बढ़ने वाला एक कदम भर होता है। इंसान के पास ऐसी शक्ति है, जो उसकी शारीरिक शक्ति की सीमाओं को भी लांघने की क्षमता रखती है। ऐसी इंद्रियां भी हैं जो पांच भौतिक इंद्रियों से भी बड़ी हैं।

वैज्ञानिक आज ऐसे साक्ष्यों की तलाश कर रहे हैं, जो यह साबित कर सकें कि चेतन मनुष्य में ऐसा कुछ है जो शरीर को छोड़कर हजारों मील दूर देख सकता है, सुन सकता है, बात कर सकता है जबकि उसी समय उसका शरीर कंपनी भी नहीं करता।

मनुष्य का जीवन आध्यात्मिक और शाश्वत है। उसे कभी बूढ़ा होने की आवश्यकता नहीं है, क्योंकि जीवन या ईश्वर कभी बूढ़े नहीं हो सकते हैं। बाइबल कहती है कि ईश्वर ही जीवन है। जीवन नया होना, शाश्वत और अविनाशी है। यह सभी मनुष्यों के लिए सत्य है।

जीवन के साक्ष्य

ब्रिटेन और अमेरिकी में मनोविज्ञान के क्षेत्र में कार्य कर रहे संस्थानों ने बहुत से उपरोक्त साक्ष्यों को एकत्रित किया है। आप किसी भी अच्छे पुस्तकालय में जाकर "द प्रोसीडिंग्स ऑफ द साइकिकल रिसर्च सोसाइटी" के खंडों को देखें, इसमें जाने—माने वैज्ञानिकों द्वारा तथाकथित मृत्यु के, बाद के जीवन साक्ष्यों के निष्कर्ष को प्रस्तुत किया गया है। आप अमेरिका के साइकिकल इंस्टीट्यूट के निदेशक हेरेवर्ड कैरिंगटन की "द केस फॉर साइकिक सर्वाइवल" में एक आश्चर्यचकित करने वाली रिपोर्ट भी पाएंगे, जो विभिन्न वैज्ञानिक प्रयोगों के माध्यम से मृत्यु के बाद के जीवन की सच्चाई को दर्शाती है।

जिंदगी

बिजली के अविष्कारक थॉमस एडिसन से एक महिला पूछती है, "मि. एडिसन, बिजली क्या है?"

उन्होंने कहा, "मैडम, बिजली है। इसका इस्तेमाल करें।"

बिजली एक अदृश्य शक्ति का नाम है, जिसे हम भी पूरी तरह समझ नहीं पाए हैं, परंतु हमने बिजली के सिद्धांतों और उसके उपयोग को जान लिया है। आज हम इसे अनगिनत तरीकों से इस्तेमाल कर रहे हैं।

वैज्ञानिक अपनी आंखों से इलेक्ट्रॉन को नहीं देख सकते, फिर भी वे इसे एक वैज्ञानिक तथ्य के रूप में स्वीकार करते हैं, क्योंकि यह अन्य प्रयोगात्मक प्रमाणों के साथ मेल खाने वाला एकमात्र वैध निष्कर्ष है। हम जीवन को नहीं देख सकते। बावजूद इसके हम जानते हैं कि हम जीवित हैं। जीवन है, हम यहां इसे पूरी खूबसूरती और गौरव के साथ अभिव्यक्त करने के लिए हैं।

मन और आत्मा उम्रदराज नहीं होते

बाइबल कहती है,

"और यह जीवन शाश्वत है, ताकि वे एकमात्र सच्चे ईश्वर को जान सकें।"

जॉन 17:3

जो भी यह सोचता है कि जन्म लेना, बाल्यकाल, जवानी, परिपक्वता और बुढ़ापे का चक्र ही केवल जीवन है तो वह सच में दया का पात्र है। ऐसे विचार वाले व्यक्ति का न कोई सहारा, न कोई उम्मीद, न ही कोई सपना होता है। ऐसे व्यक्ति के लिए जीवन के कोई मायने नहीं हैं।

ऐसे विचार निराशा, विकासहीनता, दोषदर्शिता और ना-उम्मीदी को जन्म देते हैं जिसके परिणाम स्वरूप सभी प्रकार के मानसिक विकार उत्पन्न होते हैं। अगर आप अपने पुत्र के समान टेनिस नहीं खेल पाते और तैर नहीं पाते, या आपका शरीर कुछ धीमा हो गया है और अब आप छोटे कदमों से चलने लगे हैं, तो याद रखें जीवन नित् नया चोला बदलता है। मनुष्य जिसे मृत्यु कहता है वह तो बस एक अन्य आयाम में नए शहर की एक नई यात्रा भर है।

मैं अपने व्याख्यान में लोगों से कहता हूं कि अपने बुढ़ापे को पूरे सम्मान और खुशी के साथ स्वीकार करें। उम्र की अपनी महिमा, सुंदरता और बुद्धिमत्ता होती है। शांति, प्रेम, खुशी, सुंदरता, सुख, ज्ञान, सद्भावना और समझ वे गुण हैं जो कभी बूढ़े नहीं होते हैं या मरते नहीं हैं।

कवि और दार्शनिक राल्फ वाल्डो इमर्सन ने कहा, "हम इंसान की उम्र के साल तब तक नहीं गिनते जब तक कि उसके पास कुछ और गिनने को ना बचे।"

आपका आचरण, आपके मस्तिष्क की गुणवत्ता, आपकी आस्था और आपके विश्वास कभी नहीं मरते हैं।

खुद को हमेशा युवा ही समझें

मैं कुछ सालों में लंदन के कैक्सटन हॉल में भाषण देने आता हूं। ऐसे ही एक भाषण के दौरान एक सर्जन ने मुझसे कहा,

"मेरी उम्र 84 साल है। मैं प्रतिदिन सुबह सर्जरी करता हूं। दोपहर में मरीजों से मिलता हूं और शाम को मैं विभिन्न जर्नल्स के लिए लेख लिखता हूं।"

उसका नजरिया था कि वह उतना ही उपयोगी है, जितना वह खुद को मानता है और उतना ही युवा है, जितने उसके विचार हैं।

उसने मुझसे कहा, "आपने बिल्कुल सत्य बात कही है, क्योंकि मनुष्य उतना ही शक्तिशाली होता है जितना कि वह सोचता है और उतना ही मूल्यवान होता है जितना वह खुद को मानता है।"

इस सर्जन ने बुढ़ापे के सामने घुटने नहीं टेके थे। वह जानता था कि वह अमर है। उसने आखिरी बात मुझसे कही थी, "यदि कल मेरी मृत्यु भी हो जाए, तब भी मैं एक अन्य आयाम में लोगों का इलाज कर रहा होऊंगा, शायद सर्जन के औजारों से नहीं बल्कि मानसिक और आध्यात्मिक सर्जरी से।"

बालों की सफेदी आपकी असल संपत्ति है

किसी कार्य को यह कहकर मना न करें, "मेरी कार्य करने की उम्र नहीं रही; मैं बूढ़ा हो गया हूं; अब मुझमे शक्ति नहीं रही।" यह विकासहीनता है, मृत्यु है, इससे आप खत्म होने लगते

हैं। कुछ लोग 30 की उम्र में ही बूढ़े हो जाते हैं, वहीं अन्य 80 की उम्र में भी युवा होते हैं। मस्तिष्क ही सबसे बड़ा बुनकर, आर्किटेक्ट, डिजाइनर और मूर्तिकार है। जॉर्ज बर्नार्ड शॉ 90 वर्ष की आयु में भी सक्रिय थे और उनके मस्तिष्क के कलात्मक गुण कभी शिथिल नहीं पड़े थे।

मैं ऐसे पुरुषों और महिलाओं से मिलता हूं जो बताते हैं कि कई नौकरी प्रदाता सिर्फ यह जानकर कि वे चालीस से अधिक आयु के हैं तो उनके लिए नौकरी के दरवाजे बंद कर देते हैं। नियोक्ताओं का यह व्यवहार भावहीन, निष्ठुर, करूणा और समझ से विहीन है।

पूरा ध्यान 35 से कम आयु के युवाओं पर दिया जाता है इसलिए नौकरी के लिए उनका ध्यान आकर्षण करने के लिए आपको भी 35 से कम आयु का होना होगा। इसके पीछे का तर्क बेहद सतही है। अगर कंपनी का मालिक विचार करे, तो उसे समझ आएगा कि वह व्यक्ति अपनी उम्र या सफेद बाल नहीं बेच रहा है, बल्कि वह इतने वर्षों में जीवन के बाजार में कमाई गई अपनी प्रतिभा, अपने अनुभव और अपनी समझ को देना चाहता है।

उम्र, दौलत है

आपकी उम्र किसी भी संस्थान के लिए एक विशिष्ट संपत्ति होनी चाहिए, क्योंकि आपने इतने वर्षों तक स्वर्णिम नियम के सिद्धांतों और प्रेम तथा सद्भाव के नियम का अभ्यास एवं इस्तेमाल किया है। आपके सफेद बाल आपके ज्ञान, कौशल और समझ को दर्शाते हैं। आपकी भावनात्मक और आध्यात्मिक परिपक्वता किसी भी संस्थान के लिए बड़ा वरदान होनी चाहिए।

इंसान से 65 साल की उम्र होने पर नौकरी छोड़ने की बात नहीं कही जानी चाहिए। ये जीवन का ऐसा समय होता है जब वह अपनी समस्याओं को सबसे अच्छी तरह से सम्भाल सकता है, भविष्य के लिए योजना बना सकता है, निर्णय ले सकता है और अन्य लोगों को अपने अनुभवों से प्रेरित करके रचनात्मक तरीके से जीवन जीने के गुर सिखा सकता है।

खुद की उम्र के बनें

हॉलीवुड फिल्म के एक अनुभवी पटकथा लेखक ने मुझे बताया कि उसे सिर्फ ऐसी फिल्म लिखने के लिये कहा जा रहा है जो 12 से 18 साल के बच्चों को पसंद आए। ऐसी परिस्थिति में अधिकांश लोगों से भावनात्मक और आध्यात्मिक रूप से परिपक्व होने की उम्मीद रखी जाती है, किन्तु यह गलत है।

इसका अर्थ है कि अब भी सिर्फ युवाओं पर ही ध्यान केंद्रित किया जा रहा है, बावजूद इसके कि वे अनुभवहीनता, ज्ञान की कमी और जल्दबाजी में लिये निर्णय के प्रतीक हैं।

मैं सर्वश्रेष्ठ बन सकता हूं

मैं 65 वर्ष से अधिक उम्र के ऐसे व्यक्ति के बारे में विचार कर रहा हूं जो युवा बने रहने के लिए कुछ भी करने को तैयार है। वह युवाओं के साथ प्रत्येक रविवार को तैराकी करता है, ऊंची पहाड़ियां चढ़ता है, टेनिस खेलता है और अपनी शारीरिक शक्ति का प्रदर्शन करते हुए कहता है, "मैं सर्वश्रेष्ठ लोगों की बराबरी कर सकता हूं।"

उसे इस महान सत्य को कभी नहीं भूलना चाहिए, "व्यक्ति जैसे विचार रखता है, वैसा ही होता है।"

प्रोवर्ब (कहावत) 23:7

संतुलित खान—पान, व्यायाम और खेलकूद जैसी चीजें एक व्यक्ति को युवा नहीं बनाए रख सकती हैं। उन्हें यह अनुभव होना आवश्यक है कि यह विचारों की प्रकृति पर निर्भर करता है कि वे बूढ़े होंगे या युवा बने रहेंगे। आपका अवचेतन मन आपके विचारों के अनुरूप बनता है। अगर आपके विचार सुंदर, महान और अच्छाई से परिपूर्ण हैं तो आप पर उम्र का प्रभाव नहीं पड़ता है, आप हमेशा युवा बने रहते हैं।

उम्रदराज होने का डर

जॉब ने कहा था, *"जिस चीज का मुझे इतना डर था, वह आखिर सत्य हो गई।"* बहुत से लोग बुढ़ापे से डरते हैं और भविष्य को लेकर चिंतित होते हैं, क्योंकि वे बुढ़ापे का अर्थ शरीर और मस्तिष्क का कमजोर होना समझते हैं। वे जैसा सोचते हैं, वैसा ही उनके साथ घटित भी होता है।

आप तब बूढ़े होते हैं जब आपकी जीवन में रूचि समाप्त हो जाती है, जब आप सपने देखना, नए सत्य की खोज करना और नई चीजों की खोज करना बंद कर देते हैं। जब आपका मस्तिष्क नए विचारों, नई रुचियों के प्रति ग्रहणशील होता है और जब आप मन की खिड़की खोलते हैं और जीवन के ब्रह्मांड में ज्ञानमय प्रकाश और प्रेरणा को आने देते हैं तब तक आप युवा और जीवंत बने रहते हैं।

आप बहुत कुछ दे सकते हैं

चाहें आप 65 वर्ष के हों या 95 वर्ष के, आपको यह अहसास होना चाहिए कि आपके पास देने को बहुत कुछ है। आप युवा पीढ़ी को स्थिर करने, सलाह देने और मार्गदर्शन देने में मदद कर सकते हैं। आप अपने ज्ञान और अनुभवों का लाभ उन्हें दे सकते हैं। आप बहुत दूर तक दे सकने में सक्षम होते हैं, क्योंकि आप असीम जीवन में देख रहे हैं। आप पाएंगे कि जीवन असीमित चमत्कारों और आश्चर्यों से भरा है। हर दिन और हर पल नया सीखने का प्रयत्न करें और आप पाएंगे कि आपका मन हमेशा युवा की भांति कार्य करेगा।

शतकीय जीवन जीने वाला बुजुर्ग

कुछ वर्ष पूर्व बॉम्बे में, मैं व्याख्यान देते हुए एक व्यक्ति से मिला, जिसने बताया कि वह 110 वर्ष का है। उसका चेहरा बहुत खूबसूरत था। वह आंतरिक प्रकाश से दमक रहा था। उसकी आंखों में दुर्लभ सुंदरता थी, जो दर्शा रही थी कि वह खुशी-खुशी बूढ़ा हुआ था और ऐसा कोई चिह्न नहीं था कि उसके मस्तिष्क ने इसकी रोशनी को धुंधला किया हो।

सेवानिवृत्ति - एक नई शुरुआत

आपका दिमाग कभी सेवानिवृत्त नहीं होता। आपका मस्तिष्क पैराशूट की तरह होना चाहिए। इसका तब तक कोई उपयोग नहीं जब तक कि यह खुला नहीं हो। नए विचारों के प्रति मन के दरवाजे खुले रखें और ग्रहणशील बनें। मैंने 65 और 70 साल के व्यक्तियों को रिटायर होते देखा है। वे धीरे-धीरे खत्म होने लगते हैं और जल्द ही उनकी मृत्यु हो जाती है। उन्होंने स्वीकार कर लिया था कि उनका जीवन अब खत्म होने लगा है।

परंतु सेवानिवृत्ति आपके लिए एक नई शुरुआत, नया अवसर, नई राह और पुराने सपनों को पूरा करने की नई शुरुआत बन सकती है। किसी को यह कहते हुए सुनना निराशाजनक होता है, अब मैं क्या कर पाऊंगा, अब मैं सेवानिवृत्त हो गया हूं। वह असल में कह रहा है, "मैं शारीरिक और मानसिक रूप से मान चुका हूं। मेरा मस्तिष्क विचारों से दिवालिया हो गया है।"

यह एक झूठा नजरिया है। वास्तविकता यह है कि 90 वर्ष की आयु में आप उससे अधिक पा सकते हैं जो आपने 60 की उम्र में पाया क्योंकि आपके नए अध्ययन और रुचियों के कारण जीवन के प्रति आपका ज्ञान और समझदारी प्रतिदिन बढ़ रही है।

उसे एक बेहतर कार्य मिल गया

एक अधिकारी जो मेरे पड़ोसी भी हैं, उन्हें कुछ महिनों पहले जबरन नौकरी से सेवानिवृत्ति सिर्फ इसलिए दे दी गई, क्योंकि वे 65 वर्ष के हो गए थे। वे दार्शनिक की तरह मुझसे बोले, "मैं अपनी सेवानिवृत्ति को पदोन्नति की तरह देखता हूं। मुझे लग रहा है मैं एक कक्षा पास करके बड़ी कक्षा में प्रवेश कर रहा हूं।" उन्होंने बताया कि यह वैसा ही है जब हम स्कूल की पढ़ाई पूरी करके कॉलेज में प्रवेश में लेते हैं। वे इसे ज्ञान और समझदारी के स्तर पर अपने आप को बढ़ता हुआ मान रहे थे। आगे उन्होंने कहा कि अब वे वह सब कर सकेंगे जिसके लिए पहले उनके पास समय नहीं होता था।

साथ ही वे इस समझदारी भरे निष्कर्ष पर पहुंचे कि वे अब पैसा कमाने पर ध्यान केंद्रित नहीं करेंगे बल्कि पूरा ध्यान जीवन को जीने पर देंगे। वे एक शौकिया फोटोग्राफर थे, इसलिए उन्होंने इससे सम्बंधित एक कोर्स कर लिया। इसके बाद वे दुनिया की सैर पर निकल पड़े, जहां उन्होंने कई सारी महत्वपूर्ण जगहों की तस्वीरें ली और उन जगहों की

फिल्में भी बना लीं। वे अब विभिन्न क्लबों, समूहों में व्याख्यान देते हैं और उनकी लोकप्रियता बढ़ती जा रही है।

अपने आसपास की किसी महत्वपूर्ण चीज में दिलचस्पी लेने के ढेरो तरीके हैं जैसे कि नए रचनात्मक विचारों के प्रति उत्साही बनें, आध्यात्मिक प्रगति करें, लगातार सीखते और विकास करते रहें। इस प्रकार आप हमेशा हृदय से युवा बने रहेंगे, क्योंकि नई सच्चाईयों को जानने की आपकी भूख कायम है और आपका शरीर आपकी सोच को प्रतिबिंबित भी करेगा।

आप समाज के निर्माता बनें

कैलिफोर्निया के चुनावों में कई समाचार पत्र इस तथ्य को रेखांकित कर रहे थे कि वोट करने वाले बुजुर्गों की आबादी कई गुना बढ़ रही है। इसका तात्पर्य है कि अब राज्यों और संघ के सदनों में उनकी आवाज को सुना जाएगा। मेरा विश्वास है कि ऐसा कानून जल्द ही लाया जाएगा, जो नियोक्ताओं को उम्र के आधार पर पुरुष एवं महिलाओं को नौकरी से निकालने से रोकेगा।

65 साल का कोई व्यक्ति मानसिक, शारीरिक और मनोवैज्ञानिक रूप से 30 साल के लोगों से ज्यादा युवा हो सकता है। यह मूर्खतापूर्ण और हास्यास्पद है कि एक व्यक्ति को कह दिया जाए कि अब उसे नौकरी पर सिर्फ इसलिए नहीं रखा जा सकता, क्योंकि वह 40 वर्ष का हो गया है। यह एक प्रकार से उस व्यक्ति को अहसास दिलाने जैसा है कि अब वह पुराना हो चुका है और किसी कार्य का नहीं है।

फिर 40 वर्ष और उससे अधिक उम्र के व्यक्ति क्या करेंगे? इस प्रकार उनकी प्रतिभा स्वयं ही दफन हो जाएगी। ऐसे में जिन व्यक्तियों को उम्र के चलते नौकरी से निकाला गया है, उनका खर्च राज्य और संघ सरकार द्वारा अपने खजाने से देना चाहिए। उन संस्थानों पर अधिक टैक्स लगाया जाना चाहिए जो अधिक उम्र के व्यक्तियों को नौकरी न देते हों। हालांकि यह एक प्रकार की वित्तीय आत्महत्या जैसी बात होगी।

मनुष्य यहां मेहनत के फलों का आनंद लेने आया है। वह यहां समाज का निर्माता बनने आया है, न कि कैदी बनने, जो उसे उम्र के कारण बेकार बनाकर बैठा देता है। उम्र बढ़ने के साथ व्यक्ति का शरीर धीरे-धीरे शिथिल होता जाता है, परंतु व्यक्ति चाहे तो अवचेतन मन की प्रेरणा से अपने चेतन मन को अधिक सक्रिय, सतर्क, जीवंत और तीव्र बना सकता है। दरअसल मस्तिष्क कभी भी बूढ़ा नहीं होता है। जॉब ने कहा था,

> "अगर मैं वैसा होता जैसा महिनों पहले था, जिन दिनों में ईश्वर ने मेरी रक्षा की थी; जब उनके प्रकाश से मेरा माथा चमक रहा था और उनकी दिखाई रोशनी से अंधकार में भी आगे बढ़ पाया था; जब मैं अपनी जवानी के दिनों में था, जब ईश्वर का रहस्य मेरे मंदिर मे था।"

जॉब 29:2-4

युवा रहने का मंत्र

जवानी के दिनों को दोबारा पाने के लिए अपने भीतर के अवचेतन मन की चमत्कारी, उपचारक और स्वयं को नई ऊर्जा देने वाली नई शक्ति को महसूस करें। जानें और महसूस करें कि आप प्रेरणा से भरे हुए है, ऊपर उठे हुए हैं, युवा बन चुके हैं, अधिक जीवंत हैं और आध्यात्मिक रूप से ऊर्जावान हो गए हैं। आप उत्साह और प्रसन्नता से भरपूर हैं, जैसे कि आप अपनी युवावस्था में थे, सिर्फ इस कारण से क्योंकि आप मानसिक और भावनात्मक रूप से आनंद के उस पल को वापस पा सकते हैं, जो रोशनी आपके सिर के ऊपर चमकती है, वह दैवीय ज्ञान है और यह आपको वह सब बता सकती है जिसकी आपको जानने की आवश्यकता है। यह आपकी भीतर की अच्छाईयों को प्रकट करने के लिए सक्षम बनाता है, इससे फर्क नहीं पड़ता कि आप बाहर से कैसे दिखते हैं। आप अवचेतन मन के मार्गदर्शन में आगे बढ़ते हैं, क्योंकि आप यह जानते हैं कि सुबह होती है और छायाएं चली जाती हैं।

बड़ा ख्वाव देखें

यह कहने के बजाए, "मैं बूढ़ा हूं" कहें "दैवीय जीवन के दृष्टिकोण से देखें तो मैं समझदार हूं।" संस्था, अखबार, आंकड़ों को आपकी बढ़ती आयु, जर्जरता, बुढ़ापा और अनुपयोगिता की तस्वीर रखने की इजाजत न दें। इसे एक झूठ मानकर अस्वीकार कर दें। इस मिथ्या प्रचार के सम्मोहन को अस्वीकार कर दें। जीवन को अपनाएं, मृत्यु को नहीं। बड़ा सपना देखें जिसमें आपके पास खुशी, चमक, सफलता, स्थिरता और ताकत हो।

मन कभी बूढ़ा नहीं होता

पूर्व राष्ट्रपति हर्बट हूवर वर्तमान में 88 वर्ष की आयु में भी पूरी तरह सक्रिय हैं और कई विशिष्ट कार्यों को अंजाम दे रहे हैं। कुछ समय पहले मैंने उनका साक्षात्कार उनके न्यूयॉर्क में वैल्डोर्फ – एस्टोरिया स्थित निवास पर किया था। मैंने पाया कि वे स्वस्थ, प्रसन्न, फुर्तीले, जीवन से भरपूर और उत्साही थे। उन्होंने अपने कई सहयोगियों को उनके पत्राचार के कार्य में लगा रखा था और वे स्वयं राजनीति एवं ऐतिहासिक विषयों पर पुस्तकों के लेखन कार्य में व्यस्त थे। दुनिया के महान लोगों में पाए जाने वाले गुण मैंने उनमें भी पाए जैसे कि मधुर भाषी, दयालु, स्नेही, सभी के प्रिय और समझदार होना।

उनकी मानसिक क्षमता और दूरदर्शिता ने मेरे अंदर एक नई ऊर्जा का संचार कर दिया। वे बेहद धार्मिक प्रवृत्ति के साथ-साथ ईश्वर और जीवन के अनंत सत्य में विश्वास करने वाले व्यक्ति हैं। ग्रेट डिप्रेशन यानी महामंदी के दौर में उन्हें ढेर सारी आलोचना और निंदा का सामना करना पड़ा, परंतु वे इस तूफान के सामने झुके। ये आलोचनाएं उन्हें कमजोर नहीं कर पाई, न ही उन्होंने घृणा, गुस्सा, बुरे विचार और कड़वाहट को करीब आने दिया। बल्कि इसके उलट उन्होंने अपने भीतर की दैवीय शक्ति से जुड़ने के प्रयास किए। इससे उन्हें अत्याधिक शांति की अनुभूति हुई। यही ईश्वरीय शक्ति का केंद्र है।

निन्यानवे की उम्र में भी उनका मस्तिष्क सक्रिय है

मेरे पिता ने 65 वर्ष की आयु में फ्रेंच भाषा सीखी थी और 70 वर्ष की आयु में वे इसके विशेषज्ञ बन गए। जब वे 60 साल से अधिक के हो चुके थे तब उन्होंने गैलिक का अध्ययन किया था और वे जल्द ही उसके प्रसिद्ध एवं जाने-माने शिक्षक बन गए थे। उन्होंने मेरी बहन को उच्च शिक्षा के दौरान काफी सहयोग किया था और वे यह कार्य अपनी मृत्यु से पहले 99 साल की उम्र तक करते रहे। उनका मस्तिष्क 99 वर्ष की आयु में भी वैसा ही था जैसा कि 20 साल की उम्र में था। सिर्फ इतना ही नहीं, उम्र के साथ उनकी लेखन कला और तार्किक शक्ति और बेहतर होती गई। यह सत्य है कि आप उतने ही बूढ़े होते हैं, जितना की आप सोचते हैं और स्वयं को मानते हैं।

हमें वरिष्ठों की आवश्यकता है

रोमन देशभक्त मार्कस पोर्सियस केटो ने 80 वर्ष की आयु में ग्रीक भाषा सीखी। महान जर्मन-अमेरिकी गायक मैडम अर्नेस्टाइन शूमैन-हैंक को संगीत के क्षेत्र में सफलता तब मिली जब वे दादी बनीं। बूढ़े लोगों की उपलब्धियों को जानना आश्चर्य है। इनमें जनरल डगलस मैक आर्थर, हैरी एस. ट्रूमैन, जनरल इवाइट डेविड आइजनहावर और अमेरिकी वित्त विशेषज्ञ बर्नर्ड बारूच वे सक्रिय एवं महत्वपूर्ण व्यक्तित्व हैं, जो अपनी प्रतिभा और ज्ञान से दुनिया में योगदान दे रहे हैं।

ग्रीक दार्शनिक सुकरात ने संगीत वाद्य तब सीखा जब वे 80 वर्ष के थे। माइकल एंजेलो ने अपनी सबसे अच्छी पेंटिंग 80 वर्ष की आयु में बनाई थी। 80 वर्ष की आयु मे ही सियोस सिमोनिडस ने कविताओं के लिए पुरस्कार जीता, जॉन वॉन गोथे ने अपनी पुस्तक "फॉस्ट" पूरी की और लियोपॉल्ड वॉन रेंके ने पुस्तक "हिस्ट्री ऑफ द वर्ल्ड" लिखनी शुरू की, जो कि उन्होंने 92 वर्ष की आयु में पूरी की।

एल्फ्रेड टेनिसन ने 83 वर्ष की आयु में अपनी शानदार कविता "क्रॉसिंग द बार" की रचना की। न्यूटन 85 वर्ष की आयु में बहुत मेहनत से कार्य कर रहे थे। जॉन वेजली 88 वर्ष की आयु में मेथडिज्म का प्रचार और लोगों का मार्गदर्शन कर रहे थे। मेरे व्याख्यानों में 95 वर्ष की आयु के कई ऐसे वृद्ध आए, जिन्होंने बताया कि अब उनका स्वास्थ्य जवानी के दिनों से भी बेहतर रहता है।

हमें अपने वरिष्ठ नागरिकों को ऊंचे पदों पर रखना चाहिए और हर वह अवसर देना चाहिए जिससे वे स्वर्ग के फूलों को धरती पर ला सकें।

अगर आप सेवानिवृत्त हो चुके हैं, तो जीवन के नियमों और अवचेतन मन के आश्चर्यों में रुचि लें। वह कार्य करें जो आप हमेशा से करना चाहते थे। नए विषयों को पढ़ें और नए विचारों की जांच करें।

इस प्रकार प्रार्थना करें:

हे ईश्वर! जिस प्रकार हिरन जलधारा की ओर भागता है, उसी तरह मेरी आत्मा भी आपके लिए व्याकुल होती है।

साल्म (पद्य) 42:1

बुढ़ापे के फायदे

उसका मांस किसी बच्चे से भी ताजा बन जाएगा; वह अपने जवानी के दिनों में वापस पहुंच जाएगा।

जॉब 33:25

बुढ़ापे का असल मतलब है - ईश्वर की सच्चाईयों का उच्चतम दृष्टिकोण से मनन करना। यह अहसास करें कि आप एक अनंत यात्रा पर हैं, जो कि अविराम, अथक, अनंत महासागर में महत्वपूर्ण सीढ़ियों की एक श्रृंखला है। फिर सालमिस्ट के साथ आप भी कहेंगे,

"वे बुढ़ापे में भी फल देंगे; वे मोटे और समृद्ध होंगे।"

सालम्स (पद्य) 92:14

परंतु आत्मा के फल प्रेम, खुशी, शांति, धैर्य, नरमी, अच्छाई, आस्था, विनम्रता, सहिष्णुता हैं: इनके खिलाफ कोई कानून नहीं है।

गैलेशियन्स 5:22-23

आप अनंत जीवन के पुत्र हैं, जिसका कोई अंत नहीं है और आप अनंतता के उत्तराधिकारी भी हैं।

जीवन को दिशा देने वाले विचार :

1. धैर्य, दयालुता, प्रेम, सद्भावना, खुशी, आनंद, ज्ञान और समझ जैसे गुण कभी बूढ़े नहीं होते। उन्हें विकसित और व्यक्त करेंगे तो हमेशा मानसिक और शारीरिक रूप से युवा बने रहेंगे।

2. कई शोधार्थी दावा करते हैं कि समय के प्रभावों का डर असमय बुढ़ापे का कारण हो सकता है।

3. बुढ़ापे का उम्र से कोई वास्ता नहीं होता, यह तो मनुष्य के मस्तिष्क में ज्ञान का उदय है।

4. आप यह मानें कि आपके जीवन के सबसे उत्पादक वर्ष पैंसठ से पिन्चानवे तक के हो सकते हैं।

5. उम्र के बढ़ते वर्षों का स्वागत करें। इसका तात्पर्य यह है कि जीवन के पथ पर आगे बढ़ रहे हैं जो अनंत दूरी तक जाता है।

6. ईश्वर जीवन है और यह अब आपका जीवन है। जीवन स्वयं नवीनीकरण करने वाला, शाश्वत और अविनाशी है तथा सभी मनुष्यों की वास्तविकता है। आप हमेशा जीते हैं, क्योंकि आपका जीवन ईश्वर का जीवन है।

7. मृत्यु के बाद भी जीवन रहता है इसके कई साक्ष्य हैं। इसके लिए अपने पुस्तकालय में प्रोसिडिंग्स ऑफ फिजिल रिसर्च सोसाइटी ऑफ ग्रेट ब्रिटेन एंड अमेरिका को पढ़ें। यह जाने-माने वैज्ञानिकों द्वारा 75 वर्षों तक किए गए वैज्ञानिक शोध पर आधारित है।

8. आप अपने मस्तिष्क को नहीं देख सकते, लेकिन आप जानते हैं कि आपके पास एक मस्तिष्क है। आप भावना को नहीं देख सकते, लेकिन आप जानते हैं कि खेल भावना, कला की भावना, संगीत की भावना, वक्ता की भावना वास्तविक होती है। इसी तरह आपके दिल और दिमाग में चलने वाली अच्छाई, सत्य और सुंदरता की भावनाएं वास्तविक हैं। आप जिंदगी को नहीं देख सकते, परंतु आप जानते हैं कि आप जीवित हैं।

9. बुढ़ापे को उच्चतम दृष्टिकोण से ईश्वर की सच्चाई का, मनन का समय कहा जा सकता है। बुढ़ापे की खुशियां जवानी की खुशियों से भी बड़ी हैं। आपका मस्तिष्क मानसिक और आध्यात्मिक गतिविधियों में व्यस्त रहता है। प्रकृति, शरीर की गति को धीमा कर देती है ताकि आपको अधिक आध्यात्मिक चीजों पर विचार करने का समय मिल सके।

10. हम किसी व्यक्ति की उम्र के वर्ष तब तक नहीं गिनते जब तक कि उसके पास गिनने लायक कुछ नहीं हो। आपकी आस्था और विश्वास का कभी क्षय नहीं हो सकता।

11. आप उतने ही युवा हैं जितना कि आप स्वयं को मानते हैं। आप उतने ही ताकतवर हैं जितना कि आप स्वयं को मानते हैं। आप उतने ही उपयोगी हैं जितना कि आप स्वयं को मानते हैं। आप भी उतने ही युवा हैं जितने कि आपके विचार हैं।

12. आपके सफेद बाल संपत्ति हैं। आप अपने सफेद बाल नहीं बेच रहे हैं। आप अपनी प्रतिभा, काबिलियत और योग्यता को बेच रहे हैं जो आपने सालों के अनुभव से एकत्रित की है।

13. महंगा खाना या कसरत आपको युवा नहीं बनाए रख पाएंगी। व्यक्ति जैसे विचार रखता है, वैसा ही होता है।

14. बुढ़ापे का डर शारीरिक और मानसिक कमजोरी लाता है। मुझे जिस बात का डर था वह हो गई है।

15. आप असल में तब बूढ़े होते हैं जब सपने देखना और जीवन में दिलचस्पी लेना छोड़ देते हैं। आप तब बूढ़े होते हैं जब आप चिड़चिड़े, सनकी, बदमिजाज और झगड़ा करने वाले हो जाते हैं। अपने मन को ईश्वर की सच्चाईयों से भरें और उसके प्रेम के प्रकाश को हर ओर फैलाएं।

16. आगे की ओर देखें, क्योंकि हर समय आप असीमित जीवन को निहार रहे हैं।

17. रिटायरमेंट आपके नए कार्य की शुरुआत है। नए अध्ययन और रुचियों में ध्यान लगाएं। आप उन कार्यों को करें जो आप हमेशा से करना चाहते थे परंतु जीवन की भागदौड़ में नहीं कर पाए। जीवन जीने पर ध्यान दें।

18. समाज के कैदी नहीं, निर्माता बनें। अपनी प्रतिभा को लोगों से न छिपाएं।

19. जवानी का रहस्य प्रेम, खुशी, शांति और हंसी है। उसमें असीम खुशी है। उसमें बिल्कुल भी अंधकार नहीं है।

20. आप हमेशा उपयोगी हैं। कई महान दार्शनिकों, कलाकारों, वैज्ञानिकों, लेखकों और अन्य मशहूर लोगों द्वारा महानतम कार्य अस्सी साल की उम्र के बाद ही किया गया है।

21. प्रेम, खुशी, शांति, धैर्य, शिष्टता, अच्छाई, आस्था, विनम्रता और संयम बुढ़ापे के फल हैं।

22. आप असीमित जीवन के पुत्र हैं, जिसका कोई अंत नहीं है। आप अमरता के पुत्र हैं। आप अद्भुत हैं।

www.ingramcontent.com/pod-product-compliance
Lightning Source LLC
LaVergne TN
LVHW050406160726
843469LV00041B/974